广雅

聚焦文化普及,传递人文新知

广　大　而　精　微

趣味法律史

主编 景风华

故事正义

文学影视中的法律文化

赵进华 著

广西师范大学出版社
·桂林·

故事正义：文学影视中的法律文化
GUSHI ZHENGYI : WENXUE YINGSHI ZHONG DE FALÜ WENHUA

图书在版编目（CIP）数据

故事正义：文学影视中的法律文化 / 赵进华著. -- 桂林：广西师范大学出版社，2025.3. -- (趣味法律史 / 景风华主编). -- ISBN 978-7-5598-7698-0

Ⅰ．D909.2

中国国家版本馆CIP数据核字第20257M8T82号

广西师范大学出版社出版发行

(广西桂林市五里店路9号　邮政编码：541004)
  网址：http://www.bbtpress.com

出版人：黄轩庄

全国新华书店经销

广西广大印务有限责任公司印刷

（桂林市临桂区秧塘工业园西城大道北侧广西师范大学出版社集团有限公司创意产业园内　邮政编码：541199）

开本：880 mm×1 240 mm　1/32

印张：11.75　　　字数：245千

2025年3月第1版　　2025年3月第1次印刷

印数：0 001~5 000册　定价：68.00元

如发现印装质量问题，影响阅读，请与出版社发行部门联系调换。

总序

中国法律史，顾名思义，探讨的是中国法律的历史或中国历史中的法律。作为一门法律与历史的交叉学科，它不仅在法学界毫无悬念地处于鄙视链底端，而且在历史学界也不大招人待见。就法学这门实用性极强的学科来说，随着近代大规模的"西法东渐"与法律移植，中国现代法律体系与中国传统法之间已经很难建立起直接联系。一位律师即便完全不知《唐律疏议》为何物，也丝毫不影响他在法庭上纵横捭阖。这样看来，那些"已为陈迹"的知识似乎归档历史学院方才合理。然而历史学界表示，我们要从人类过往的灿烂与荒凉中烛照出权力运作的根本逻辑、经济运行的基本规律、社会结构的组织形态和众多人物的身世浮沉，在很难算得上"法治社会"的古代中国，法律在国家建制中所起的作用大吗？有关法律史的叙事能够丰富人们对历史逻辑的理解吗？能够帮助人们认识自身吗？如果它不具有根本性意义，被边缘化似乎就是无可逃避的宿命。

但是，纵然承受着来自各界的诸多冷眼，我们依然认为，让中国法律史这一冷门领域走进大众视野是有意义的。我们是否可以对法律做一个稍微扩大化的理解，即将之视为一种规则之治？写在纸面上的法条、停留在过去的制度，仅仅是规则之治的外部表现形式；而真正撑起规则之治的，是人们对何为"应当"的最低限度的共识、实现"应当"的基本方式，以及规则同社会结构、社会观念的相互塑造作用。那么，在这样一个围绕规则所形成的系统当中，我们可以透过任何一条历史的缝隙看见法律的存在，并借由这一路径，进一步思索何为中国、何为法律。

编写出版这套"趣味法律史"丛书，便是希望能将中国法律史的深刻内涵以一种生动活泼且易于理解的方式呈现给广大读者。丛书作者皆为在高校任教的专业法律史学者，大家不满足于在书斋中一味创作那些艰深晦涩、阅读量难超两位数的学术论文，本着"不想当作家的法律史研究者不是合格的文艺青年"的共同目标聚集在一起，根据各自的研究领域和兴趣，从不同层面切入对中国法律史的探索。有的著作侧重于借助文学作品或影视剧作品建立起法律史与文化的连接，有的著作则对某一法律主题或文化现象进行深度剖析，我们还计划在未来加入古代案例分析的内容，让更多人能够了解并体会中国法律史的独特魅力。

在这套丛书的写作过程中，我们的语言文字是轻松随性的，但态度是严谨认真的。面对很多人对中国古代法律抱有的猎奇心态和网络上真假参半的各类传言，我们也希望通过"趣味法律史"丛书，澄清部分对中国传统法的误解，让读者看到法律史的真实面貌。

衷心期待这次全新的尝试能够打破学术与大众之间的壁垒，让法律史不再是大众眼中奇怪的陌生学问，而是与人们对规则的认知血脉相连的文化基因。我们诚挚地邀请您与我们一道，共同踏上这段奇特的法律史之旅。

景风华

2024年暮秋

目　录

导言　1

壹

在古代，表兄妹到底能不能结婚？　11
十三妹的身份是妾吗？　22
姻缘如何能醒世？　37
严法能奈悍妻何？　53
宋朝男人为何钟情娶小姨子？　66
公主为什么不幸福？　85
裘千尺为什么想不通？　101
贾宝玉挨打反映了什么？　112

贰

为什么说宋朝是中国古代法治的顶峰？ 125
范仲淹的好友尹洙因何而死？ 139
君主该不该使诈术？ 149
太子为什么多不得善终？ 156
林九郎是法治派吗？ 163
古人为什么喜欢敲登闻鼓？ 170
匿丧为什么行不得？ 182
夏竦为何没能获谥"文正"？ 194

叁

中国古代的理想法官是什么样子的？ 203
包公是靠什么断案的？ 211
宋江浔阳楼题诗被定谋反冤枉吗？ 221
为亲复仇难题如何解？ 234
大宋提刑官为何那么牛？ 245
宋慈的父亲为何自杀？ 256
中国古代的"宰白鸭"是怎么一回事？ 265
提利昂的审判为何能打动人心？ 276

肆

在古代，庸医会是什么下场？ *287*
"伤人最少"的侠义之道有什么问题？ *294*
冤案的逻辑是什么？ *305*
反杀凶徒何罪之有？ *317*
世间有天生犯罪人吗？ *324*
分歧终端机具有何种隐喻？ *332*
古墓派为何如此另类？ *341*
正义为何令人困惑？ *356*

后记 *362*

导言

> 除了存在于人类共同的想象之外,这个宇宙中根本没有神、没有国家、没有钱、没有人权、没有法律,也没有正义。
>
> ——《人类简史》

法律与文学研究属于法理学的一个分支,在法理学研究的大家庭中,法律与文学研究即便算不上一枝独秀,至少也是独树一帜、楚楚动人了。

法律与文学研究的繁荣兴盛来自于作为异质学科的法学和文学的交互滋养和彼此启发,反映出法律与文学之间天然的紧密联系。

一方面,文学是法律得以表达自身的基本工具。现实世界中,无论是立法还是司法都离不开文学的加持。最能说明这一事实的证据是,举凡伟大的法典无不代表着当时文学的最高水准，所以司汤达在小说创作过程中，才要每天读上几页《法国民法典》，以寻找语言的灵感。而曾任美国联邦最高法院大法官的卡多佐也坦承："在司法判决的荒野上，文学风格不仅不是一种罪恶，只要运用得当，它甚至具有积极的益处。"

另一方面，法律（尤其是司法）是文学叙事的重要对象。文学以揭示人性、映射现实为使命，而法律不仅是现实生活的重要组成部分，还是约束人性的重要制度性力量。由此不难理解，为什么古往今来那些伟大的诗人、剧作家、小说家都如此地偏爱法律题材。不少经典的文学作品触及法律命题，或者本身就是纯粹的法律故事，例证不胜枚举，西方的有《安提戈涅》、《威尼斯商人》、《悲惨世界》（又名《法律的命运》）、《审判》等戏剧小说，中国的则以流行于明清之际的一系列公案文学如《包公案》《施公案》《狄公案》为代表。

法律与文学研究将文学的视角引入法理学的思考，从文学作品中汲取营养，以感性调和理性，从而拓宽了法理学研究的视野，也丰富了法理学研究的内容。罗宾·维斯特曾提示我们："文学包含有关法律的真相，而这种真相并不易于在非叙事的法理学中被发现。"到了冯象笔下，这层意思揭示得更为显豁："要弄懂中国老底子的政法手段，光读《唐律疏议》《资治通鉴》《名公书判清明集》是不够的，搞不好还被蒙了；不如听那门子讲一遍'贾不假，白玉为堂金作马'的'护官符'来得切中肯綮，纲举目张。"

诚如冯象所言，想要对中国传统法制和古典法理有更真切的了解，学者实在有必要好好读一读《红楼梦》《水浒传》《儒林外史》《金瓶梅》等古典文学名著。在这些久负盛名的现实主义作品中，读者不仅可以发现大量鲜活的古代法制史料，其中有不少甚至可以补典籍记载之不足，而且可以具象化地走近古人的法律世界，体会古人的法律情感和法治理想。

能够为法律教学和法学研究提供营养的其实不限于现实主义文学作品，《西游记》《聊斋志异》《封神榜》《镜花缘》何尝没有价值？有读者就从《西游记》的字里行间读出了猪八戒的法律意识和权利观念，而描写唐僧身世的一节文字《陈光蕊赴任逢灾　江流僧复仇报本》则反映出中国古代为亲复仇传统的强大，再看唐僧师徒投身艰苦卓绝的取经事业以赎前愆的故事逻辑，其"将功折罪"的法律寓意再明显不过。至于《聊斋志异》，其中描写司法或法律的篇章真正不少，如《席方平》《胭脂》《太原狱》《诗谳》《考城隍》皆是，其间既有对政治黑暗、司法腐败的揭露和鞭挞，也借由幽冥审判和因果报应表达了作者对公道正义的向往和呼唤。

再把眼界拓宽，除了小说这种文学体裁，戏曲、杂文、诗词歌赋乃至民间文学，无不可以成为法学研究取资利用的素材。清人赵翼有《题白香山集后》诗云："风流太守爱魂消，到处春游有翠翘。想见当时疏禁网，尚无官吏宿娼条。"提示我们，白居易的诗作是考证中国古代官吏宿娼禁令制度的绝佳证据，而后来学者以文证史的研究路数或者正取资于此。

读诗的这层好处折射出文学作品的法律教益价值。借由那些优秀的文学作品的帮助，读者不仅可以把握法律的当下，而且得以窥探法律的前身，甚至能够预见法律的未来。科幻文学的法律预测功能最为突出，不少优秀的科幻小说不乏对未来人类社会法治状况的设想。如《三体》中"青铜时代"号审判记录显示，为当代人所珍视的无罪推定原则在危机纪元被部分推翻了。日本科幻小说《百年法》则大胆地设想了人类实现"永生"后引发的一系列社会问题，引导读者思考代际义务的正义性以及"由法律来规定人何时死亡"的正当性问题。

将文学资源引入法律教学和法学研究不仅有理论上的必要，而且从一开始就充满了乐趣。喜欢听故事、讲故事似乎是人类的天性，文学作品（包括影视作品）总是可以轻松地调动人们的情绪，乃至触及人们的灵魂深处。经验告诉我们，大多数人的世界观和人生观的形成可能都要归因于童年时代童话故事的熏陶。

若是按照《人类简史》的作者尤瓦尔·赫拉利的说法，故事的发明或讲故事的能力的形成对人类的生存和发展至关重要，正是通过讲故事，人类建立起共同的想象，从而可以实现复杂的社会分工和协作。在这个意义上，几乎全套的政治法律制度都隶属于这种"共同的想象"，从而与故事有着千丝万缕的联系。

很多国家的宪法都有序言，宪法序言的故事属性尤其明显。以我国现行宪法的序言为例，其中较长篇幅的历史叙事在交代宪法诞生的历史背景和宪法由来的同时，阐明了革命和法治二者之间深刻的历史联系，从而使国民获得法治意识形态层面的教益。

对于司法实践，讲故事同样重要。在张扣扣杀人案中，被告辩护律师在洋洋洒洒的辩护意见中，一开篇就大胆断言："这是一个血亲复仇的故事。"而据学者们的观察，英美法系的法庭审判，不啻一场故事比拼，控辩双方各抒己见，讲述着内容迥异的两个故事，结果就看谁的故事讲得更生动，更符合生活逻辑和人们的情感认知。

法律的故事属性易于理解，故事的法律属性却常被人忽略。故事的法律属性在中国古代表现得尤为明显。在中国古人的词典中，"故事"通常并不是对过去的人和事的泛指，而是特指先例、惯例、不成文的制度。看完以下几则材料，当信吾言不虚：

> 故事，天子未得鱼，侍臣虽先得鱼，不敢举竿。（司马光《涑水记闻》卷三）
>
> 本朝殿试，有官人不为第一，自沈文通始，迄今循之，以为故事。（吴曾《能改斋漫录》卷二）
>
> 赵昌言参机务，旦（指王旦，时为虞部员外郎、同判

吏部流内铨、知考课院，与赵昌言为翁婿）避嫌，引唐独孤郁、权德舆故事辞职。（脱脱《宋史》卷二八二）

对故事的重视和遵循无疑体现出一种法治精神，因而构成中国古代法治文化传统的重要方面，其影响力迄今不绝。而通向未来的中国法治要想接续文化根脉，焕发文化生命力，恐怕绕不过对故事的温寻和讲求。

在故事中发现法理不应该是一种奢望。因为即便是广义上的故事，其中也一定包含着创作者的是非观念和价值意图，凝聚着不同时代的人们对公平、正义、人道和爱的理解。此种由故事所传达并塑造的意识形态姑且可名之为"故事正义"。"故事正义"既源于现实生活中的制度正义和社会正义，又具有一定的理想成分，从而能够反作用于实然的正义体系。

文学影视作品大都是在讲述故事，易言之，在表达正义。那么，这种"故事正义"究竟是什么样子的？它与现实正义的出入到底有多大？或者，这种法理追问可以置换为一个个更为平易而具体的问题——那些读者耳熟能详的经典文学影视作品中"埋伏"着多少好玩有趣的法治元素？在波澜起伏、激动人心的故事情节背后，又隐藏着哪些不为人知的法律文化谜题？

本书即致力于回答这些问题。从内容上看，本书的各篇章之间并不存在天然的联系，但大体上都遵循着法律与文学研究的基本框架，因而可以划入同一类型。具体来说，就是以特定的文学或影视作品为抓手,探讨作品故事情节中所包含的与法律相关的实践问题或理论命题,在求得问题答案的过程中,帮助读者更准确地把握作品的文化内涵,也更深入地理解传统法律文化。为使结构看上去更为齐整,笔者把全书划为四个单元,分别从四个方面探讨文学影视作品中的法律文化,描摹"故事正义"的可能面相:

单元一探讨中国古代与身份、婚姻、家庭有关的法律建制和法律实践,揭示传统婚姻家庭法制和实践的历史文化特征;

单元二探讨中国古代与政治、行政有关的法治安排和法律实践,揭示推动制度形成和实践展开的文化因子;

单元三针对中国古代司法审判制度和司法社会实践,选取其中具有代表性的问题予以解答,以求管中窥豹,呈现传统司法文化的突出特点;

单元四聚焦古今中外司法领域或法律实践中的一般性法理问题,揭示法律(司法)正义的历史文化属性,呈现法理的迷人和深邃。

笔者真诚地期盼,摆在读者面前的这本小书,会以一种独特的方式引领读者开启一段法律文化之旅。读者会在不知不觉间领略到法律文化的魅力所在,从而产生进一步了解和研习的兴趣和动力。至少,通过阅读本书,读者不再觉得法律的学习和研究是枯燥无味的。无论是哪一种情况,写作本书的目的都达成了。

壹

在古代，表兄妹到底能不能结婚？

《婴宁》是《聊斋志异》中兼具趣味性和思想性的佳篇，优美灵动的人狐之恋的叙事隐有深意，寄托了作者蒲松龄对另类理想女子的文学想象，因而被研究者称为"女性命运和人类困境的一个绝妙的象征"[1]。当然，读者如果足够细心，一定会惊喜地发现，这样一个谈情说爱的故事中其实还埋有一些有趣的法律点。

男主人公王子服郊游时偶遇天真烂漫的婴宁，一见倾心，相思成疾。吴家表哥为了安慰子服，故意诓他说婴宁是子服大姨的女儿，即所谓"姨妹行"，并说："虽内戚有昏因之嫌，实告之，无不谐者。"后子服单身寻访心上人，于山村茅舍间再遇婴宁及其"嫡母"。据"嫡母"说，子服与婴宁确为两姨兄

---

1. 杜贵晨：《人类困境的永久象征——〈婴宁〉的文化解读》，《文学评论》1999年第5期。

妹，又对子服言道："如甥才貌，何十七岁犹未聘耶？婴宁亦无姑家，极相匹敌，惜有内亲之嫌。"

按照婴宁"嫡母"的说法，子服和婴宁作为表兄妹，"有内亲之嫌"，不适合婚配。但吴家表哥的说法略有不同，他认为子服和婴宁虽有"昏因之嫌"，但亦有希望联姻。那么问题来了，在中国古代，表兄妹到底能不能结婚呢？

清广百宋斋主人编《聊斋志异图咏》（上海同文书局，光绪十二年）之《婴宁》

对这个问题,很多读者的第一反应十有八九是"当然可以啦!"因为史籍中不乏关于表兄妹联姻的记录,典型的如汉武帝刘彻立其姑姑馆陶公主的女儿为自己的第一任皇后(陈皇后),东晋大书法家王献之娶表姐郗道茂,南宋著名诗人陆游娶表妹唐婉。[1]至于文学作品中的表兄妹联姻那就更多了,最知名的当属《红楼梦》中的"宝黛"之恋和"宝钗"联姻,而武侠小说迷一定会想起《天龙八部》中青梅竹马、联袂行走江湖的慕容复和王语嫣。这样一些反例似乎足以打消人们心中"表兄妹不可以结婚"的疑虑。可是,吴家表哥和婴宁"嫡母"所云"昏因之嫌""内亲之嫌"又是什么意思呢?

早期法律不禁中表婚

表兄弟姐妹之间通婚在中国古代被称作"中表婚",其历史源远流长。据学者的研究,中表婚"是我国先民由群婚制转入族外婚,进而转入一夫一妻制的必然结果","在人类历史的发展过程中曾起过重要作用"。[2]单从政治层面来看,周朝建立

---

1. 陆游和唐婉是表兄妹的说法源出南宋周密的《齐东野语》,其云"陆务观初娶唐氏,闳之女也,于其母夫人为姑侄"。但据后人考证,这极有可能是一个误会。陆母虽然也姓唐,但与唐婉并非同族。

2. 左宏阁:《中表婚探源》,《西北第二民族学院学报(哲学社会科学版)》2001年第4期。

后，姬、姜两姓贵族之间的累世联姻对于维护周王室的统治意义重大，而春秋时期秦、晋两国上层之间的世为婚姻在很大程度上影响了当时"国际"局势的走向。中表婚在中华早期历史上的流行可由古汉语中的亲属称谓略窥一二，如妇人称丈夫的父亲为舅，而称丈夫的母亲为姑。

表兄弟姐妹属于近亲，近亲结婚不利于优生，这已为现代生物科学所证明。而在中国古代，人们只是从经验的层面上认识到近亲结婚可能产生的危害，而且通常是在同姓亲属的意义上理解"近亲"，所以有"同姓不婚，恶不殖也"（《国语·晋语四》）、"男女同姓，其生不蕃"（《左传·僖公二十三年》）的说法。《魏书·高祖纪》载："夏殷不嫌一姓之婚，周制始绝同姓之娶。"若此说属实，则大致从周朝开始，礼法上正式确立同姓不得为婚之制。至于异姓亲属是否可以结婚，当时似乎尚处于礼法上的盲区。

秦汉以降，同姓为婚之禁代代延续，成为不刊之制，而异姓亲属通婚的可能及其范围也开始成为朝野人士关心和辩论的话题，并引起礼法乃至律法规范的变化。汉儒提出"母党不婚"的学说，班固《白虎通》曰："外属小功以上，亦不得娶也。"曹魏时，以儒学知名的袁准曾向朝廷建议"内表不可婚"。想来，正是在这样一批礼教派人士的推动之下，北朝诸政权相继出台了一系列禁止异姓亲属联姻的法令。如西魏文帝禁止中外及从母兄弟姊妹为婚，北周武帝下诏不得娶母同姓以为妻妾，宣帝又下诏母族绝服外者听婚。不过，在主流观念中，这些一时的制度规定均为"偏闰之制"，其法理上的正当性要打上一个问号。较为主流的做法是禁止异姓尊卑为婚，因为那样意味着"尊卑混乱，人伦失序"，典型规定见《唐律·户婚下》：

> 其父母之姑、舅、两姨姊妹及姨、若堂姨，母之姑、堂姑，已之堂姨及再从姨、堂外甥女，女婿姊妹，并不得为婚姻，违者各杖一百，并离之。

尤可注意的是，《唐律》还做了进一步的解释性规定："其外姻虽有服，非尊卑者为婚，不禁。"这意味着，服属缌麻的表兄妹因为是平辈，所以不在结婚禁止之列。这一规定为《宋刑统》所继承。

由于法律并不禁止表兄妹通婚，加之民间看重此种婚姻模式的"亲上加亲"效应及经济上的便利性，至少在唐、宋时期，表兄妹通婚的情况是非常常见的。如唐朝的孙秦娶姨妹为妻（《唐摭言》），王仙客娶其舅女（《太平广记》卷四八六），罗珦亦娶其舅女（《权载之文集》卷二三）。宋朝的苏洵将女儿八娘嫁给妻兄之子程正辅，郑侠将女儿嫁给自己的外甥，吕希哲娶其姨女，朱熹将孙女嫁给女婿黄榦的长子，以至于宋人有"姑舅兄弟，通婚甚多"（洪迈《夷坚志》补卷十《杨三

15

娘子》)、"姑舅之子为昏……公私皆已通行"(《朱子语类》卷八九)的说法。

虽然宋朝在立法上对中表婚不予禁止，司法实践中的状况却比较混乱，其中不乏将这种婚姻判决解除的案例，以至于南宋才子洪迈要专门著文为之澄清：

> 姑舅兄弟为婚，在礼法不禁，而世俗不晓。……然则中表兄弟姊妹正是一等，其于婚娶，了无所妨。……今州县官书判，至有将姑舅兄弟成婚而断离之者，皆失于不能细读律令也。(《容斋续笔》卷八)

在洪迈看来，州县司法官员将中表婚断离，完全是律学修养不足所致，严格说来，就是违法裁判。

后期法律对中表婚的禁止和变通

综上可以看出，在中国帝制时代的前期和中期，国家立法对中表婚大体上是持放任的态度，偶有禁止，亦难成主流。然而，这一状况在帝制时代后期发生了明显的变化——中表亲开始被纳入禁止结婚的范围。明、清两代的立法都做如此规定，如《大明律》："若娶己之姑舅两姨姊妹者，杖八十，并离异。"《大清律》的律条一如明律，并加了小注："虽无尊卑之分，尚有缌麻之服。"

若进一步寻绎，禁止中表婚可能早在明代之前就已为国家法所确认。前辈学者陈鹏先生曾根据《西厢记》《娇红记》的记载推断，中表为婚之禁，金元两代当已著为法令。[1]这一推断的理由较为充分。署名宋梅洞作的元代文言小说《娇红记》，讲述了一对青年男女互相爱慕却不能结合的悲剧故事。书生申纯作客于舅父王通判家，见表妹娇娘天生丽质，顿生爱慕之情，而娇娘对申生也有意。相处日久，彼此暗通款曲，终至私定终身。申生回家，对娇娘思念不已，乃以父亲的名义遣媒人至王家求亲，孰料却为王通判所拒。王通判拒婚的理由是：

……但朝廷立法，内兄弟不许成婚，似不可违。……老夫亦有愿婚之意，而于条有碍，以此不敢形言。[2]

作家创作小说和戏剧，常常不自觉地以其自身所处时代的政治、经济、法律制度作为故事的背景。由《娇红记》这一具体情节可以得知，元朝律法中应该有禁止表兄妹通婚的规定。申生与娇娘之不能结合，本质上当然要归咎于"父母之命"所主导的传统婚姻制度，而"内兄弟不许成婚"的朝廷立法却

---

1. 陈鹏：《中国婚姻史稿》，中华书局，1990年，第409—410页。
2. 程毅中编：《古体小说钞：宋元卷》，中华书局，1995年，第608页。

也是不可忽视的重要因素。不过，仔细品味王通判的措辞，"似不可违"四字又透露出，这禁令似乎并非不可打破的金科玉律。

实际上，仅就明、清两代的情况来看，虽然国家法上中表婚之禁令白纸黑字写得清清楚楚，但是民间社会始终视表兄弟姐妹间的通婚为理所当然，而无视国家法的存在，于是民间大量的中表婚基本上处于民不举官不究的状态。然而，严格说来，中表婚毕竟是一种违法行为，因而在一段不短的时期内引发了很多诉讼，造成了官民的对立和社会关系的紧张。

文献显示，明朝初年，民间多有因仇嫌而举告中表婚者，尤以江西两浙一带最为严重，结果导致"或已聘见绝，或既婚复离，使夫妇生离，子母永隔"（《续通典》卷一一一）。于是，在洪武二十二年（1389），翰林院待诏朱善上书请弛其禁：

> 若己为姑舅两姨之子，彼为姑舅两姨之女，是无尊卑之嫌，以门第则相匹，以才德则相称，以年之长幼则相若，为子择妇，为女择婿，宜莫先于此，古人未尝以为非也。（《明太祖实录》卷一六九）

朱善的意思大致是说，姑舅两姨兄弟姊妹通婚之俗由来已久，古人不以为非。"国朝"立法禁止中表婚，实际上是"议法不精"的结果，其法律效果和社会效果均令人担忧。如果说法有善恶之分，这样的法令很难称作善法，因而亟须改变。据说，明太祖朱元璋对朱善的上书表示认可，可是不知出于何种考虑，朝廷并没有修改《大明律》的相关规定。于是，中表不得通婚之禁令不仅终明之世不改，而且影响到了后来清朝的立法。

清政权在制定《大清律》时，虽然照搬了《大明律》表亲不得通婚之条，但是后来考虑到民俗难变、民意难违，不得不以条例的形式变相修改了这一条规定。雍正八年（1730）定例，并于乾隆五年（1740）修律时正式将其纳入律典之中，附于律条之后："外姻亲属为婚，除尊卑相犯者仍照例临时斟酌拟奏外，其姑舅两姨姊妹听从民便。"就这样，在中表婚问题上，官方与民间经过几百年的拉锯和博弈，国家法最终不得不屈从于民俗。表面上看似乎是法不责众，折射出的却是传统的巨大惯性。

作为民间习惯的中表婚

清朝中后期，基于民间广泛的群众心理基础，也由于律法的松绑，中表婚再次迎来了属于自己的春天。无论在士绅阶层还是在社会下层，中表婚都非常普遍。有学者曾就151种清人年谱中载录的957对次夫妻做抽样统计，其中属于表亲婚的有

102对次，约占全部婚姻人数的10.66%。[1]举其荦荦知名者，如戏剧家洪昇原配黄兰次系其母舅女；《浮生六记》作者沈复妻子陈芸，系其母舅女，于其为表姐；龚自珍原配段美贞是其母亲的侄女；康有为原配张云珠乃母舅张玉樵之女。尽管有少数的礼教派仍坚持认为"中表为婚，此俗礼之大失"（《曾国藩家书》），但世俗更多是以一种赞赏的眼光看待中表婚，如洪昇娶表妹黄兰次，时人赞道："两家亲谊，旧本茑萝，二姓联姻，复称婚媾。婿即贤甥，仍从舅号；侄为新妇，并是姑称。"（陆繁弨《善卷堂四六》卷五）孙宗濂娶表妹范氏，袁枚称其"两重骨肉，一脉心情"（袁枚《小仓山房外集》卷七）。流风所及，早年在沿用清朝律法的香港、澳门地区，表兄妹结婚的事例时有所见，著名企业家、亿万富豪李嘉诚已过世的夫人庄月明就是他的表妹。

清王朝灭亡后，中华民国法制局在1928年起草《亲属法》（草案）时，曾试图立法禁止中表婚，但据北洋政府时期主持的民事习惯调查，中表婚在很多地方仍然是民间习惯做法，于是1931年国民政府在民法中也就删除了禁止中表婚的规定。新中国成立后，1950年颁布的第一部婚姻法本着尊重传统和习惯的原则，对中表婚并未加以禁止；直至1980年第二部婚姻

---

[1] 郭松义：《伦理与生活——清代的婚姻关系》，商务印书馆，2000年，第83页。

法出台，才开始禁止直系血亲和三代以内的旁系血亲之间的婚姻，而表兄弟姐妹正属于三代以内旁系血亲的范围。值得注意的是，与前代对中表婚的禁而不止不同，1980年的婚姻法取得了比前代类似法律好得多的实施效果，历史上曾经大行其道的中表婚正式退出历史的舞台。当然，中表婚的消亡并非完全出于法律的强制性规定，其背后还有着复杂的经济、政治、社会、文化和观念的原因。[1]

回到《婴宁》中的问题。蒲松龄创作《聊斋》是在清康熙年间，而《聊斋》故事大都是以明朝或清初为背景。其时，国家律法尚未对中表婚放开，是以人们认为表兄妹通婚"有内亲之嫌"，而多少存了一层顾忌。不过，与貌似强大的国家法比起来，看不见、摸不着的民间法则显然更具韧性，也更为当时世人所认可，因而，只要男方和女方达成合意，中表婚自然"无不谐者"。

---

1. 参见张丽丽《明清以来的中表婚及其禁止》，载苏力主编《法律和社会科学》第二卷，法律出版社，2007年。

十三妹的身份是妾吗？

侠女十三妹的故事在中国民间流传颇广，故事出自清人文康所撰半侠义半世情小说《儿女英雄传》。原著中，二女共配一夫的人物关系设计堪称"亮点"：十三妹（原名何玉凤）出于侠义精神，急人之难，成人之美，为危难中的书生安骥（号龙媒）和弱女张金凤牵线做媒。其后，安、张两家感恩图报，又千方百计地促成了何玉凤和安骥的结合，从而成就了一段"好花并头开"的世间佳话。

话说安家以三书六礼将何玉凤娶进门，堂上新郎、新妇叩见父母翁姑毕，进入致辞赐答环节：

> 安太太……因回头合安老爷说道："老爷，还有一说。今日这何姑娘占了个上首，一则是他第一天进门；二则也是张姑娘的意思。我想此后叫他们不分彼此，都是一样。老爷想是不是？"安老爷道："正该如此。当日娥皇、女英

石印本《绘图儿女英雄传》第三十二回插画,上海大成书局,1923年

又何曾听得他分过个彼此?讲到家庭,自然以玉凤媳妇为长;讲到封赠,自然以金凤媳妇为先。至于他房帏以内,在他夫妻姊妹三个,'神而明之,存乎其人',我两个老人家可以不复过问矣。"(第二十八回《画堂花烛顷刻生春 宝砚雕弓完成大礼》)

问题来了。按照中国古代的礼法传统，男子可以纳妾，但是正妻只能有一个。那么，张金凤和何玉凤，哪个是妻哪个是妾呢？若说封赠以金凤为先，则张金凤才是名正言顺的正妻，将来才有资格接受朝廷的封赠，做诰命夫人。如此一来，十三妹岂不成了妾？可是为何又说"不分彼此，都是一样"呢？再有，婚后的安骥受二女激将，以致大放豪言："明年秋榜插了金花，还你个举人；后年春闱赴琼林宴，还你个进士；待进了那座清秘堂，大约不难书两副紫泥诰封，双手奉送。"分明是把张、何二女都当作妻。

以现代的标准来衡量，安骥无疑犯了重婚罪。而真正有意义的追问是，安骥的行为在中国古代是否正常？当时的制度和舆论会如何看待这种不寻常的婚姻模式？

一夫一妻是王道

提到中国古代的王公贵族、显宦豪贾的婚姻家庭生活，人们常常想到"三妻四妾"这个词。其实，这里面存在一个重大误解。因为按照中国古代的宗法制度，四妾是可以的，三妻则不被允许。西汉桓宽《盐铁论·散不足》曰："古者，夫妇之好，一男一女，而成家室之道。"隋王通《中说·魏相篇》曰："一夫一妇，庶人之职也。"这是说平民只能有一个妻子。至于贵族，《春秋·隐公五年》"考仲子之宫"，晋杜预注曰"诸侯无二嫡"，可见诸侯也不能有两位正妻。实际上，按照当时的制度，即便是正妻死了，诸侯也不得再娶，"人君无再娶之义也"。当然，这是有配套条件作为保障的，因为"古诸侯一娶九女，故庙无二嫡"。九女中一人为妻，其他都是媵（比妾地位略高，但不同于妻），而且这种身份关系不因妻死而改变。这样也就确保了嫡妻的唯一性，有利于维护家族宗法格局。其后随着时代的变化，严格的独嫡制逐渐松动，才有了再娶的可能。"自秦以来有再娶，前娶后继，皆嫡也，两祔无嫌。"（《新唐书·儒学传下》）然而，同时娶二妻在礼法上仍然不被允许。这就是东汉班固所说的："妻者，齐也，与夫齐体，自天子下至庶人，其义一也。"（《白虎通义》卷四上）民间也有"要成家，置两犁；要破家，置两妻"的俗语。

为了维护一夫一妻的婚姻家庭结构，保障宗法制的稳定运行，历代法律严禁有妻更娶。春秋时代，诸侯会盟，盟约中重要的一条即为"无以妾为妻"（《孟子·告子下》）。战国时代，李悝在魏国撰著《法经》，其中明确规定"夫有二妻则诛"（明董说《七国考》引桓谭《新论》）。隋唐以后，禁止更娶的法令愈趋成熟完备，且一脉相承。《唐律·户婚》规定："诸有妻更娶者，徒一年，女家减一等；若欺妄而娶者，徒一年半，女家不坐，各离之。"疏议为此解释道："一夫一妇，不刊之制，有妻更娶，本不成妻。"宋律承袭了唐律的规定。元代法律规定："诸有妻妾复娶妻妾者，笞四十七，离之；在官者，解职记过,不追聘财。"(《元史·刑法志二》)但同时又允许蒙古人一夫多妻,因为蒙古人婚姻从本俗,"不在此限"(《通制条格·户令》)。明律规定:"若有妻更娶妻者,亦杖九十,离异。"(《大明律·户律·婚姻》)此一规定后来为清代法律所沿袭。

  正是因为宗法观念和历代法律对更娶行为的鲜明态度,在至少长达两三千年的时间跨度里,(以媵妾为补充的)一夫一妻制始终是中国古代社会主流的婚姻模式。对于男子而言,只要正妻尚在,就不得停妻再娶。否则,不仅要承受王法的制裁,而且为社会舆论所不齿。当然,如果妻子亡故了,男子完全可以名正言顺地续弦。如写下"曾经沧海难为水,除却巫山不是云"的元稹初娶京兆韦氏,韦氏无禄早世,后娶河东裴氏。写下"十年生死两茫茫,不思量,自难忘"的苏轼也在妻子王弗死后,娶了王弗的堂妹王闰之。不过,也有很多丧妻不娶的例子。如王维"丧妻不娶,孤居三十年"(《新唐书·文艺传中》)。元末至正年间,范琦妻贤,"尝鬻首饰奉师",妻死时范琦只有四十岁,誓不再娶,时人赞其夫妇为"义夫贤妇"(王逢《梧溪集》卷四上)。又,明朝初年的李宗颐,"陈友谅陷南昌,妻夏氏自溺井,宗颐义之,不再娶"(《续文献通考》卷八三)。这些得到官方和社会赞誉的"义夫",其不再娶的行为可能是情之所至的自然结果,也不妨看作是对"礼无二嫡"之古道的自觉践履,又或者二者兼有之吧。

中古以前的多娶与并嫡

一夫一妻虽为不刊之制,实践中由于种种原因被突破的情况却并不少见,最古老的例子可以追溯到上古时期。《史记·五帝本纪》记载舜的事迹曰:"于是尧妻之二女。"张守节正义:"二女,娥皇、女英也。"当然,也有不同说法。如《尸

清末周培春绘《古代美人图》之娥皇、女英,现藏于圣彼得堡国立大学图书馆

子》:"尧闻其(舜)贤,征之草茅之中……妻之以媓,媵之以英……"又如《通典·职官十六》:"昔帝喾有四妃……其一明者为正妃,余三小者为次妃。帝尧因焉。至舜,不告而娶,不立正妃,但三妃而已,谓之夫人。"到底哪种说法确切,今已难以考证,不过可以肯定的是,后世主流观念认为娥皇、女英均为舜帝正妻,即"不殊嫡媵",是以安老爷才有"当日娥皇、女英又何曾听得他分过个彼此"一说。

春秋战国之世,礼崩乐坏,各种违礼越礼之举层出不穷。"夫(卫)灵公有妻三人,同滥而浴",记载于《庄子·则阳》。"楚人有两妻者"记载于《战国策·秦策一》。此外,晋献公、齐桓公、郑文公、晋文公、陈哀公等诸侯似乎都有多娶的嫌疑。[1]最典型的是与孔子同一时期的太叔疾的例子。起初,卫国的贵族太叔疾娶了宋国子朝的女儿,她的妹妹随嫁并受到宠爱。后来子朝逃亡到国外,卫国执政孔文子就让太叔疾休了原来的妻子,把自己的女儿嫁给他。太叔疾有了新夫人却不忘旧情,他命人把前妻的妹妹接来,将其安置在犁地的一处别业,待遇和正妻一般无二。事情曝光后,孔文子非常恼火,太叔疾不得不跑到宋国去避难。(《左传·哀公十年》)

秦汉以降,不二娶的古礼成为明日黄花,再娶之妻于礼法上也被视为嫡妻。这样一来,问题就更复杂了。设若后妻进门

---

1. 参见陈顾远《中国婚姻史》,上海书店,1984年,第56页。

之日，前妻尚在世也没有被休弃，那么，前妻后妻以谁为正呢？西晋时，中书令张华造"甲乙之问"："甲娶乙为妻，后又娶丙，匿不说有乙，居家如二嫡，无有贵贱之差。乙亡，丙之子当何服？"表面上问的是丧服种类，实际是要辨明孰嫡孰庶。这样一个虚拟案例其实是对魏晋时期众多并嫡现象的归纳。魏晋南北朝时期，由于政局不稳，社会动荡，室家离析，礼法的约束力下降，各种重娶、并娶现象不可避免地多了起来。东汉建安初年，秦宜禄作为吕布的使者谒见袁术，"术妻以汉宗室女。前妻杜氏留下邳"。（《三国志·魏书·明帝纪》注引《魏氏春秋》）此为被动娶二妻之一例。同时期的颍川"郑子群娶陈司空从妹，后隔吕布之乱，不复相知存亡，更娶乡里蔡氏女。徐州平定，陈氏得还，遂二妃并存"。此又为无心二娶之一例。与之类似的如东晋南平陈诜先娶李氏，李氏为贼所掠，遂更娶严氏，后李氏生还，"诜籍注领二妻"。（《晋书·礼志中》）《通典·礼四十九·凶十一》录："诜籍，母张在上，以妻李次之，严次之。"二妻明确载于户籍，可见得到了官方的承认。

　　以上几例二娶的例子或者有其不得不然的苦衷，还有更多的案例显示，二妻也可能是当事人积极追求的结果。北魏文成帝时，司徒、平原王陆丽"二妻，长曰杜氏，次张氏"。无独有偶，其子陆定国有样学样，"初，定国娶河东柳氏，生子安保，后纳范阳卢度世女，生昕之。二室俱为旧族，而嫡妾不分"。(《魏书·陆俟传》)几乎与陆定国同时的酷吏李洪之也娶有二妻,"初,洪之微时,妻张氏助洪之经营资产,自贫至贵,多所补益,有男女几十人。洪之后得刘氏,刘芳从妹。洪之钦重,而疏薄张氏,为两宅别居,偏厚刘室。由是二妻妒竞,互相讼诅,两宅母子,往来如仇"。(《魏书·酷吏传》)大量的案例似乎反映出,二妻在当时成为一种风尚。

中国传统政治文化的精髓可以概括为四个字——"上行下效",魏晋南北朝时期二妻的流行实际上与当时最高统治者的恣意妄为、嫡庶不分有很大关系。清代历史学家赵翼曾总结道:"一帝一后,礼也。至荒乱之朝,则漫无法纪,有同时立数后者。"(《廿二史札记》卷一五)说的主要就是魏晋南北朝时期。典型的例子如三国时东吴末帝孙皓既立滕氏为皇后,又纳诸宠姬,后宫佩皇后印玺者多人。十六国时期,前赵皇帝刘聪在短短的时间内立了四位皇后,四后之外,佩皇后玺绶者又七人。南北朝时,北齐后主高纬立左皇后、右皇后。最出格的当属北周宣帝宇文赟,他曾于同一时间立了五位皇后,分别是天元大皇后、天大皇后、天中大皇后、天右大皇后、天左大皇后,堪称前无古人后无来者,北周也因此纲纪日坏、国祚不永。

皇帝不仅自身不循礼法,还时不时地把臣子也拉下水。《晋书·礼志中》载,晋、吴对立时期,"吴国朱某娶妻陈氏,生子东伯。入晋,晋赐妻某氏,生子绥伯。太康之中,某已亡，绥伯将母以归邦族，兄弟交爱敬之道，二母笃先后之序，雍雍人无间焉。及其终也，二子交相为服，君子以为贤"。这个朱某因皇帝赐妻而有二妻，后来还成就一段佳话。西晋初年的大臣贾充曾娶李丰之女为妻，李氏贤并育有二女。李丰因事被诛，李氏受连坐被流徙，贾充又娶了城阳太守郭配的女儿。后来，晋武帝登基，大赦天下，李氏被放回，武帝特意下诏允许贾充置左右夫人。贾充忌惮郭氏，"乃答诏，托以谦冲，不敢当两夫人盛礼"，但后来郭氏失势，李氏还是得以与贾充合葬。北齐时，文宣帝曾把两个罪臣女眷赐给才高八斗的魏收为妻，时人比之为贾充置左右夫人。魏收是没有妻子吗？非也。魏收的原配是他的表妹崔氏，二人已育有一女。后来，魏收得了重病，以为自己将不久于人世，担心身后三位夫人争夺嫡妻的名分，就把皇帝所赐的二女都遣散。具有讽刺意味的是，魏收的病后来竟然痊愈了，为此他还写了一篇《怀离赋》以抒发惆怅之情。皇帝赐妻主观上当出于对臣下的优容礼遇，客观上却构成最高权力对违礼之举的承认。

　　皇帝赐妻的情况进入隋唐后仍然多见。如唐高宗朝大臣安重荣"娶二妻，高祖因之，并加封爵"。唐玄宗时，安禄山于天宝六载"加御史大夫，封两妻康氏、段氏并为国夫人"。大将军王毛仲"其妻已邑虢国夫人，赐妻李氏又为国夫人。每入内朝谒，二夫人同承赐赉"。另外，当时的户籍册和金石碑铭中多有一家二妻、三妻的记载。

辽、金两代，基于游牧民族的传统习俗，其婚制不如汉地规范齐整，多妻现象比较普遍。按照南宋乾道年间出使金国的范成大的记录，金国"臣下亦娶数妻，多少视官品，以先后聘为序"(《揽辔录》)。值得注意的是，在金代，"亲王或正从一品以上爵，除可封赠其正室与多位继室外，还可以封赠其次室"[1]。如官至从一品崇进荣国公的时立爱"前后娶夫人者三"，原配李氏、继室王氏、季配王氏，一并追封歧国夫人。海陵朝的尚书令耨盌温敦思忠本人获封广平郡王，次室获封郡夫人。同时的大臣突合速也是"以次室受封"。

近世以来的平妻

明、清时期，伴随着商品经济的发展，长年经商在外的商贾于客居之地纳妾生子的现象屡见不鲜，虽为纳妾，但妾从嫁娶礼仪到吃穿用度与正妻几乎没有差别，于是被称作"平妻"，俗称"两头大"。明清的话本小说中多有反映"两头大"的描写，如凌濛初《初刻拍案惊奇》卷二《姚滴珠避羞惹羞　郑月娥将错就错》讲述徽州府休宁县财主吴大郎追芳逐艳事：

---

1. 王姝：《金代品官命妇封赠制度考》，《首都师范大学学报(社会科学版)》2006年第1期。

大郎道："果要千金，也不打紧。只是我大孺人狠，专会作贱人，我虽不怕他，怕难为这小娘子，有些不便，取回去不得。"婆子道："这个何难？另税一所房子住了，两头做大可不是好？"

长篇小说《醒世姻缘传》中，监生狄希陈被妻子薛素姐长年凌虐，借赴京听选为名出来"避难"。在京期间，欲纳旧日房东童奶奶的女儿童寄姐为妾，对媒人却说："我是另娶的妻，我何尝是娶妾？"聘娶程序也是毫不含糊。吉期当日，"狄希陈公服乘马，簪花披红，童寄姐穿着大红绐丝麒麟通袖袍儿，素光银带，盖着文王百子锦袱，四人大轿，十二名鼓手，迎娶到寓，拜天地，吃交巡酒，撒帐，牵红……"（第七十六回）这些故事绝非小说家的凭空想象，而是源于当时活生生的社会现实。

澳门赌王何鸿燊伯祖父何东原娶妻麦秀英，后又娶麦秀英表妹张静蓉。据说，麦秀英在何东的要求下，亲自为夫做媒，许诺给张静蓉平妻地位。张静蓉虽然不愿，但在母亲的逼迫与安慰下，最终成为何东的妻子。1908年《纽约时报》对何东的报道，还强调其有两个妻子。

同样在明、清时期，为了解决绝户之家无合适的继承人可立的现实难题，避免家族财产的减损，民间大多选择"一子兼祧两房"的方案。由兼祧而产生双娶的需要，兼祧子娶两房妻，生子以继两房之嗣。尽管在国家法上，后娶之妻被定位为妾，但是民间习惯上，兼祧子所娶两妻或多妻均按其所属各房而享有正室的地位，彼此之间为堂妯娌的关系。如山西虞乡县习俗是，一人承祧两房宗祀者，得娶两妻，两妻以齿为序，不问孰先孰后，不分阶级；山西清源县习俗是，一子兼祧两房者，得娶两妻。虽法律有重婚之禁，而其相沿既久，民间并不以为犯法。[1]

进入民国后，虽然民国法律明确禁止重婚，但是娶平妻之风仍未止息。与宋教仁、覃振并称"桃源三杰"的革命元勋胡瑛于民国初年明目张胆地娶二妻，"一时海内传为韵事"。然而，由于男女平权观念的影响，此举引发了进步人士的激烈批评。同为革命袍泽的唐群英女士扬言要去"砸场子"，广东都督府参议、司法司司长叶夏声特以广东同盟会政事主任名义致电胡瑛，大加斥责曰："一夫二妻，大乖人道，君为民国功首，乃于京华之区，公犯重婚之罪，异党林立，外人环视，实为吾党之耻，幸即脱党，勿污全群。"[2]可见时代观念的转变。

当然，这一起平妻事件之所以引发舆论高度关注，主要还是源于名人效应。实际上在当时的民间生活中，平妻现象并不

---

1. 王跃生：《清代中期婚姻冲突透析》，社会科学文献出版社，2003年，第31页。

2. 见韩福东《胡瑛"平妻"事件》：http://epaper.oeeee.com/epaper/A/html/2015-12/13/content_20920.htm。

少见,尤其是以兼祧为名行多娶之实者所在多有。世纪老人宁恩承在其回忆录中就提及,年轻时曾与兼祧并娶"擦肩而过"。宁恩承的二叔宁荣达与妻武氏无子,有意过继宁恩承为子,并提出借子传孙两头大平妻的方案,还说这是古法。具体做法是,"由她另娶一房媳妇,算为她的儿妇,生孩子归她这一房。借子传孙,明媒正娶,作为平妻,不妨碍现有媳妇的名义地位,两全其美。她说这是许多一般人承认的办法"。这事因宁恩承的反对而未果。[1]

宁恩承是辽宁辽中县人,实际上民国时期平妻之风最盛的当是广东。1931年《十日》第1集第7期刊登龙英《平妻》一文,就介绍了广东的平妻习俗,"行多妻制,广东人是最能够澈底的";又说:"'三妻四妾'这句话,只在广东能够解释,因为广东有所谓平妻,这大概是对不愿意做妾者一种救济方法,想得多少周到呢!"

综上所述,中国古代的婚制存在比较明显的表达与实践的背离。一夫一妻是不容置疑的礼法体制,也在律令的层面有所体现。现实生活中的并嫡、平妻无疑是对一夫一妻原则的背叛,然而这一做法不仅成为民间的"小传统",甚至在一定程度上得到了官方的认可。元杂剧《薛仁贵荣归故里》(明臧晋叔选本)中,薛仁贵先后娶柳氏和徐氏,二女"并封辽国夫

---

1. 宁恩承:《百年回首》,东北大学出版社,1999年,第25页。

人"。南戏《琵琶记》中蔡伯喈原配赵五娘,又娶牛小姐,后赵氏封陈留郡夫人,牛氏封河南郡夫人。《聊斋志异·青梅》中的张生娶程、王二女,后"俱封夫人"。清代弹词作品《再生缘》故事的结局,孟丽君和苏映雪二女同归于皇甫少华,而且是"同日完姻,无分偏正"。这些情节应该不是纯粹的文学想象,而是有其现实的来源。由此,我们就不难理解,为什么安骥以世家子弟而敢于明目张胆地娶二妻,还大言炎炎地向二女许诺"两副紫泥诰封"了。

姻缘如何能醒世？

诞生于明末清初的世情小说《醒世姻缘传》（以下简称《醒传》）以辛辣诙谐的笔法讲述了一个两世姻缘、因果报应的故事，并无情地揭示了当时官场的腐败和世风的偷薄，同时兼及社会生活的方方面面。职是之故，该书的史料价值倍受近代以来的学者文人推崇，胡适就曾预言："将来研究十七世纪中国社会风俗史的学者，必定要研究这部书；将来研究十七世纪中国教育史的学者，必定要研究这部书；将来研究十七世纪中国经济史（如粮食价格，如灾荒，如捐官价格，等等）的学者，必定要研究这部书；将来研究十七世纪中国政治腐败、民生苦痛、宗教生活的学者，也必定要研究这部书。"（《〈醒世姻缘传〉考证》）其实还可以再加上一句，研究十七世纪中国法律史的学者，也很有必要研究这部书。

小说中大大小小的官司不下十余桩，既有家长里短引发的户婚田土纠纷，也有离奇轰动的命盗案件，有审得好的，也有

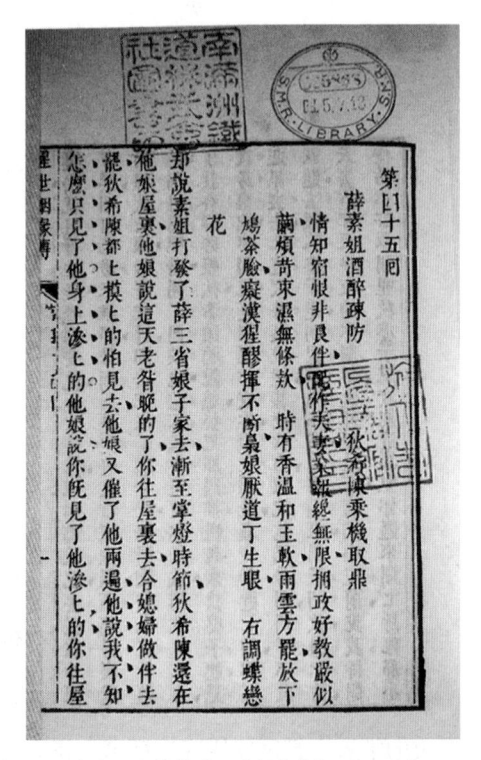

大连图书馆藏《醒世姻缘传》"十行本"

审得歹的,有纤毫不遗的,也有笼而统之的,在一定程度上反映了明朝中晚期的司法状况。

该书的前世姻缘部分,山东武城县监生晁源娶娼女珍哥为妾,宠妾憎妻,与妻计氏分房别居。话说六月六日这天,道姑海会和尼姑郭氏来计氏房中走动,珍哥觑见,便捕风捉影,嚷叫计氏奸通僧道。晁源信了珍哥的挑唆,作势要休妻,计氏气不过,悬梁自尽。计氏的父兄以"贱妾逼死正妻事",一纸诉状告到武城县县衙。武城县县令贪赃枉法,竟以罚银了事。幸好世上的官不尽是贪官。临清道的道员李纯治为平反冤狱、整顿吏治,巡行到武城县,受理了计氏兄长计奇策的告状,并指派东昌府理刑厅审理此案。刑厅褚推官秉公断案,将珍哥依威逼期亲尊长致死者律拟了绞罪,晁源依威逼人致死为从拟杖一百、流三千里。一时乡人无不称快。

明代的司法巡察制度

这样一桩错案何以能够得到平反?从小说的用墨来看,更多突出了清官廉吏的作用。如形容那爱民如子、兴利除弊的李观察:"穿了豸服,束了花银带,拖了印绶,冷铁了面孔,说什么是张纲,又什么是温造(张纲、温造分别是汉、唐时有名的直臣),倒恰似包龙图一般。"又说那褚推官(小说中称褚四府,与明代官场惯例相符):"又是一个强项好官,尽可与那巡道做得副手。"(第十二回《李观察巡行收状 褚推官执法翻招》)有这样两位明察秋毫、执法如山的好官,冤假错案的纠正和平反那还不是分分钟的事儿?于是,案件前后两个阶段的审理,一昏一明,形成了鲜明的对照,似乎正应了"人存政举,人亡政息"的古训。然而,现实告诉我们,清官廉吏是可遇不可求的。小说中公道的实现应当更多地从制度层面着眼,才能获得令人满意的解释。试想一下，如果没有临清道这样一个机构设置，便有再多的好官，恐怕也是远水不解近渴的。

说到临清道，就要说到明代的司法巡察制度。明代，为了更好地保障司法公正、减少司法冤滥，在各省的司法监察机关——提刑按察使司之下又设派出机构，称分巡道，掌分察府、州、县，以按察副使、按察佥事等员任其职，其兼兵备职者，又称兵巡道、兵备道。临清道，全名应该叫临清兵备道，又称分巡东昌府（道）。《方舆汇编·职方典》第二五五卷"东昌府兵制考"中提到："临清兵备道，分署临清，成化二十三年（1487）置，以按察副使或佥事一员，奉敕整饬兵备，兼管河道屯田，诸军卫有司皆属节制，已改称分巡东昌府，兵备如故。"又康熙十二年（1673）《临清州志·职官》于"分巡东昌道"一栏下记道："按察使司副使，凡诸所要害，出使贰一人提兵莅之，曰兵备。明成化甲辰（即成化二十年）始设，问理刑名，操练人马，协同抚、按控制一方。府一：东昌；州二：临清、高唐；县十有五：聊城、清平、茌平、博平、堂邑、冠县、莘县、馆陶、邱县、夏津、武城、东阿、平阴、阳谷、寿张；卫三：平山、东昌、临清；巡检司五，并受管辖。"二书关于临清道的始设时间略有参差，但可以肯定的是，临清道是到了明成化后期才设立的。而据小说中交代，晁源的这场官司发生于明代宗在位（1450—1457）初年，作者西周生为了给书中当事人提供司法救济，提前"设立"了临清道，未免显得过于心急。古典小说中的此类纰漏所在多有，倒是不好过分苛责的。此外，我们还知道，临清道的职能之一为"问理刑名"，而其巡按范围包括一府二州十五县三卫五司，武城县正在其中。小说中，临清道驻地临清，主官李纯治官衔为正五品的按察司佥事，与明朝兵巡道的实际情况基本吻合。

值得注意的是，案件经东昌府刑厅审过，并没有当即结案，而是又经过了复杂的解审、批详等程序。按明制，州县衙门对命盗重案只有定拟之权，审讯后分别录取供状，缮具清册，连同人犯一起解送到上级衙门批详。府审讯后解送到按察司，按察司审讯后一般只需把案情报送到刑部，但三法司认为应当提审的人犯亦要解送到京，另行审问勘办。（《律法全书》卷七）京剧名段《苏三起解》讲述的就是洪洞县差人崇公道押解命案被告苏三赴省城太原覆审的过程。《醒传》中，东昌府刑厅审毕，将详文书册整理完备，交付差人将一干人犯押往临清的巡道衙门解审。巡道覆审过一遍，虽案情确认一同于前审，还是将案子驳回东昌府，理由是"罪关大辟，不厌详求"。东昌府收文后，将案子批转给聊城县，聊城县审过，转详本府，又改批了冠县，冠县审过，又详本府，仍未允详，又改批了茌平县。为何如此折腾？书中交代："虽是三四次驳问，不过是循那故事，要三驳方好成招。"原来是程序上必须要这样做，以昭示官府对死刑重案的慎重，而结果通常不会因之有太大改变，至多是把证据列得更扎实，报告写得更严谨而已。于是，案件不出意外地"由两道两院一层层上去，又一层层批允下来，尽依了原问的罪名"。（第十三回《理刑厅成招解审　兵巡道允罪批详》）谁说中国古人是重实体、轻程序呢？看来，传统观点值得反思。

从明代文献所反映的情况来看，兵巡道等巡按机构的设置和府的司法职能的发挥为地方冤假错案的纠正平反提供了制度上的可能。《醒传》以近乎实录的笔法对此作了艺术的再现，实为不可多得的文字。但同时也要看到事物的另外一面，有学者指出，在明代中后期，巡按御史在地方诉讼体系中的地位越来越重要，府职官常常要受命审理巡按（包括巡抚）批交的案件。很多案件，由于抚按的干预，府不得不多次重审，这在很大程度上影响了府县的正常行政运作，削弱了府的地位，给地方司法体系带来了混乱。[1]

明代的威逼人致死律

程序的问题分析完了，我们进入本案涉及的实体问题。尽管原告一方声称，珍哥"把舌剑杀人，这也就是谋杀一般"

---

1. 阿风：《明代府的司法地位初探——以徽州诉讼文书为中心》，载《中国古代法律文献研究》第八辑，社会科学文献出版社，2014年，第359—374页。

（第十回《恃富监生行贿赂　作威县令受苞苴》）。可是稍有社会经验和法律常识的人都能看出，本案与谋杀案件不可同日而语。若以现代的法律、道德二分视角来看，珍哥污蔑计氏，固然失教败德，因而不免道义上的责任，可是计氏的死毕竟出于自杀，所以珍哥无须承担法律责任。这样说来，本案的最后珍哥被判绞罪莫又不是一起冤案？换句话说，府、道两级的判决有没有法律依据？

今天的读者难以理解这一点，症结在于古今律法的悬隔。再具体一点说，明清律典中关于威逼人致死的规定已超出了当代人的经验范畴。《大明律·刑律二》"威逼人致死"条规定：

> 凡因事威逼人致死者，杖一百。若官吏公使人等，非因公务而威逼平民致死者，罪同，并追埋葬银一十两。若威逼期亲尊长致死者，绞；大功以下，递减一等。若因奸、盗而威逼人致死者，斩。

所谓"因事"，即并非无缘无故，而所因之事不外乎户婚、田宅、钱债之类寻常之事。所谓"威逼致死"，是指"以势凌之，而其人惧而自尽，非谓逼其死也"。（应槚《大明律释义》卷一九）可见，此罪在客观方面表现为一方对另一方的威逼凌辱，却直接导致了被害人自杀的后果。须注意的是，行为人不是积极地追求对方死亡的结果，而通常是出于讨债、勒财或侮辱等目的，如民间放高利贷者的暴力催债行为导致负债人的自杀。换句话说，如果一方逼令对方自尽，或推搡对方致其溺水，则行为的性质就从威逼致死变成了故杀。因而，虽然同样有死亡的后果出现，威逼致死和故杀的性质截然不同。但是，考虑到威逼致死的情况下，被害人的自杀与行为人的威逼行为之间有着直接的因果关系，所以要追究行为人的刑事责任，具体的刑罚是杖一百，以体现对人命的重视。一言以蔽之，中国古代法对自杀的肇因行为施予法律责难。

说起来，威逼人致死入罪应该是明朝人的发明。查唐律，其中并无威逼人致死的律条，此中原因，大概是考虑到"轻生自尽，与人无尤"。（沈家本《历代刑法考·明律目笺三》）这是不是意味着在唐代对威逼人致死的案件完全做无罪化处理呢？不然。唐律虽无威逼人致死罪，却有针对"恐迫人致死伤"的规定："若恐迫人，使畏惧致死伤者，各随其状，以故、斗、戏杀伤论。"唐律还做了具体的举例，如"履危险，临水岸，故相恐迫，使人坠陷而致死伤"的情况，按照故杀伤对待；如果是因斗殴，"恐迫而致死伤"的，则处以斗杀伤之罪；如果是出于闹着玩的目的恐迫人，造成死伤的后果，则以戏杀伤论。从文字的本义上看，"威逼"和"恐迫"含义并不一致，但也不是没有一点关系。所以，有学者指出，唐律中的"恐迫"条正是明律中"威逼"条的渊源。此外，别忘了，唐律中还有一个非常有名的"口袋罪名"——不应得为。实践中若发生威逼人致死的情况，完全可以依照该罪名，"分别情节轻重，科以笞杖足矣"。不过，南宋以降民间多有利用自杀或乘人自杀而进行要挟或进行诬赖的案例，这或许是明朝立法者创设威逼人致死罪的动因。

明律"威逼人致死"条除规定公务人员因私事（非因公务）威逼人致死的与凡民同论外，还对威逼期亲尊长致死和因奸、盗而威逼人致死两种情况做了刑罚升格的特殊规定，体现出中国传统法律鲜明的伦理指向，《醒传》中珍哥正是依威逼期亲尊长律被拟了绞罪。期（jī）亲，亦作"朞亲"，指依服制应服齐衰（zī cuī）期年之服的亲戚，即服丧一年的亲属。期亲尊长主要指兄姊、伯叔父母；此外，出嗣子之于本生父母、继母，改嫁之子之于同居继父，妾之于正妻，亦是期亲。这样说来，计氏之于珍哥，期亲尊长的身份那是毋庸置疑的。明人说："若人于期亲尊长，所当爱敬，而不可加以威力者也，乃逼之致死焉，岂有人道者哉？故绞。"（雷梦麟《读律琐言》卷一九）依服制而制罪是中国传统律法的一大特色，威逼期亲尊长乃典型的以卑犯尊，刑罚自然要加重。

那么，珍哥对计氏是否实施了威逼行为呢？律条并没有明确界定何为"威逼"，也没有列举威逼行为的具体表现形式，但正如明代律学名家王肯堂所言："大凡威逼之事，千态万状，不可悉数。但看生者有可畏之威，死者有不得已之情，即以威逼坐之。"（王肯堂《王仪部先生笺释》卷一九）可见，是否构成"威逼"并没有一条明确无误的判断标准，只能凭一般社会经验来把握，由此也使得相关的司法实践具有较大的不确定性。计氏之所以特意选择吊死在晁源和珍哥居所中门的门框上，其用意不仅是要恶心晁源和珍哥，更是要坐实二人对自己的威逼。此时，自杀成为一种报复手段。不过，在今天的读者看来，这报复的成本也忒高了！估计读者心里在嘀咕，计氏一定得死吗？她好像没到非死不可的地步啊！她可以选择继续抗争，或者干脆走人回娘家。这无疑是一种局外人的判断，体现了现代型的价值观念，因而与传统型社会的运行法则和经验逻辑存在较大的出入。

我们看清朝人编的《刑案汇览》，其中有大量的轻生自尽的案例。看过一遍，读者会震惊于彼时中国人的生命观念和生活状态。都说"好死不如赖活着"，可是那时候的中国人怎么就那么轻贱自己的命呢？动不动就上吊、投河、服毒、吞金。道光八年（1828），刑部收到安徽省上报的一桩案件，案情并不复杂：被告王畅于二更时分巡更路过孀妇贺氏门首，听闻贺氏家有男子咳嗽声音（实为贺氏之父贺该在王贺氏家歇宿），怀疑贺氏有奸情，遂向族邻王赵氏谈论此事，污言秽语传到贺氏耳内，贺氏羞忿难抑，投缳殒命。刑部的意见是，"虽王畅谈论王贺氏不端，事出有因，并非捏情有心污蔑，亦非用言戏谑。惟贺氏之自尽，究由该犯妄谈所致"。最后将王畅比照并非与妇女觌面相谑、止与亲属互相戏谑、致妇女听闻秽语羞愤自尽例,拟杖一百、流三千里。(《续增刑案汇览》卷九)值得注意的是,本案被归入了"威逼人致死"的项下,可见对于"威逼"二字,古人的理解是灵活而宽泛的。

宋元以下直到晚近的中国社会里,受到顽固的贞节观念、逼仄的舆论环境、有限的救济手段等诸多因素的影响,妇女在涉及贞操这样一个原则性问题时,往往只有一条死路可走。她们或者是出于一死以证清白的动机,或者只是单纯地觉得生无可恋,只愿速死以求解脱而已。小说中对计氏死前此种心理也给予了一定的描写。对此种处境和心态,今天的读者恐怕是缺乏同情和了解的。府审时,褚推官对珍哥说:"你说得和尚道士从他屋里出来是凿凿有据的,那晁源岂得不信?你既说得真,晁源又信得实,那计氏不得不死了。"(第十三回《理刑厅成招解审 兵巡道允罪批详》)官府之所以要珍哥抵命,症结就在这里。

明崇祯年间广州府推官颜俊彦曾审理过多起威逼致死案件。其一,乡民陈富兴与梁朝伟因蔗地而起争执,富兴侄陈惟积乘醉代叔出头,率众殴打朝伟弟朝兴,致朝兴当夜身死。朝伟痛弟被杀,抬尸索命于富兴之门,富兴妻王氏见夫罹此不测之祸,计不知所出,亦投缳而死。颜俊彦认为:"在朝伟固无打抢之情,难免威逼之罪。"于是对梁朝伟处以杖罪。兵巡道的批详中也指出:"抬尸上门,令王氏不得不死,又似威力。"其二,梁日华受雇于何俊,为其看守铺房。因失盗一犬,为何

47

俊族亲何贤所讼,"称日华自盗,具禀州衙,私自殴打吓挟,致日华情逼自缢身死"。后何贤被依威逼之条拟杖,并追银三两给被害人亲属。其三,黄公萃曾得梁广业之产,双方构怨已久。后因抽田,黄不复与耕,遂告梁强割,牵其侄之牛以抵夙逋。广业贫农,情何以堪,甘心自刎。颜俊彦断:"坐公萃以威逼之条,追葬银十两,给尸亲领埋。"(《盟水斋存牍·一刻·谳略一卷》)通过这几例案件,我们大体可以窥见明代威逼人致死罪的司法概貌。

进入清代后,威逼人致死律获得了更大的适用空间。清人祝庆祺等所辑《刑案汇览》《续增刑案汇览》《新增刑案汇览》于"威逼人致死"条下计收案例292则,可见威逼人致死罪强大的司法生命力。其中,既有凡人相逼案件,也有亲属相逼案件。至于妾逼死妻的仅见一例,是道光十二年(1832)四川省报送的案件:侯尹氏系侯喜之妾,因被正妻侯田氏殴打,夺棍殴伤侯田氏左臂膊、左胳肘,致侯田氏气愤自尽。最后,侯尹氏被依照"逼迫本律拟绞例,拟绞监候"。(《续增刑案汇览》卷十)从案情来看,此案是最接近珍哥威逼计氏案的实际案例,二者的裁判逻辑如出一辙。可见,小说中珍哥的下场并非纯粹出于想象,而有其坚实的社会和制度基础。

作为根本法则的"抵命"观

　　珍哥被判死刑,从表面上看是因为威逼人致死律有明文,其实还有更深一层的原因。在观念上,中国古人朴素的正义观中包含了对生命的称量,表现为"一命抵一命"的信条。官方宣称"杀人者死,伤人者刑,百王之所同,其所由来尚矣"(《唐律·名例律》),民间认为"杀人偿命,欠债还钱"是天经地义。总之一句话,血债必须血来偿,如此才称得上公道。如《西游记》第二十一回黄风怪说:"等我出去,看是个甚么九头八尾的和尚,拿他进来,与我虎先锋对命。"《醒传》中,计氏平白受了珍哥诬陷,情绪失控,手持匕首,于晁宅门口叫骂:"我不合淫妇对命,我嫌他低搭!我只合贼忘八说个明白,对了命!"所谓"对命"即是抵命。府厅审讯时,面对珍哥的辩解,褚推官道:"你一面诬执主母奸情,一面又唆激家主;这虽是借了别人的剑杀人,这造谋下手都是你!""你说计氏出来前边嚷骂,你却关门躲避了,这即如把那毒药与人吃了,那个服毒的人已是在那里滚跌了,你这个下毒的人还去打他不成?那服毒的人自然是死的了。这计氏的命定要你偿,一万个口也说不去!"继又叫计奇策上来,安慰道:"我已是叫珍哥抵偿你妹子的命了。"(第十二回)后来的招稿中又写道:"合律文威逼之条,绞无所枉;抵匹妇含冤之缢,死有余辜。"(第十三回)可见,驱动法官做出死刑判决的深层次原因不是别的，正是抵命观念。

中国古人信奉"一命抵一命"，并不意味着只要死了人就须有人抵命，律法上也有例外，如过失杀的情况就不须抵命。《唐律·斗讼》："诸过失杀伤人者，各依其状，以赎论。"明律大体沿袭这一规定。是以，元代李致远杂剧《都孔目风雨还牢末》楔子中李孔目云："看来是个过误杀伤，不该抵命。"不过，话又说回来，正因为中国古人头脑中先存了一个"一命抵一命"的念头，所以对威逼人致死的情形无法淡然处之。中国传统法律的这一特点也引起了国际汉学界的注意。日本学者高桥芳郎就指出："这样严格地规定诱使人去自杀要加以处罚，或要加重其罪刑，极度认真地把诱使人自杀当作刑事责任的对象，比较法制史上恐怕没有别的例子。……在社会生活中，只要一有自杀者出现，跟他自杀有关的人会受到众人的非难，这种风潮在中国特别显著。"[1]

小说中本案的判决亦非无懈可击，如晁源被判依威逼人致死为从拟杖一百、流三千里即是。书中还交代，晁源凭大诰减罪一等，得了徒罪（这一点绝对是明代司法的特色）。招稿中对此解释道："无聊自尽，虽妾之由；为从加功，拟徒匪枉。"即是说，晁源虽是从犯，但以实际行动促成了"杀人"行为，

---

1. [日] 高桥芳郎：《明律"威逼人致死"条的渊源》，《东洋学报》1999年第81卷第3号。

所以定为徒罪不冤枉。晁源真的不冤枉吗？这一点是很成问题的。

将本案置于真实的历史时空中，如果不考虑晁源和计氏的身份关系，将其视同凡人相犯，威逼人致死本身便是较轻之罪，则"其有为从者，止拟不应杖罪"（王肯堂《王仪部先生笺释》卷一九），即应定一个"不应得为"的罪名，处以杖八十的刑罚。如果承认二人的夫妻关系，则夫威逼妻致死的情况恐怕很难入罪。按照明人的看法，律条中"言卑幼威逼尊长致死之罪，则尊长威逼卑幼致死者勿论矣"。（《大明律释义》卷一九）当然，还有人认为"其不言逼死卑幼者，尊长本有名分相临，虽威勿威，故犯者但以不应事重科断。若夫殴骂妻妾自尽，则依律勿论"。（王肯堂《王仪部先生笺释》卷一九）可见，针对晁源逼死计氏这种情况，大概率是做无罪处理，至不济定一个不应得为从重。颜俊彦曾受理一桩夫殴妻致其自尽的案件。生员陈玮逞忿殴妻，致妻自尽。颜俊彦先指出："审得陈玮之死其妻，既有自尽实迹，自无抵法，无论其若何相逼，若何相殴也。"但是考虑到陈玮以生员身份而不能调和琴瑟，有觊宫墙，因此予以杖惩降青，并罚银二十两补偿其岳母。（《盟水斋存牍·二刻·谳略一卷》）可见，在官方的观念中，不管丈夫如何骂詈殴打妻子，只要有证据证明妻子是自杀，丈夫即无须承担责任。回到晁源逼死计氏一案，晁源其实并无辱骂殴打情节，只是把计氏父兄找来，要写休书，这种情况相较于陈玮案自然为轻。然而，陈玮案处以杖惩已有法外用刑的嫌疑，晁源之得徒刑自然更站不住脚。就此而言，针对晁源的判罚实际上充满了浓厚的道德审判色彩。

综上，对自杀的诱因行为追究刑事法律责任是明、清时期法律的一大鲜明特色，也反映出中国古代法律对人命的重视。《醒传》中由计氏轻生引发的讼案并非纯出于小说家的想象，而是基于对明、清两代律令制度和司法实践的缜密观察和细心总结，因而其史料价值弥足珍贵。读者在阅读小说、体会人情冷暖和姻缘悲欢的同时，也能了解我国的传统法律文化，真是幸何如之！

严法能奈悍妻何？

帝制时代的中国虽为典型的男权社会，但牝鸡司晨、阴盛阳衰之事也不鲜见。上自帝王将相，下至贩夫走卒，惧内——或说怕老婆似乎成为社会常态，显例如隋文帝、唐高宗、宋光宗、王导、房玄龄、陈慥、沈括、戚继光，甚至有人不无夸张地说道："世上但是男子，没有不惧内的人。"(《醒世姻缘传》第九十一回）在文化社会学的意义上，惧内文化作为一种亚文化，与男权文化相伴相生、相映成趣，理解惧内文化才能更为全面地理解中国古代的男权文化。

惧内现象在我国的古典文学中多有反映，早在南朝刘宋时期（420—479），一个叫虞通之的人便撰有一本专记妒妇悍妇的轶事小说集，题名《妒（妇）记》。到了明、清时期，以惧内为题材的小说更是大量涌现，成为值得注意的文化现象。有人做过统计，《聊斋志异》中以悍妇为题材的作品有21篇，其中，《马介甫》和《江城》两篇以洗练鲜活的文字刻画的悍妻形象令人印象尤为深刻。然而，若论悍妻文学的巅峰之作，则非西周生的百万言长篇《醒世姻缘传》莫属。《醒传》全书用了大量篇幅描写狄希陈与薛素姐、童寄姐的婚姻纠葛和家庭暴力。狄希陈以堂堂男儿而受制于一妻一妾，表面上是因性格偏于懦弱而使夫纲不振，实则是缘于前世的冤孽纠缠。当然，今天的读者阅读和欣赏这部小说，完全可以抛开陈腐的因果报应学说，而诉诸历史和理性的视角。

书中写到，在畸形心理的支配下，作为妻子的薛素姐对丈

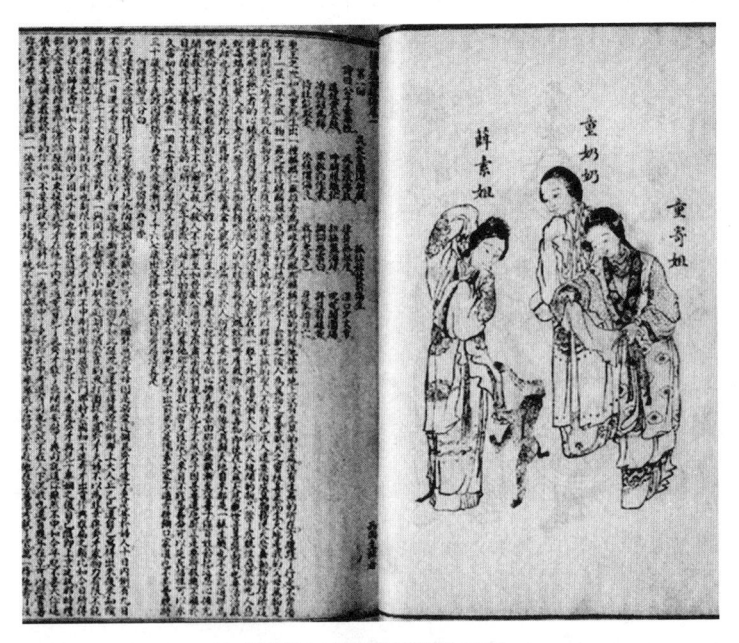

晚清刊本《醒世姻缘传》书影

夫狄希陈百般钳制和虐待：轻则数落啐骂，中则圈禁"坐监"，重则体罚殴打，其手法不一而足，将狄整治得鬼哭狼嚎、欲死不能，整个狄家也被搅得鸡飞狗跳，罕有一日安宁。凌夫之外，素姐还忤逆公婆，时不时顶撞冒犯，竟致气死婆婆。素姐的嫡母薛夫人教训素姐："你通长红了眼，也不是中国人了！婆婆是骂得的？女婿是打得的？这都是犯了那凌迟的罪名哩！"（第四十八回）素姐之父薛教授得知素姐拷打丈夫、气死婆婆，对夫人说："这个冤孽，可惹下了弥天大罪，这凌迟是脱不过的！只怕还连累娘家不少哩！"（第五十九回）按照薛氏夫妇的说法，素姐詈姑殴婿违背纲常，罪大恶极，法当凌迟。小说读到这里，细心的读者可能要生出疑问，詈姑殴婿的法律后果真的如此严重吗？若当真如此，素姐何来如许胆量不计后果地胡作非为？

维护夫权的律法建制

按照传统礼法观念，夫为妇之天，女子秉持"三从四德"原则，对丈夫必须无条件地恭谨顺从。《后汉书·梁鸿传》记载，贫士梁鸿"为人赁舂，每归，妻为具食，不敢于鸿前仰视，举案齐眉"。"举案齐眉"表现出作为妻子的孟光对丈夫梁鸿的敬畏和恭谨，承载着男乾女坤、夫尊妻卑的礼法精神，实为儒家社会对理想的夫妻关系和家庭秩序的具象定义，后世用来形容夫妻之间相敬如宾，其含义已经发生了明显的变化。

与此观念对应的还有一整套的社会政法制度安排。为确认并维护丈夫之于妻子的主导地位和夫唱妇随的家庭格局，历代律法对丈夫和妻子无不实行倾斜性（歧视性）的保护原则，构建起非对等性的刑责体系。总体上的原则是，妻侵害夫属于卑犯尊，刑罚加重，夫侵害妻属于尊犯卑，刑罚减轻。这一立法格局至晚在汉代已经表现得比较明显，如出土于湖北江陵的张家山汉简《二年律令·贼律》有律文："妻悍而夫殴笞之，非以兵刃也，虽伤之，毋罪"，又"妻殴夫，耐为隶妾"。从中可以看出，汉律承认丈夫对妻子的"惩戒权"，妻子如果桀骜不驯，丈夫可以殴打体罚，只要没有使用兵刃，即便造成伤害，也不承担法律责任。反过来，妻子如果殴打丈夫，则要被处以"耐为隶妾"，即剃去鬓发，为官府服终身劳役。

竭力维护夫权（往广了说即男权）是中国帝制时代法律一以贯之的鲜明特征，汉律如此，唐、宋、明、清诸律无不如此。如《唐律·斗讼》规定："诸妻殴夫，徒一年；若殴伤重者，加凡斗伤三等（须夫告，乃坐）；死者，斩。"反过来，"诸殴伤妻者，减凡人二等；死者，以凡人论"。可知在唐代，除极端情况外，妻殴夫和夫殴妻的处刑差了五等。《明律·刑律三》规定："凡妻殴夫者，杖一百，夫愿离者，听（须夫自告乃坐）。至折伤以上，各加凡斗伤三等；至笃疾者，绞；死者，斩；故杀者，凌迟处死。"值得注意的是，明律没有像唐律那样对夫殴妻做一般性的规定，只是规定了两种特殊情形：其一，"妻、妾因殴骂夫之祖父母、父母，而夫擅杀死者，杖一百"；其二，"夫殴骂妻、妾，因而自尽身死者，勿论"。《醒传》的故事背景为明代正统至成化年间，据此不妨假设，素姐骂翁詈姑在先，狄希陈若因此一时冲动而竟然杀死了素姐，充其量也就是杖一百的刑罚。另一方面，不论素姐贤孝与否，狄希陈只要够胆，对素姐要打要骂均无不可，即便造成了素姐的自杀，也无须承担法律责任。

由明律的以上规定不难看出，在古人心目中，殴骂公婆的行为性质是非常恶劣的，因而针对这种行为，法律赋予丈夫以充分的惩戒权。制度之所以如此设计，一方面是为了更好地保障夫权，另一方面也是孝道的题中应有之义。那么，殴骂公婆的不孝儿媳需要承担什么样的法律责任呢？唐律规定："诸妻妾詈夫之祖父母、父母者，徒三年（须舅姑告，乃坐）；殴者，绞；伤者，皆斩。"明律则规定："凡骂祖父母、父母，及妻妾骂夫之祖父母、父母者，并绞（须亲告乃坐）。"（《明律·刑律四》）明律还规定："凡子孙殴祖父母、父母，及妻妾殴夫之祖父母、父母者，皆斩。杀者，皆凌迟处死。"若进一步考察，当可发现一个有意思的现象：在唐代，男子殴詈祖父母、父母与女子殴詈夫之祖父母、父母的刑事责任是有区别的，后者要轻一些；而在明代，法律对男子殴詈祖父母、父母与女子殴詈夫之祖父母、父母则做无差别的对待，似乎更凸显了"夫妻一体"的精神。这样一来，对儿媳殴詈公婆行为的处置，明律就较唐律为重了。依明律，素姐骂詈公婆应该被判绞刑。

那么，在明代的制度背景下，素姐殴打丈夫的行为又该受到何种处罚呢？由上引明律律文可知，妻子殴打丈夫，最轻的情况也要被处以杖一百。如果丈夫受伤较重，达到折伤以上的程度，则要参照凡斗罪加三等论刑。何为"折伤"？唐律中的解释是："折伤，谓折齿以上。"再来看明律关于一般斗殴伤人的刑责：

> 凡斗殴，以手足殴人，不成伤者，笞二十……折人一齿及手足一指，眇人一目，抉毁人耳鼻，若破人骨及用汤火、铜铁汁伤人者，杖一百……折人肋，眇人两目，堕人胎，及刃伤人者，杖八十，徒二年。（《明律·刑律三·斗殴》）

小说中，素姐对狄希陈扇耳光、掐肉是家常便饭，此种行为放在今天或许可以理解为夫妻或情侣之间的正常"交流"甚至亲昵举动，但是以中国古代律学标准来衡量，已经构成"殴"，依明律应处以杖一百的刑罚。至于升级的"家法"如鞭抽、针扎、铁钳子夹，其"殴"的性质自然更加明显，而实际的情况还不止于此。小说中，狄希陈被"殴"最惨的主要有这么几次。第一次，素姐上庙遭无赖调戏侮辱，羞忿无处发泄，将狄希陈"在右胳膊上尽力一口,把核桃大的一块肉咬的半联半落"(第七十三回),这明显是成伤了。第二次,素姐恼怒狄希陈慢待道门师傅,"把狄希陈的衣裳铺盖,尽行揭去,屁股坐着头,轮得棒椎圆圆的,雨点般往身上乱下"。直打了六百多下,打得狄希陈"只有一口油气,丝来线去的呼吸"。(第九十五回)狄希陈卧床将养了二十多日,方才勉强起来。这次伤得比较严重,但似乎还不构成折伤。第三次,素姐怨恨狄希陈约束自己玩耍,觑了个机会,"从后边一把揪住(狄希陈)衣领,右手把一熨斗的炭火,尽数从衣领中倾在衣服之内。烧得个狄希陈就似落在滚汤地狱里的一样,声震四邻……把个狄希陈脊梁,不专那零碎小疮,足足够蒲扇一块烧得胡焦稀烂"。(第九十七回)这一次应该就构成折伤了,因为按照律条,"用汤火、铜铁汁伤人"与"折人一齿及手足一指"的危害相当,因而刑责俱是杖一百。当然,这是针对凡人相殴而言,若是妻殴夫,刑罚还要再加三等。按照明律的五刑体系,杖一百加三等是徒二年、杖八十。

综合以上的分析可知,素姐骂詈婆婆于法应当处绞,殴打丈夫应当被判处徒二年、杖八十的刑罚,因而薛夫人"都是犯了那凌迟的罪名"的说法是很成问题的。即便把薛氏夫妇的警告理解为数罪并罚的意思,也找不到实证法上的依据,因为明律继承了前代刑事立法的一贯做法,对数罪的处理实行重罪吸收轻罪的原则。《明律·名例律》规定:"凡二罪以上俱发,以重者论。罪各等者，从一科断。"这样算起来，即便是数罪并罚，素姐也只能被处以绞刑，而不可能被判处凌迟。绞刑和凌迟，虽然都是个死，可是区别大了，是以不可同日而语。同时，由詈姑殴婿的罪名性质所决定，罪止自身，不行株连，不可能连累到娘家，因而薛教授的担忧无疑是多余的。当然，从道德的层面上来讲，素姐的"倒行逆施"不可避免地令其娘家名誉受损，因而其父兄才要急急地和她撇清关系。

那么，素姐在什么情况下有可能被处以凌迟呢？结合前引律条可知，一是故杀夫，二是杀夫之父母，可这两种情况在小说中都是不存在的，至少在薛氏夫妇发言警告时确是如此。因而，薛氏夫妇关于"凌迟"的说法不应当被视作规范性的表述，毋宁说，这是为人父母者在恨铁不成钢的心态支配下而采取的一种语言策略，即故意张大其事，希冀起到恫吓的效果。又或者，薛氏夫妇其实是一对法盲，詈姑殴婿当被凌迟的判断不过是来自人云亦云的道听途说而已，其间掺杂了他们对当时法律的误解。

悍妇为何不畏死？

詈姑殴婿无疑是悍妇的极端行为模式，不可能为封建礼法所容。从历代的实际情况来看，不要说詈姑殴婿，即便是不那么严重的有违"妇顺"之义的行为，如嫉妒和禁止丈夫纳妾，通常也被视为悍妇的"劣迹",因而有可能会遭到国家和社会的严厉惩治。南朝时,宋明帝特别憎恶妒忌的妇人,湖熟令袁滔妻和尚书右丞荣彦远妻均因妒被赐死;大臣刘休的妻子王氏亦有妒名,明帝知道后,赐女子给刘休做妾,并对王氏施以杖罚,又降旨让刘休在府第后面开设小店,令王氏当街售卖扫帚皂荚以羞辱之。另一个对悍妇行霹雳手段的帝王是明太祖朱元璋。据稗史记载,开国功臣常遇春的妻子悍妒异常,皇帝赐侍女给常遇春,常妻竟然把侍女的手剁下来。朱元璋闻知此事,表面上不动声色,暗地里派人以迅雷不及掩耳的速度将常妻击杀,又分其肉以赐群臣,名曰"悍妇之肉"。常遇春时在座,被吓得不行,"谢归,怖惋累日"。(谢肇淛《文海披沙》卷七)朱元璋如此残忍暴戾,"吃瓜群众"谢肇淛却为之击节赞叹,可见当时男子对悍妇的深恶痛绝。

当然,如果较起真来,无论是赐死还是诛杀悍妇,于法均为无据,更别提死后脔烹其肉。在这件事上,封建帝王的个人喜怒压倒了依法问罪,因而都是典型的法外行刑。唯其如此,稍有理性的帝王虽然厌恶悍妇,但不会真的痛下杀手,只是象征性地略施薄惩。唐初名臣任瑰妻子刘氏(一说柳氏)"妒悍无礼,为世所讥"(《旧唐书》卷六三)。一次,太宗赐给任瑰两名美艳的宫女,刘氏妒火中烧,索性将俩美女的头发都剪光。太宗风闻,便派人给刘氏送去一壶酒,并传旨:"这酒剧毒无比,喝下即死。任瑰是当朝三品大员,依据制度可以置姬妾。你若能宽容不妒，这酒就免喝；如果妒性不改，就把酒喝下去吧！"孰料刘氏没有被危言吓倒，对使者侃侃而道："妾与瑰结发夫妻，俱出微贱，更相辅翼，遂致荣官。瑰今多内嬖，诚不如死。"当场将一壶酒一饮而尽，饮毕倒头便睡，睡到半夜醒过来才晓得不是毒酒。太宗感叹道："其性如此，朕亦当畏之。"于是下旨将二女别宅安置。（张鷟《朝野佥载》卷三）

尽管不为正统观念所容，又时不时地受到敲打或惩戒，悍妇们逞威施虐的嚣张气焰似乎未见丝毫收敛，反有炽灼无已之势。北宋的沈括"晚娶张氏，悍虐，存中（沈括字存中）不能制，时被捶骂，捽须堕地，儿女号泣而拾之，须上有血肉者，又相与号恸，张终不恕"。（《萍洲可谈》卷三）明朝户部尚书杨俊民，"老而无子，妻悍尤甚。侍婢有孕者，皆手击杀之，杨竟愤郁暴卒"。（《文海披沙》卷八）这两位夫人的泼辣和彪悍与素姐有得一拼。可见，小说虽为杜撰，生活中亦不乏原型，以致蒲松龄一言以蔽之："每见天下贤妇十之一，悍妇十之九。"（《聊斋志异·江城》）

那么，面对严刑峻法的威慑，甚至要以丧失生命为代价，以素姐为代表的悍妇们为何仍是有恃无恐呢？若说她们都是法盲，对詈姑殴婿的法律后果一无所知，这说法恐怕难以服众。其实，真正的原因在于，按照中国古代律法的规定，殴夫和詈翁姑都属于"亲告乃坐"的犯罪，用今天的话来说，即为自诉罪。明律中规定，妻殴夫的，"须夫自告乃坐"；妻妾骂夫之祖父母、父母的，"须亲告乃坐"。这意味着，无论是殴夫还是骂詈翁姑，要想追究其人的法律责任，前提是其夫或公婆提起告诉。若无人提出告诉，则法律责任十有八九是要落空的。

今天的读者们肯定会认为，告诉就告诉呗，这有何难！那还不是上嘴皮一搭下嘴皮的事儿！然而，恰恰是这一条件设定难住了中国古人。因为在中国古代社会，告官是一件极不光彩的事。若非万不得已，人们总是极力避免将矛盾和纠纷提交给官府，涉及婚姻的纠纷尤其如此。这个问题连外国观察家也注意到了，罗素就说："在革命前的中国，人们几乎不知道离婚为何物，因为虽有儒家之先例，离婚仍被视为是一件极不体面的事。"[1]

丈夫以妻子为被告提起诉讼虽为制度所允许，但对于士大夫阶层而言还有另外一层顾虑——齐家是治国平天下的前提，悍妻狮吼、闺门不肃暴露出男主人治家方面的品格缺陷和能力缺陷，因家庭矛盾而诉诸公堂更无异于自曝家丑，于其令名不能无损。我们甚至可以捕捉到一种有趣的社会现象——一个男人的社会地位越高，越倾向于怕老婆，正如古人所总结的那样，"士大夫自中古以后多惧内者，盖名宦已成，虑中冓有违言，损其誉望也"（沈德符《万历野获编・勋戚・惧内》）。这

1.［英］伯特兰・罗素：《婚姻革命》，靳建国译，东方出版社，1988年，第146页。

些士大夫对跋扈无状的夫人虽啧有烦言甚至恨得牙根儿痒痒,却惮于见官诉冤,也不敢行使出妻的权利。对此,清朝的方苞就很看不下去,他说:"近世士大夫百行不怍,而独以出妻为丑;闾阎化之,由是妇行放佚而无所忌,其于舅姑以貌相承而无勃豀之声者,十室无一二焉。……人道之所以不立,皆由于此。"(《方苞集》卷五)按照方苞的逻辑,你软她就强,悍妇都是男人惯出来的。

担心名誉受损而俯首低眉、忍气吞声,大概是大多数家有雌虎的封建士人的真实人生写照。小说中,狄希陈的上司成都府太守听闻狄的不幸遭遇,主动要为他做主,将素姐断离,可狄希陈却犹豫不决。妾室童寄姐对狄希陈说:"又你见做着官,把个老婆拿出官去,当官断离,体面也大不好看。"这当然也是狄希陈所顾虑的。不过,狄希陈的矛盾犹豫以及闪烁其词,不禁让人怀疑他在长期受虐之下有可能患上了斯德哥尔摩综合征。又,俗话说得好,"一日夫妻百日恩",狄希陈之不愿断离,旧情难以割舍可能也是重要因素。进而言之,狄希陈畏惮素姐以及世间男子之惧内,未尝不是出于爱的心理。与之情况类似的是《聊斋志异·江城》中的高蕃,高蕃娶儿时玩伴江城为妻,讵料江城性情悍劣,对高荼毒备至,然"生以爱故,悉含忍之"。

按照清代话本小说《八洞天》的总结,男子怕老婆,无外乎势怕、理怕和情怕三种情形。以此标准衡量,高蕃对江城属于情怕，而狄希陈对素姐则兼有势怕和情怕。然而，无论是哪一种怕，其不愿面官、不愿休妻、不愿两姓决裂的心态则相差无几。况且，一般的社会观念也并不支持男子休妻。狄希陈与幕宾周景杨商量休妻之事，结果周说出一番"天下第一件伤天害理的事，是与人写休书"的道理。也正是在这样一种社会心理氛围中，大量的家庭冲突和家庭暴力基本上处于民不举官不究的状态。即便是像殴婿詈姑这样严重的逆伦行为，在官方的表达中自然是罪不容诛的，而在民间实践中，则仍被视作家务事而留给当事人自作取舍了。

宋朝男人为何钟情娶小姨子？

　　由正午阳光影业倾力打造的古代传奇剧《清平乐》虽从头至尾洋溢着罗曼蒂克的情调，但在角色塑造和情节设计方面也表现出对历史充分的尊重，以至于观众恍惚间产生欣赏历史正剧的观感。剧中演到，北宋天圣八年（1030），状元王拱辰金榜题名后，被参知政事薛奎榜下捉婿，娶了薛家三小姐，孰料三小姐后来难产而死，薛家又将五小姐嫁给王拱辰。此事虽充满戏剧色彩，却并非凭空杜撰，历史上的王拱辰的确是先娶姐姐后娶妹妹。然而电视剧基于这一史实又做了进一步的发挥，多次表现王拱辰因为娶小姨子而受到同僚的奚落和讥讽，以致影响到仁宗朝的朝堂政治。这就有过犹不及之嫌了，实际上掺入了今人对历史的误解，因为娶小姨子在宋代并非什么不光彩的事情，恰恰相反，当时的人们多视之为人伦佳话。同样在《清平乐》中，还提到了朝廷重臣富弼先后把两个女儿嫁给青年才俊冯京，这也是于史有征的。

妻子的妹妹俗称"小姨子",在宋代则被称作"小姨"。在当代社会,姐夫娶小姨子虽然在法律上并无障碍,可是社会舆论似乎并不鼓励,认为有碍伦理。那么,一千年前的宋朝社会为何对此毫不避忌?娶小姨子现象的古今之变背后到底隐藏着什么样的文化讯息?下面,就让我们细数那些热衷于娶小姨的宋朝姐夫,并尝试窥探他们隐秘的情感世界。

宋人娶小姨实力榜

北宋、南宋之交的邵伯温在其笔记《邵氏闻见前录》中记述了北宋名公欧阳修娶小姨的逸事:

> 王懿恪公拱辰与欧阳文忠公同年进士……后懿恪、文忠同为薛简肃公子婿,文忠先娶懿恪夫人之姊,再娶其妹,故文忠有"旧女婿为新女婿,大姨夫作小姨夫"之戏。

这段材料被后人一传再传,"后世娶妻妹,辄据以为口实"(陆容《菽园杂记》卷三),更有好事之徒作诗曰:"醉翁意在山和水,却向妻家问小姨。"(瞿佑《香台集》卷下)可惜这不是历史事实,欧阳修被冤枉了。

事实是,娶小姨的另有其人,那就是邵伯温笔下提到的懿恪公王拱辰。

天圣八年（1030）科考中，十九岁的王拱辰力压刘沆、孙忭、欧阳修、石介、陈希亮、唐介等一众才俊，夺得状元。其实，王拱辰这个状元得得颇为侥幸，要说当年最有实力和希望中状元的非欧阳修莫属。之前，欧阳修已分别在监试和省试中连获第一名，风头一时无两，只等殿试中皇帝唱名，状元名头便落入囊中。士林传言，为了迎接殿试，欧阳修特意赶制了一套华丽的新袍子。可是，就在殿试的头天晚上，年轻调皮的王拱辰趁欧阳修不注意，竟然把他的新袍子拿来穿在了自己的身上，并向众人炫耀道："为状元者当衣此！"最终，状元归属于王拱辰。（《邵氏闻见录》卷八）

王拱辰原名王拱寿，仁宗皇帝大概是嫌"拱寿"有些俗气，于是赐名"拱辰"。少年状元，皇帝赐名，那是何等的荣耀！据时人对王拱辰的评价，"公仪观端秀，动容步武，皆有规度，语韵如钟"。（刘敞《公是集》卷五一）可以想象少年王拱辰风流潇洒的样貌！那是要颜值有颜值，要气度有气度，关键是顶着新科状元的桂冠，春风得意马蹄疾，一日看尽汴梁花！京城里的高门显宦都瞄准了王拱辰，视之为乘龙快婿的不二人选。最终，还是当朝宰相、参知政事薛奎眼疾手快，抢先把三女儿许配给了王拱辰。真个是冰清玉润，相门增重啊！可惜的是，好景不长，这位薛家三小姐没过几年竟然香消玉殒了。可巧，薛家还有一位五小姐待字闺中，于是干脆配给王拱辰作继室了。看来，薛家是认准了王拱辰这个女婿，一定要结"百年之好"的。而王拱辰这个薛家的铁杆女婿也不负妻党所望，两任三司使（主理财政），多次担任御史中丞（主管监察），成为当时的政坛大佬。1976年3月，在河南省伊川县城关镇窑底村发现了一处宋代墓葬，通过研读墓志铭上的文字，专家们惊奇地发现，这竟然是北宋状元王拱辰和两位夫人的合葬墓。其中，后夫人的墓志铭中记道："天圣中，天子亲试天下士，时懿恪公方少秀，而以艺学冠诸英节。即以夫人之姊妻焉，后封平乐郡夫人。平乐即世，夫人遂归于公。"[1]这应该是王拱辰两为薛家女婿的铁证了。

更富有戏剧性的是，与王拱辰同榜中进士的欧阳修后来娶了薛家的四小姐，于是王与欧阳二人不仅是同年、同僚，更兼连襟。这就是同穿一件袍子的缘分啊！原本，王拱辰是姐夫，欧阳修是妹夫，可是后来二人的关系正好颠倒了过来。于是问题来了，两人见面该如何称呼对方呢？真是头疼又有趣！欧阳修是什么人啊？那是北宋士林的幽默大师。他的朋友刘敞再婚，他曾赠诗祝贺兼调侃："仙家千岁一何长，人世空惊日月忙。洞里桃花莫相笑，刘郎今是老刘郎。"（赵令畤《侯鲭录》卷七）现在，王拱辰娶了他们共同的小姨，欧阳修哪里会放过

---

1. 洛阳市第二文物工作队：《洛阳新获墓志》，文物出版社，1996年，第146页。

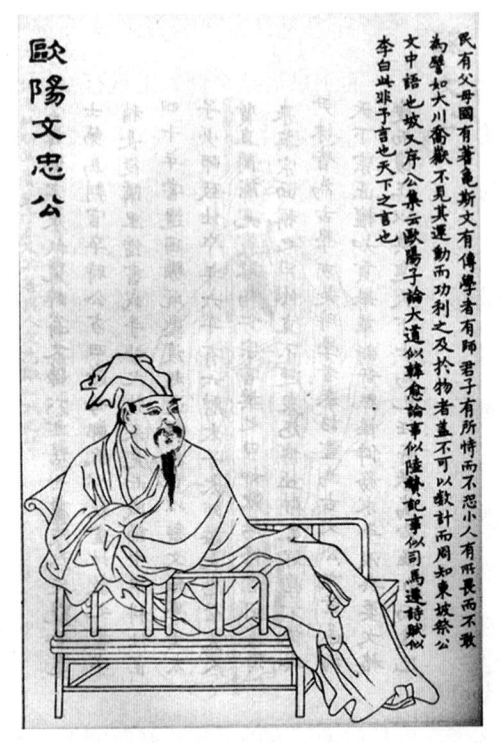

欧阳修坐姿像，出自清上官周绘《晚笑堂画传》，此为乾隆八年刻本

这个打趣的机会？他撰了一联送给王拱辰，联曰："旧女婿为新女婿，大姨夫作小姨夫。"这一联后来在士林间流传开来，成为人们茶余饭后的谈资，却不料以讹传讹，不明就里之人竟把娶小姨一事安到了欧阳修的头上。对此，欧阳修似乎早有预见，他在为老丈人薛奎所撰的墓志铭中明白记道："女五人，长适故职方员外郎张奇；其次适故开封府士曹参军乔易从，早

亡；次适太原王拱辰，早亡；次适庐陵欧阳修；次又适王氏。"（《名臣碑传琬琰之集·中集》卷二十）不仅交代了他和王拱辰的连襟关系，而且明确指出娶小姨的是王拱辰，从而为宋人娶小姨的史实增添了一个重要的文献证据。

《清平乐》中出现的冯京也是娶小姨的典范。冯京，北宋中期的名臣，神宗时任御史中丞、参知政事，反对王安石变法。

皇祐元年（1049），冯京状元及第，而且是连中三元，大魁天下，一下子成为各方巴结拉拢的对象。张贵妃的伯父张尧佐正得势，想招冯京为婿，派吏卒将冯京请至府中，一方面摆出数不清的金银珠宝，另一方面又宣称："此出自上意。"（很可能是假传圣旨）冯京不为所动，婉拒道："老母已议婚王氏了。"或许，这只是冯京临时应对的一个借口，用以掩饰其不愿与外戚联姻的真实想法。不管怎么说，张皇亲就这样被无情拒绝，而冯状元则以富贵不能淫的姿态维护了士人的尊严。归家不久，冯京即娶王氏女为妻，可惜过了一年王氏就病逝了。此后，冯京又娶了两位夫人，巧得很，她们都是宰相富弼的女儿。由彭汝砺执笔的《冯京墓志铭》中明白记道："再娶富氏，遂宁郡夫人。遂宁卒，娶其妹安化郡夫人，先公八年卒。"从而留下了一段"两娶宰相女，三魁天下元"的士林佳话。

真宗、仁宗朝的名臣王曾以响当当的实力跻身娶小姨的榜单。科甲方面，王曾擅作辞赋，有文章圣手之誉，是以在咸平年间的发解试、省试和殿试中均取得了第一名的绝佳成绩,连中三元的时间还要早于冯京(有人统计过,整个宋代三百二十年中连中三元者统共才六人)。仕途方面,王曾两拜参知政事,两拜同中书门下平章事,一任枢密使,后拜右仆射、左仆射,

冯京夫人富氏墓志铭(王陶撰),其中"两娶富氏"的记载是宋人娶小姨的实物证据

把宰相官职做了个遍，位极人臣。当政期间，他受真宗遗诏辅佐太子赵祯（即宋仁宗）即位，裁抑后党势力，并以智计黜逐大奸臣丁谓，使宋室江山祸乱不作，因而被称为"社稷之臣"。古人讲"三不朽"，以上算是立言和立功，更为难能可贵的是，王曾还有立德的一面。对王曾的人品，当时和后世的人普遍一致地给予高度的好评。其同僚富弼说王曾"谨厚庄重""衷实自任"。（《名臣碑传琬琰之集·中集》卷四四）王柏赞道："温温沂公（王曾获封沂国公），大志厚德；桃李成蹊，春风无迹。"（《鲁斋集》卷六）朱熹门人则直截了当，说："本朝如王沂公，人品甚高。"（《朱子语类》卷一二九）正是因为王曾无论是文章、德行还是功业均是第一流，所以死后得"文正"谥号。要知道，"文正"可是文臣谥号中至极至美者，屈指算来，两宋得"文正"谥号者不过寥寥数人而已。

以古人眼光看去，王曾无疑是文人之模范、人臣之顶流，而说到其婚姻感情生活，值得一提的就是娶小姨的经历了。借助宋祁所撰的王曾墓志铭，我们得以了解，王曾的第一任妻子蔡氏出身于平民家庭，大概是王曾在中状元前就结下的亲（王曾是在二十五岁中的状元，这种可能性很大）。后来，蔡氏离世，王曾便名正言顺地成了当朝宰相李沆的女婿，这段经历倒是和后来的冯京颇像。看来，宋朝的状元郎成为宰相女婿的概率还是很大的，当然，前提是你必须得是未婚，或者原配已经谢世，否则，只能当陈世美了。

王曾的墓志铭还告诉我们，他的第二任夫人李氏福薄命促，结婚不久也去世了，于是王曾又娶了李沆的另一个女儿也就是自己的小姨子。看来，即便是像李家那样的相府高门也视"王佐才"王曾为香饽饽，一旦咬住就不松口啊！反过来看，王曾也够幸运，相府的两位千金先后下嫁，无疑给仕途刚起步的王曾助力不少。"芳猷淑则，迭映中壸"（《名臣碑传琬琰之集·中集》卷五），从这样的说法中我们似乎可以捕捉到世人艳羡的目光。更让人称羡的是，王曾的这位后夫人后来陪着王曾白头偕老，有幸得享朝廷赐予的一系列高级别待遇。相比起来，她的两位前任就没那么幸运了。套用一句俗语，或许可以说"嫁得早不如嫁得巧"啊！

　　最为今人熟知的宋朝姐夫或许要推大文豪苏轼。由其弟苏辙撰写的《苏文忠公轼墓志铭》中记道："娶王氏，追封通义郡君，继室以其女弟，封同安郡君，亦先公而卒。"（《名臣碑传琬琰之集·中集》卷二六）结合其他材料我们可以知道，苏轼十九岁时与同乡贡士王方之女王弗结缡，夫妻感情甚笃，奈何天不假年，王弗二十七岁时撒手尘寰，撇下寂寞多情的诗人空对明月。苏轼心念亡妻，情难自已，在宦居密州的一个月夜写下脍炙人口的《江城子·十年生死两茫茫》。

　　当然，思念亡妻并没有妨碍苏轼再娶，实际上，王弗死后不久，苏轼就娶了王弗的堂妹王闰之。王闰之，家族内人称"二十七娘"，她嫁给苏轼的具体细节我们不得而知，若按照林语堂《苏东坡传》的说法，似乎王闰之对苏轼早有好感，二人之结合由此染上了一层浪漫情调。可以肯定的是，王闰之过门后给予苏轼莫大的帮助，不仅陪伴丈夫四处流徙，悉心照顾其衣食起居，而且对王弗所生的苏迈视如己出，全力抚育。元祐八年（1093），王闰之去世，苏轼悲痛莫名，写下了"孰迎我门，孰馈我田。已矣奈何，泪尽目干"（《苏轼文集》卷六十三）的哀词。

以上都是北宋娶小姨的事例，南宋的事例就要说到吕祖谦。吕祖谦是南宋著名的理学家、文学家，朱熹的好友，世称"东莱先生"。被后人称作"圣学之阶梯""性理诸书之祖"的《近思录》就是朱熹和吕祖谦的合作著作。吕祖谦虽然学富五车、名满天下，然而他的婚姻和私人生活只能用"凄惨"二字来形容。吕祖谦前后娶过三任妻子，然"三娶皆先卒"，可谓祸不单行。绍兴二十七年（1157）底，吕祖谦二十一岁时，迎娶了著名儒官韩元吉的长女韩复，婚后伉俪情深，诞育一女二子。可惜良辰不永，四年半后，韩复因产后流血过多不幸离世，吕祖谦遭遇第一次丧妻之痛。七年后，吕祖谦再娶，继室不是别人，正是原配韩复的妹妹韩螺。孰料两年后，韩螺亦因产后流血过多而身亡，吕祖谦的精神再受重创。四十二岁这一年，风痹之症找上了吕祖谦，不久，结缡才一年半的芮夫人因劳病离世，丢下行动不便的吕祖谦。妻子和亲人们的相继离世让吕祖谦开始怀疑人生，最终在郁郁中英年早逝。吕祖谦死后，他的岳父韩元吉写下哀诗一首："青云涂路本青毡，圣愿相期四十年。台阁久嗟君卧疾，山林今叹我华颠。伤心二女同新穴，拭目诸生续旧编。斗酒无因相沃酹，朔风东望涕潸然。"诗句流露出韩元吉对自己这位女婿学问事业的期许和天不假年的嗟悼，当然，还有对两个女儿的韶华殂殁的深沉叹息。

宋朝姐夫另册

娶小姨的名单还可以拉得很长，如北宋的吴元载、李若拙、李孝基、陈安仁、王纯中，还有南宋宝祐元年（1253）的状元姚勉也是此辈中人。以上这些宋朝姐夫官位有高低，名气有大小，然而在婚恋问题上都有着同样的审美取向，所以，排名或有先后，实力无分轩轾。不过说实话，若论娶小姨的讲究和挑剔，北宋的刘晔可能是无出其右的。

刘晔，与王曾大概同时为官，不过官做得没有王曾大，最大只做到龙图阁直学士，所以世称"刘龙图"。吴处厚《青箱杂记》记载了一段刘晔娶小姨的逸事，读来令人绝倒。书中提到，刘晔在科举中第之前娶了尚书赵晃的大女儿，可惜她很早就去世了。而赵家还有两位女儿待字闺中，一个排行老七，一个排行老九。后来，刘晔金榜题名，这时，赵晃也去世了。赵晃的夫人、刘晔的岳母想再次招刘晔为婿，于是派媒人去通气。刘晔对媒人说了这样一句话："若是武有之德，则不敢为

宋黄庭坚《王纯中墓志铭》（局部）。其中记道："君两娶余氏，兄弟也，初室曰旌德县君，继室曰仁和县君。"

姻，如言禹别之州，则庶可从命。"什么意思呢？原来刘晔看中了赵家的九小姐，对七小姐却不怎么感冒。可是，读书人嘛，这样的事情怎么好意思明白宣之于口呢，于是就掉了个书袋。《左传》上说"武有七德"，而《尚书》记载"禹别九州"，所以刘晔的话翻译过来就是："如果让我娶九小姐，我愿意；若是让我娶七小姐，恕我不能从命。"赵夫人听到前女婿这样的答话，不免有些生气，质问前女婿："俗语说得好：'薄饼从上揭'，刘郎刚刚及第，就对人家女儿挑三拣四了？"刘晔赶紧解释："岂敢岂敢！七姨骨相寒薄，恐非良偶之选，九姨则佳。"赵夫人心里虽有些不满，但转念一想，嫁哪个女儿都一样，于是就把九小姐嫁给了刘晔。在这场婚恋博弈中，胜方无疑是刘晔。看来，大宋朝的高端婚恋市场属于典型的买方市场，买方（男方）在谈婚论嫁中拥有更强的议价能力。至于刘晔选九姨而不选七姨，不知真的是骨相的缘故，还是以之为托词。不过据说刘晔和九小姐婚后夫妻恩爱，一共生了七个儿子，并且七人后来都当了大官。而七姨在嫁人之后，夫君科举不售，落魄终身，一直靠刘晔来接济，似乎真应了刘晔早年的预言。

看到刘晔以"最挑剔的姐夫"名头力压同时代的诸多姐夫，有人不服气了，娶小姨这都不算啥，有能耐你娶大姨试试！嗨，你还别不信邪，大宋朝还真就有这样的牛人，他就是范仲淹的学生王陶。（按：范、王二人之间应该没有直接的授业关系，同时，庆历二年也就是王陶中进士那年的会试主考官也不是范仲淹，所以搞不清楚范、王的师生关系是怎么建立起来的，也许是王陶上赶子认的。）

王陶，字乐道，庆历二年（1042）进士。王陶一生虽然没有特别显赫的政绩，但是官做得着实不小，一直干到了御史中丞和三司使这样的高职，这一点和拱辰姐夫有得一拼。关于王陶的婚姻，坊间长期流传着这样一种说法：范仲淹的儿子范纯祐英年早逝，恰在这时，范仲淹的门生王陶死了老婆，于是范仲淹就将儿媳再嫁予王陶。其实，这种说法与实际情况并不完全相符。王陶在原配去世后，的确续娶了范纯祐的遗孀。然而却不是由范仲淹做主的，因为当时范仲淹已经去世多年了。

范纯祐的弟弟范纯仁的曾孙范公偁所著《过庭录》记载道："王陶乐道……与文正长子监簿（范纯祐官职为将作监主簿，世称监簿）为友婿，范氏处长，后其室死而监簿亦亡，复续长姨，忠宣因此疏之。"话说得很明白，范纯祐和王陶本是连襟关系，范纯祐是姐夫，王陶是妹夫，可是后来范纯祐去世，王陶妻子也去世，于是王陶就娶了自己的大姨子。再看王陶的墓志铭，"初娶陈氏颍川郡君，再娶李氏京兆郡君，继室京兆之姊永安郡君，皆先公以亡"。（《名臣碑传琬琰之集·中集》卷二四）这事基本坐实了。王陶的第二任妻子和第三任妻子是姐妹关系，王陶先娶妹妹，后娶姐姐。于是我们知道，王陶和王曾、欧阳修、冯京、吕祖谦几位姐夫一样，都有两度续弦的婚姻经历，区别在于，其他姐夫都是娶小姨，像刘晔姐夫专挑最小的小姨下手，而王陶则反其道而行之，在当时也算是异数了。

娶小姨缘由蠡测

让今天的中国人想不通的是，以上这些姐夫也好，妹夫也好，在娶小姨（或大姨）一事上非但毫无遮掩犹豫的意思，反倒理直气壮、痛快利落。娶小姨的事迹明明白白记载于各位姐夫的墓志铭上，好像是唯恐天下人不知。人们不禁要问，宋朝人的荣辱观怎么和今天的人不太一样呢？为此，笔者狠读了一番宋朝的文献，读罢，笔者觉得自己基本能够理解宋朝人的婚恋观了。一句话，不怪宋朝姐夫都有小姨情结，娶小姨实在是好处多多呢！

欧阳修曾接受同僚吴奎的请托，为其母亲撰墓志铭。正是通过这篇墓志铭我们得知，吴奎家也有娶小姨的家史。话说当年，吴奎的母亲王氏嫁给吴奎的父亲，孝顺公婆，勤俭持家，把家里事务打理得井井有条。后来，王氏在三十七岁那年驾鹤西行，而吴奎的父亲似乎很快就把续弦的事情提上了议事日程，他公开对众人说："举吾里中有贤女者莫如王氏。"（《文忠集》卷三六）言内之意，非王氏不娶。于是吴奎的父亲再次和王氏结亲，这回娶的是自己的小姨子。而这位新夫人进了吴家门后，时刻以死去的姐姐为榜样，萧规曹随，谨守成法，促进了吴家的兴旺发达。

从这样一个个案我们可以得知，宋人偏爱娶小姨，一个很重要的心理推动因素就是对于信息成本的重视（也可看作路径依赖)。婚姻的幸福与否既与当事人的德行有关,更在于男女双方是否合适,包括价值观、生活习惯是否一致。当然,也许这些都不重要,最重要的是对方是否是你想要娶或嫁的那个人。这在重视婚姻稳定性的古代社会尤其重要。两姓一旦结成儿女亲家,彼此可算是知根知底,从而建立了基本的信任关系,再次缔结婚姻就可以免去一系列烦琐的调查程序(事实上,如果没有共同生活的经历,很难对对方有充分的了解),最大限度地降低交易成本。这是娶小姨的好处之一。

北宋名相韩琦的儿子韩忠彦娶了另一位名臣吕公弼的女儿(这叫门当户对)。吕小姐十六岁嫁入韩家,二十七岁病逝(与王弗的命运何其相似!)。正值韶华之年却要离开人世,其对于生活的无限眷恋可以想见。吕小姐临终前对夫君殷殷嘱托:"我有幼妹在家,君若全旧恩以续之,必能恤我子,又二姓之好不绝如故,我死无恨矣。"(《安阳集》卷四八)韩忠彦不忍违背妻子的遗愿,于是也娶了妻子的妹妹。那么,韩忠彦娶小姨真的是为了完成妻子的遗愿吗?还是以亡妻的名义掩盖自己的真实想法?又或者吕家小姐早就看出夫君有意于小姨,是以做个顺水人情?其实,笔者宁愿相信吕小姐的话是由衷之言,她是真心实意地要撮合丈夫和妹妹。原因很简单,韩忠彦正当壮年,在妻子死后续弦是理所应当、自然而然的事。站在吕小姐的立场,既然不能阻止丈夫续弦,让妹妹来接班总好过别人来接班,至少会对自己的孩子好一点。如果承认后妈对待非亲生子女视若己出很难得，也必须要承认，在抚育前妻子女方面，小姨具有其他人无可比拟的天然优势。于是也就不难理解，为何那么多宋朝姐夫在妻子亡逝后将议亲对象锁定为小姨。娶小姨的好处之二，有利于维护家庭关系的和谐稳定。

娶小姨还有第三个方面的好处，韩忠彦原配吕小姐遗言中其实也提到了，那就是"二姓之好不绝如故"。依我国的传统，婚姻不仅是男女两个人的结合，更是两个家庭（家族）的结合，所谓"婚姻，合二姓之好"（《周礼订义》卷二三）。历史地来看，婚姻在中国古代，被赋予了相较于今天更多的社会功能。两个家族通过联姻结成稳固的利益共同体，互相倚重提携，彼此增光增色，在姻亲的关系网络中进行名正言顺的利益分享和利益输送。另外，宋代是典型的士族甲姓几乎被摧毁殆尽的后贵族时代，当时所谓贵族大都是一些寒门贵族，即通过科举的途径从社会下层跃升到社会的上层。像以韩亿和他几个儿子为代表的灵寿韩氏、以韩琦为代表的相州韩氏、以王安石兄弟为代表的临川王氏等，都是北宋有名的科甲豪门。这样的科举贵族家庭，其贵族血统未见得纯正，社会地位也不是很稳固，因而尤其需要借助婚姻这样一些手段来加持，以维系其社会地位，延续家族荣光。就像明人所总结的那样："世之为妇翁者，莫不乐于得佳子婿以增其门阑之喜；其为子婿者，亦莫不幸于遭贤妇翁，以造其器业之成。苟妇翁贤矣，而不得佳子婿，则乘龙之望失；子婿佳矣，而不得贤妇翁，则倚玉之荣莫遂。"（刘球《两溪文集》卷八）说白了，双方都是理性人，两个理性人走到一起，通过订立长期合作协议实现双赢。合作双赢的局面来之不易，自然是且行且珍惜，突然发生的意外事件导致合作戛然中止，对此，双方都是心有戚戚焉。幸好一方能够提供替代方案（多生女儿的好处），于是，合作协议得以进行下去。"鸾弦既绝难再牵，幸有蛮丝细能续。"（毛奇龄《西河集》卷一五五）我们不妨试想，在当时的历史和社会条件下，这难道不是一种较为理想的婚姻生活安排吗？

客观地讲，娶小姨并不是宋代独有的社会现象，毋宁说，它是中国古代社会一个古老的传统。娶小姨现象远承先秦时期的媵妾制度，代有递嬗，不绝如缕。先秦时期，上层社会实行媵妾制度，诸侯一娶九女，陪嫁均为姐妹。就此而言，后世娶小姨与早期的媵妾制虽然形式不同，但无疑存在着深层次的精神联系。打个不恰当的比方，二者不过一个是"批发"，一个是"零售"而已。

正是因为娶小姨植根于中国悠久的礼法传统，又具有经济和社会的合理性，所以不仅成为宋朝常见的一种婚娶模式，而且风气延及后世。清人钱宝琛初娶昆山陈世和第三女，继配为第六女，再继为第八女，皆不数年而卒（见其自订年谱）。晚清的朱彭寿原配为鸳湖金子义次女，越十七年病殁，继娶金家四女，逾年而卒，复娶金家第五女，未及一年又卒。朱氏为之发出喟叹："谓无缘耶，何相继作合？谓有缘耶，何不久分离?"(《安乐康平室随笔》卷二）至于民国时的黄埔军校总教官钱大钧先后娶欧阳藻丽、欧阳生丽姐妹为妻，居然成平妻局面。前几年刚刚谢世的香港富商邱德根在原配裘锦秋早年去世后，又娶妻妹裘锦兰。这些事例可以看作是娶小姨的遗风余响。

　　世事沧桑，古今悬隔。时代的巨变埋葬了很多传统的习俗，娶小姨现象也渐行渐远，隐入了历史的烟尘。当代中国婚姻法并不禁止姐夫与小姨子的自由结合（前提是双方均为单身），然而实践中娶小姨子的事例却异常罕见，反映出的是国人婚姻伦理观念和时代风气的变化。今天，我们回首历史，重温古人娶小姨子的鲜活事例，不是为了发思古之幽情或满足人们历史猎奇的心理，而是为了走近古人的情感世界，以便能够更好地理解我们的先辈和他们所生活的那个时代。

公主为什么不幸福？

电视剧《清平乐》的前身是米兰Lady的言情网文《孤城闭》。与《清平乐》的宏大叙事不同，《孤城闭》从个体的视角将故事的重心放在福康公主和内侍梁怀吉的凄美爱情上。故事取材于宋朝福康公主的真人真事，又做了一定程度的艺术加工，堪称以今释古之佳例。历史上的福康公主（剧中名徽柔）是宋仁宗赵祯的长女，是不折不扣的天潢贵胄、金枝玉叶，集万千宠爱在一身，可是她的婚姻生活却只能用"失败"来形容。本来，公主的婚后生活幸与不幸，均无关国政，无伤大雅，顶多作为一种皇家秘闻，成为街谈巷议的闲谑之资。然而，似乎是受到某种不可抗力的裹挟，福康公主的婚姻家庭纠纷竟一发不可收，以致超出礼、法的边界，引得庙堂喧腾，各方关注，不仅由家事上升为国事，而且留给后人无限感慨遐思。

明刻《历代百美图》之乐昌公主

嫁给表叔

据史籍记载，宋仁宗赵祯前后共生育十六个子女，可是只有四个女儿长到了成年，其他三个儿子、九个女儿均早夭（帝王家尚如此，可见当时国人寿命之短）。福康公主既是长女，又最得仁宗喜爱。按照《宋史·公主传》的说法，福康公主自幼聪慧乖巧，很懂得讨仁宗的喜欢。一次，仁宗生病，福康公主亲侍汤药，不离左右，而且赤足散发向天祷告，愿以己身代仁宗之病。仁宗非常感动，于是更加疼爱福康公主。

俗话说："皇帝的女儿不愁嫁。"其实，这是平头百姓的想当然之词，实际情况可能正好相反。为什么？原因可能主要有两个方面。其一，齐大非偶。中国传统观念最重视婚姻的门当户对，可是放眼天下，又哪里能再找出第二个可以和皇家望衡对宇的家族？即便适当放宽标准，适合与皇家联姻的家族的范围也十分有限。超越阶级阶层的爱情不能说绝无可能，但现实生活中肯定是凤毛麟角，况且在中国古代礼制的社会背景下，婚姻尚未缔结，又何谈爱情呢？一方面，公主出阁即为下嫁（是以名"出降"），皇家自不愿过分纡尊降贵。另一方面，任凭你什么样的高官权贵之门，与皇家相比都相形见绌，娶公主自属高攀，容易产生自卑心理。其二，得不偿失。娶公主自然有很多好处，其中最主要的就是增耀门楣，提高家族的社会地位，同时也有很多不利之处。如，公主身份尊贵，娶进门后，夫为妻纲的家庭秩序不易理顺。再如，历朝为了避免外戚篡权干政，通过各种成文或不成文的规定限制外戚参政的权力，尚公主者自然在此列。如剧中徽柔对怀吉所说："在国朝，任何男子娶了公主，便不可以做朝廷的大官，管朝廷的大事了，只能做个游手好闲的驸马都尉。"这确是宋朝的祖宗家法之一。是以，在剧中，仁宗固然不愿意把女儿嫁给曹评（表面原因是曹评的风评不佳，真实原因是仁宗担心皇后的娘家势力坐大），曹评似乎对娶公主也充满了顾虑。曹评出身将门，文武双全，他有他的政治抱负，怎么会甘心做一个吃闲饭的驸马都尉呢？

为公主择婿的确成了仁宗的一块心病，正如剧中所演的那样。经过慎重的考虑，仁宗决定把福康公主嫁给国舅李用和的儿子李玮。对于指婚的经过，《宣和画谱》卷二〇提供了简要的线索：

> （李玮）字公炤，其先本钱塘人，后以章懿皇太后外家，得缘戚里，因以进至京师。仁宗召见于便殿，问其年，曰十三。质其学，则占对雍容，因赐坐与食。玮下拜谢而上，举止益可观。于是仁宗奇之，顾左右引视中宫，继宣谕尚兖国公主。玮善作水墨画，时时寓兴则写，兴阑辄弃去，不欲人闻知，以是传于世者绝少，士大夫亦不知玮之能也。平生喜吟诗，才思敏妙，又能章草、飞白、散隶，皆为仁祖所知。

可见，仁宗对驸马的人选是经过了认真的考察的，而李玮的表现也十分令人满意，不仅应对得体，举止可观，而且富于才华，书、画皆佳，只是为人低调，不喜张扬，作品多随兴创作，作完就扔在一边，是以流传下来的作品很少（《宣和画谱》收录了李玮的《水墨蒹葭图》《湖石图》），名气也不大显。

当然，仁宗之所以决定与李氏结亲，不仅仅基于对李玮人

李玮与福康公主关系示意图

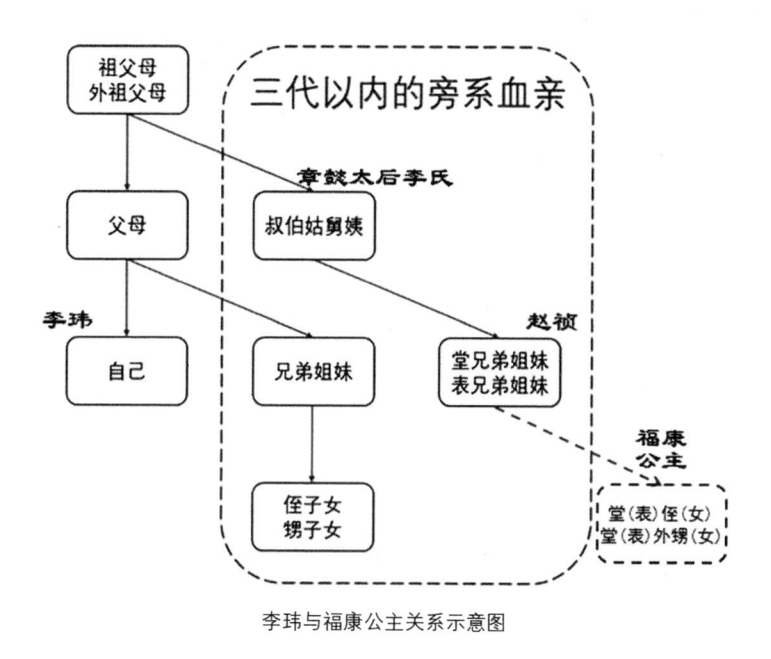

才的认可，更主要的其实是出于"亲上加亲"的情感需求和利益考量。按辈分，李玮是福康公主的表叔，二人的亲属关系是很近的。按照当代中国婚姻法的规定，直系血亲和三代以内的旁系血亲禁止结婚。李玮和福康公主的关系刚刚超出三代以内的旁系血亲的范围，因而即便放到今天也不违法，不过还是难免乱伦的嫌疑，所以社会一般观念并不认可，现实生活中这种情况也很少见。奇怪的是，中国古代社会虽极为重视伦理，却推许此种"亲上加亲"的做法。至少，仁宗在为福康公主指婚李氏时，他应该是非常满意的。据仁宗朝大臣张方平的描述：

> 仁宗之仁，周于万物，而仁之所施，常自亲始，肆其眷待宗室，恩礼隆密，朝政之暇，佳辰令节，合族缀亲，宴于内朝，如家人礼。(《乐全集》卷三八)

仁宗得享"仁"的谥号，与其情感丰富、重视亲情伦理是分不开的。综观仁宗一生，无论对宗亲还是外戚，都是恩礼有加。由于未能尽孝于生母李太后于生前，仁宗一直耿耿于怀，是以对李家尤其照顾，不断给舅舅李用和加官晋爵，一直给他加到同中书门下平章事、侍中的头衔。至此，犹嫌未足，于是才有指婚李氏之事。对此种补偿心理，《清平乐》有充分的表现，此不赘述。

嘉祐二年（1057）八月，兖国公主（仁宗为了表达慈父之爱，在福康公主出嫁前特意进其为兖国公主，并破例举行了隆重的册封典礼）出降李玮。仁宗不惜花费数十万缗钱为公主建造府邸，同时，指令礼官仿照古礼专门为公主设计了隆重而典雅的皇家婚礼。和平常人家的爹爹一样，仁宗此番嫁女也是不遗余力了。

从仁宗为福康公主赐婚李氏一事不难看出，即便贵为公主，也难享婚姻的自由。身为皇帝的女儿，嫁给谁不由自己，而由君父说了算，要服从于君父的利益和意愿。仁宗钟爱福康公主，拒绝了辽国的和亲提议，却把她配给自己的表弟，觉得这是天作之合，殊不知已经埋下了悲剧的种子。

夜扣禁门

兖国公主为了皇家的利益下嫁李玮，可能一开始就是不情愿的。因为李玮虽然有一副艺术家的灵魂，但是躯壳并不匹配，甚至有些寒酸。史书上明白记载，李玮"貌陋性朴"。这是不是说李玮很丑？想来应该不会太丑，否则仁宗也不会舍得把女儿嫁给他。只能说李玮的相貌很一般，性格也拘谨，总之，与潇洒风流不沾边。所以，兖国公主非常不喜欢这个驸马。看来，公主和她的爹爹仁宗一样，是个标准的颜控。

好好色是人之常情，但又是很多婚姻不幸福的起因。对于皇帝爹爹赐给自己的这个驸马，兖国公主是半只眼也瞧不上。史书上记载："公主常佣奴视之。"并且连带轻视驸马的家人。此时的李家，家主李用和已去世多年，李玮与兄长李璋分府别居，平日里自家过自家日子，倒是井水不犯河水，可是李玮的生母杨氏随同李玮、公主共同生活，婆媳关系十分不融洽，这使得公主和李玮本就不和谐的夫妻关系生出更多变数来。

还有一点不可忽视，在驸马与公主夫妻交恶的过程中，公主身边亲信没能正面引导和规劝，甚至还挑拨离间、推波助澜。兖国公主出降时，身边跟了一大帮随侍人员，包括公主的乳母韩氏和以梁全一、梁怀吉、张承照为首的一批内臣。史书上"韩氏复相离间""为家监梁怀吉、张承照所间"一类的说法反映出这些人在公主的婚姻生活中发挥了很坏的作用，当然这也可能是曲笔，目的是通过卸责于下人，减轻公主的责任。但是不管怎么说，公主的夫妻、婆媳矛盾的集中爆发确实与梁怀吉等人有关。

嘉祐五年（1060）九月的某天晚上，秋凉初上，公主与家监梁怀吉于月下对酌。（驸马哪里去了？）这情景有没有让你联想到《清平乐》中徽柔与怀吉的两小无猜、心心相印？那画面一定是极美的。按照司马光的说法，"梁怀吉等给事公主阁内，公主爱之"（《孤城闭》的艺术灵感可能即来源于此）。这种爱未必是男女之爱，可能更多的是一种基于长期陪伴而形成的类似于亲情的感情。不过，在婆婆杨氏眼中，那场面一定是非常刺眼的，可又惮于公主之尊，不敢发作，只能忍气吞声，在一边探头探脑地偷窥。公主对杨氏的偷窥行为非常恼怒，当场痛打了杨氏一顿，打完还不解气，连夜敲开皇城门，跑到皇帝爹爹那里去告状。

看到宝贝女儿受了委屈，仁宗也很生气。事后，李玮"惶恐自劾"，狠作自我检讨。于是，仁宗下旨，将驸马都尉、安州观察使李玮降为和州防御使，让他到外地任官。转过天来，仁宗冷静下来，免去了对李玮降官的处罚，只罚铜三十斤，仍然将其留在京师。

然而，风波并没有就此止息。兖国公主殴打婆母、夜闯禁门的新闻不胫而走，朝野间早已传得沸沸扬扬。言官们的弹章很快就递到了仁宗的御前，公主是皇帝的心头肉，不好直接弹劲,他们把炮火对准了皇城门的守卫和公主府的内臣。右正言王陶、知谏院唐介、殿中侍御史吕诲等人要求追究皇城、宫殿内外监门使臣守卫不严之责,仁宗没有搭理。言官们还指出,公主府的内臣数量过多,其中颇有不守规矩仪制者,对公主的失范,这些内臣难辞其咎。仁宗"不欲深究其罪",只是下旨,缩减公主府内臣的人员编制,重新选拔一批老成稳重的内臣到公主府任事,而之前的那批通通被换掉,梁怀吉被"分流"到西京洒扫班。此外,公主乳母韩氏也被查出来有监守自盗的行为,被削去了"昌黎郡君"的封号。

身边亲信被驱逐后,公主的精神状态一落千丈,一会儿要自尽,一会儿要纵火焚屋,显是受了极大的刺激。仁宗不忍心,于是将梁怀吉等人又召回公主府。谏官杨畋、司马光、龚鼎臣等人坚决反对仁宗的召回决定。司马光不客气地指出,"公主生于深宫,年齿幼稚,不更傅姆之严,未知失得之理",所以,应当严格遴选公主身边的侍从,而梁怀吉等人恰是反面的样板,"此二人(当指梁怀吉、张承照)向在主第,罪恶山积,当伏重诛"。他还举太宗处罚兖王乳母和齐国大长公主(仁宗姑母,剧中的魏国大长公主)谦恭率礼的故事,建议"陛下教子,以太宗为法,公主事夫,以献穆(指齐国大长公主)为法",仁宗不予理会。

令人担忧的是,公主对驸马李玮始终爱不起来,甚至可以说充满了厌恶。夜扣宫门事件之后,公主虽然又回到了公主府，但是动不动就要寻死觅活，夫妻关系已经名存实亡。公主的生母苗贤妃（剧中的苗娘子）想结束公主这段不死不活的婚姻，于是与宫中好姐妹俞充仪（剧中的俞婕妤）商量，派遣内臣王务滋到驸马府任总管，实则是伺察驸马的过错，可是李玮行事谨慎，始终没让王务滋抓到把柄。王务滋没辙，向苗、俞二妃建议："只要皇帝下一道圣旨，务滋拿一杯卮酒（指毒酒）就把这事儿了结了。"苗、俞请示仁宗，仁宗不置可否。过了几天，仁宗和曹皇后同坐，俞充仪又提出了这个建议，结果被曹皇后否决。

就这样折腾了一年多，至嘉祐七年（1062）二月，仁宗终于决定让公主和驸马正式分居，兖国公主搬入禁中，驸马都尉李玮知卫州，内臣梁怀吉勒归内侍省。李玮之兄李璋上书仁宗，请求解除李玮和公主的婚姻关系，仁宗有意批准。在此过程中，朝臣颇有异议。御史傅尧俞上疏说："主悖爱薄其夫，陛下为逐玮而还隶臣，甚悖礼，为四方笑，后何以诲诸女乎？"司马光亦上书："玮既蒙斥，公主亦不得无罪。"为了平息物议，仁宗于三月下诏，将公主的封号由兖国降为沂国，改李玮为建州观察使，免去他驸马都尉的头衔，依旧知卫州，还多次派人犒赏李氏，赐李玮金二百两，抚慰他说："凡人富贵，亦不必为主婿也。"

公主之死

"强扭的瓜不甜",在今天,这已是广为大众所认可的婚恋原则。可是,在传统社会,人们对这一朴素的原理似乎还没有充分的体认。以现代视角来看,福康公主和李玮的婚姻中,谁对谁错可以不论,既已不相安谐,离婚对于双方当事人都是一种解脱,未尝不是很好的选择。然而,在仁宗这个慈父的心中,爱女的婚姻失败始终是需要尽力弥补的遗憾。于是,在预感自己时日无多之际,仁宗做出了一个错误的决定——让兖国公主和李玮复婚。《续资治通鉴长编》卷一九七载:

> (嘉祐七年)十一月己巳,进封沂国公主为岐国公主,建州观察使、知卫州李玮改安州观察使,复为驸马都尉。

转过年来的三月,仁宗就驾崩了,而岐国公主则重新陷入婚姻的泥沼。此后的几年,婚姻的痛苦一如往常,而慈父不在,公主再没有了御前哭诉的机会,就这样在煎熬和苦闷中早早地走向了生命的终点。宋神宗熙宁三年(1070)正月九日,楚国长公主(神宗即位后,封岐国公主为楚大长公主)薨,享年三十三岁。据说,临终前公主的衣服、饮食、药物多有短缺,似乎受到了李玮的虐待(有网友认为李玮没有能力和胆量虐待公主,顶多是对公主不够关心而已),以致衣服上长了虱子，由于没有下人侍奉，自己动手取炭生火，还烫伤了脸。神宗痛惜姑母早亡和晚景的凄凉，以"奉主无状"为由将李玮贬为郴州团练使、陈州安置。不过，李玮后来遇赦还朝，一直活到宋哲宗元祐八年（1093）。

作为世间最尊贵的女子，公主为何得不到想要的幸福，却要被困在婚姻的牢笼中苦苦挣扎？不少人受小说的影响，认为是砸缸的司马光"砸"了公主的幸福。对此，司马光是不会认账的，在司马光等士大夫看来，"不睦之咎皆由公主"。而在朝廷降封沂国公主的制书中，则将"闺门失欢"的原因归结为"保傅无状"。那么，这场人间悲剧到底谁司其咎？剧中，仁宗有感于姑母魏国大长公主遇人不淑，发誓一定要给女儿徽柔选一个疼她爱她的好丈夫，哪知事与愿违，竟似冥冥中有一股看不见的力量，决定了公主婚姻悲剧的宿命。那么，这股看不见的力量到底是什么？

明眼人都能看得出来，造成福康公主婚姻不幸的诸多因素中，公主的性格缺陷是不可忽视的主观原因。古语有云："峣峣者易缺，皎皎者易污。"此乃物之常理，人情亦然。从史籍所述福康公主殴打婆母、夜扣禁门、以死邀君诸般表现来看，其性格中任性使气、鲁莽冲动、偏执狂躁的成分显而易见，甚至有精神障碍的迹象。当然，此种性格缺陷在很大程度上是由后天的教育和环境决定的。司马光指责公主"纵恣胸臆，无所畏惮，数违君父之命，陵蔑夫家"，大体上反映了当时的实际情况。公主自幼锦衣玉食，颐指气使惯了，很容易养成自私、狭隘的性格，不懂得隐忍和退让，更不懂得"夫为妻纲"的礼法社会中女子守柔的道理。

当然，把板子都打在福康公主身上是不公平的。实际上，即便公主性格柔和，温良恭俭让，很大概率也是不会幸福的。

台湾学者李贞德女士的名篇《公主之死》记录了公元六世纪时的一桩"世纪审判"。兰陵长公主在婚姻中遭遇丈夫不忠和家庭暴力，最终流产致死，而其夫妻交恶—离婚—复婚—英年早逝的人生轨迹与福康公主前后一辙，千载之下令人唏嘘。

太宗第七女齐国大长公主谦恭知礼、谨守妇道（剧中形象为魏国大长公主，被誉为国朝女子的典范），驸马李遵勖却与公主乳母通奸，公主只能睁一只眼闭一只眼，采佛系心态，最终熬死驸马才得解脱。福康公主的妹妹永寿公主生性节俭自律，"于池台苑囿一无所增饬"，然而驸马曹诗风流放荡，"数以帷簿不谨，浼挠大主，致悒怏成疾"，公主生病了也得不到及时医治，二十四岁就含恨而终。英宗第二女宝安公主性格宽和，事婆母尽孝，中外称贤，驸马王诜却"不矜细行，至与妾奸主旁"，小妾甚至嚣张到当面辱骂公主，最终公主被活活气死，享年仅三十岁。所以，福康公主的性格缺陷并非她婚姻悲剧的根本原因。作为特殊的群体，公主婚姻的不幸福具有某种必然性，背后起作用的是制度和文化的力量。

"三纲五常"起自中国古人对宗法原则的理论概括，却被宣称为与天地同久的"道"。"三纲"中，君为臣纲、父为子纲、夫为妻纲，任何一条都是宗法社会特定领域的最高准则，是无可置疑的金规铁律。然而，在特殊情境下，三条原则却可能彼此冲突，出现孰主孰次、孰先孰后的问题。如儿子当了皇帝，老子尚健在，谁当拜谁？这就是君为臣纲和父为子纲在打架。打架的结果是君为臣纲占了上风，于是，刘家太公要为已登九五之尊的刘邦"拥彗（扫帚）却行"，以示臣子之恭。

而君为臣纲和夫为妻纲的参差抵牾则比较明显地体现在公主的婚姻中。公主是皇家血脉，代表了君权，所以，驸马娶公主被称为"尚主""奉主",反映出二者君与臣的关系。《明史·礼志九》记载了公主与驸马的婚仪:"驸马黎明于府门外月台四拜,云至三月后,则上堂、上门、上影壁,行礼如前。始视膳于公主前,公主饮食于上,驸马侍立于旁。"总之,驸马应当唯公主马首是瞻,唯公主意志是从。可是另一方面,驸马是丈夫,公主是妻子,二人又当遵循夫唱妇随的原则,公主应该雌伏柔顺,听命于驸马。君为臣纲和夫为妻纲就是两条无形的绳索,捆缚着公主和驸马,向两个相反的方向用力撕扯。富丽堂皇的公主府就是君权和夫权的角斗场,一日百战,势同水火。试问在此情境之下,夫妻关系又如何能够做到和谐融洽、相敬如宾?

当然,如果公主主动退让,不摆出一副主子的架子,对驸马做小伏低,倒是未尝不可以相安无事,齐国大长公主就是最典型的例子。大长公主下嫁李遵勖,按照太宗、真宗定下的规矩,驸马"升行",以祖为父,公主成了与公公婆婆平辈之人,不必对他们行卑对尊之礼。然而,公主却没管这些规矩,当驸马之父生辰之际,仍然坚持以子媳之礼拜贺,赢得当时上下一片好评。史书上没有明白记载福康公主出降李家后李玮是否升行,但在《清平乐》剧中,确是升行制度激化了婆媳间的矛盾,杨氏摆出家姑的姿态要教训徽柔,徽柔怒斥:"什么家姑?敢与我父母平起平坐?再教阿嫂一遍规矩。"杨氏则回怼:"什么糊涂的规矩,皇家的规矩是多,那能大过天理人伦?"想来，在那样一个时代，杨氏的观点才代表了主流的价值观。于是，到了神宗时，干脆废止了"升行"制度，貌似强大的君权在更为强固的夫权面前终于低下了高傲的头颅。

由此可见，从根源上讲，正是皇权和夫权的斗争决定了公主悲剧的宿命。历朝历代那些高傲的公主们，自觉有皇权的加持，便可以挑战夫权，实在是高估了皇权的魔力，也低估了夫权的强韧。也正是在这个意义上，福康公主的不幸婚姻故事不仅具有文学审美意义，更具有制度史和文化史的意义。

裘千尺为什么想不通？

网上曾看过一篇报道《70后妈妈用女儿身份证坐高铁，带来一场好戏！》。报道中提到，浙江丽水一女老赖冒用自己女儿的身份证打算乘坐高铁，结果被安检人员拦下，当安检人员和公安揭穿其冒用他人身份证件的事实时，该女士仍然振振有词："这是我女儿身份证，我不是冒用。"这种辩解无疑是苍白无力的，也不可能得到执法人员的同情。不过，读了该则报道，笔者不禁联想到金庸武侠小说《神雕侠侣》中的一个人物形象——绝情谷中地底老妇裘千尺。

想当年，裘千尺的二哥"铁掌水上漂"裘千仞武功高强，在武林中名声赫赫，其双胞胎兄长裘千丈却武功平平，人品猥琐，平日里经常冒用裘千仞的名头在江湖上招摇撞骗，裘千仞为此颇为不满。而在三妹裘千尺看来，"二人容貌相同，又是亲兄弟，借用一下名字有甚么大不了？"（《神雕侠侣》第十九回）为了回护大哥，裘千尺不惜与二哥发生冲突，以致负气出走。

小说是虚构的，然而小说所讲述的故事却往往与现实不期而合。一个是现实生活中的失信被执行人，一个是武侠世界中的江湖豪客，然而，二者的语气和思维何其相似乃尔！这种"巧合"的背后是一种什么样的力量在起作用？

"父子一体"的理论逻辑

裘千尺与女老赖，她们共同的逻辑是这样的：至亲之间由于天然的血缘关系而结成一个紧密的整体，这不仅是一个利益的共同体，也是一个身份的共同体。在这个共同体内，每个个体的权利、义务和责任交织在一起，即便是他们的人格也是你中有我，我中有你，难分彼此。不可否认，这不仅是裘千尺和女老赖的逻辑，也深植于很多中国人的头脑，而其赖以成立的前提和基础并非当下环境的刺激，也非文学的想象，而是深远的历史传统。

中国古代长期处于宗法社会的事实决定了父系血缘关系在国家生活和社会生活中的重要性，以致形成一种父系血缘崇拜，其表现为一种富有神秘色彩的"父子一体"的学说。东汉的班固曾在解释子谏父之义时说："子谏父，父不从，不得去者，父子一体而分，无相离之法，犹火去木而灭也。"（《白虎通义》卷二下）古人甚至把这种"一体"的观念延展到夫妻关系和兄弟关系。如《仪礼·丧服第十一》中说："父子一体也，夫妻一体也，昆弟一体也。故父子首足也，夫妻牉合也，昆弟四体也，故昆弟之义无分。然而有分者，则辟子之私也。"尽管如此，在古人心目中，夫妻或兄弟的一体性比起父子均有不如，父子关系始终处于核心位置。又如明清时人说："今日同姓疏属者，自始祖视之，皆一体也；称三从兄弟者，自高祖视之，皆一体也；称再从兄弟者，自曾祖视之，皆一体也；称从兄弟者，自祖视之，皆一体也；称兄弟者，自父视之，皆一体也。"（朱轼《广惠编》引李建泰《宗田记》）日本法律史大家滋贺秀三对此解释道："人的血脉是由父亲传给儿子的，不论这种血统经过多少世代也不丧失血缘的同一性。"[1]这种说法无疑充满神秘论的味道，不过倒是提醒我们这样一个事实："一体说"的真正土壤不是别的，正是中国古代的宗法制。

20世纪40年代，著名心理人类学家许烺光先生在对云南大理的农村进行田野调查的过程中，注意到了作为家庭关系核心部分的父子关系的同一性，并明确地指出这是一种"相互所有"[2]的关系。为了指代这一关系，他还精心创造了一个新的人类学概念"father-son identification"。当然，由于"家庭中所有

---

1. [日] 滋贺秀三：《中国家族法原理》，张建国、李力译，法律出版社，2003年，第29页。
2. 许烺光：《祖荫下：中国乡村的亲属、人格与社会流动》，王芃、徐隆德译，南天书局，2001年，第51页。

其他的亲属关系都可以看成是父子关系的延伸或补充",那么自然可以推导出家庭中其他亲属彼此之间的关系也具有不同程度的同一性。就此而言,古老的"一体说"得到了现代人类学的验证。

"父子一体"的实践逻辑

"一体说"由于适应了中国古代的政治现实,因而成为正统意识形态的一部分,被统治阶层有意识地加以运用。东汉延光三年(124),汉安帝架不住皇后和身边人的撺掇,宣布废去自己唯一的儿子刘保的皇太子之位,不料这引起了朝臣的激烈反对,这些公卿大臣齐聚鸿都门前证明太子无罪。为压制反对力量,安帝命宦官向群臣宣诏:"父子一体,天性自然。以义割恩,为天下也。"(《后汉书》卷四五)很明显,皇帝虽然拿"父子一体"来说事,然而并没有把它当作不可超越的教条。不过这个案例至少说明,至晚到东汉后期,"父子一体"的观念已比较流行。

刘宋元嘉七年(430),会稽郡发生一桩婆婆殴死儿媳的案件。百姓黄载的母亲赵氏不知因为何事,将儿媳妇王氏活活打死。按说应该偿命,可是适逢朝廷发下赦书,赵氏的死罪就免去了。不过,考虑到被害人王氏还有父母和一儿一女(儿子名叫称,女儿名叫叶),按照当时的法律规定,赵氏应当被移乡到二千里之外（杀人案件中，为了避免被害人的亲属报复，法律规定那些免于死刑的杀人者要被迁移到远方，是为移乡）。针对该案，司徒左长史傅隆发表了他的意见。他认为，礼法条章皆本诸自然人情，具体案件的处置自然也不能违反情理。虽然以前的法律有"杀人父母，徙之二千里外"的规定，然而这样的规定是无法适用于本案这种特殊情况的，因为法律上还有规定："凡流徙者，同籍亲近欲相随者，听之。"按照后者，赵氏如果被流徙，那么作为儿子的黄载怎么可能不跟随呢？既然黄载从行，黄称如果不跟从，这难道是名教能够允许的吗？这不仅是执行难的问题，而几乎是不可能执行。进而言之，移乡之不可取归根结底乃是由于，赵氏、黄载、黄称祖孙三代，血脉相连，犹如一体，是不能分也是不可分的。如果一定要分，岂不是造成了肉体和精神的割裂？（《宋书》卷五五）在今天看来，傅隆无疑是过甚其词了，然而"父子至亲，分形同气，称之于载，即载之于赵，虽云三世，为体犹一，未有能分之者也"的说法，反映的不仅是傅隆一个人的看法，更是公元5世纪时大多数中国人的真实观念和信仰，所以毫不奇怪，傅隆的意见最终被朝廷采纳了。

滋贺秀三曾说："视己之身为亲之生命的延长，视亲之身为己之生命的本源，于是不加区分地视两者为一个生命的连续,这也可以说是中国人的人生观之基本。"[1]其实,这岂止是一种人生观,简直是一种生命观,一种连续的、整体的生命观。中国古人正是因为秉持着这样一种生命观,所以才笃信"父子兄弟,本同一气"(《元史·孝友传》)。即便像黄宗羲这样的具有强烈批判意识的学者也不例外,他在《明夷待访录》"原臣"一节中指出了君臣关系与父子关系的本质不同,前者"其名累变",而后者"固不可变者也",其中的缘故就在于"父子一气,子分父之身而为身"。言内之意很明显,儿子是父亲生命和人格的延续,父子之间是一而二,二而一也。

"一体说"的历史影响

中国古代皇帝制度形成之后,皇位继承的基本规则是"父死子继",而与这一规则相呼应的意识形态正是"一体说"。如宋神宗立皇子赵佣为太子,其诏书劈头一句便是"父子一体也"(《宋大诏令集》卷二五)。正是在"一体说"的护持之下,传子的皇帝制度才延续了两千多年,可见"一体说"影响之深远。

"一体说"对中国古代政法制度和世俗生活的影响尚不止

---

1. [日] 滋贺秀三:《中国家族法原理》,张建国、李力译,法律出版社,2003年,第29页。

于此。同居共财、父债子偿、亲亲相隐、族刑、为亲代刑等制度和现实的背后都有"一体说"的理念支撑。以同居共财为例。除少数的时期外,中国古代历朝政权均鼓励甚至强制家族成员同居共财,如唐律禁止祖父母、父母在世时兄弟别籍异财。别籍无疑是对"父子一体"的否定,因而是不可接受的。另一方面,虽然没有法律上的强制性规定,不少祖父母、父母去世后的家庭仍然维持了这种"一体"的状态,尽管要克服各种障碍,但实践中不乏分而复合的实例。元朝延祐年间,蔚州开平县主簿吴思达兄弟六人,在父亲生前已奉父命分家析产,后父亲去世,思达治丧完毕,乃邀集族人,泣告其母:"吾兄弟别处十余年矣,今多破产,以一母所生,忍使兄弟苦乐不均耶!"于是,思达代兄弟们偿还了债务,兄弟六人又重新在一起生活。无独有偶,至治年间真定人朱显,自祖父辈就已分家。到了朱显这一辈,朱显考虑到侄子们年幼无依,对弟弟朱耀提议道:"父子兄弟,本同一气,可异处乎!"于是拿出当年的分家契约,在祖宗的坟前烧掉,兄弟们又合为一户。(《元史·孝友传》)

  再以为亲代刑为例。首先需要明确的是,在大多数非恶性犯罪中,犯罪人的近亲属一般不会受到株连。不过,这不应该被看作是对"一体说"的否定,毋宁说,这是宣示仁政的需要。正是因为国家意识形态奉"一体说"为正统,所以无论在观念上还是在实践中,至亲间的代刑行为均得到认可,甚至制度上也给予通融。这方面有史可查的比较早的制度是东汉明帝永平八年（65）颁布的一道诏书，其中规定，死罪徙边者，"父母同产欲相代者，恣听之"。（《后汉书·明帝纪》）之后的历朝历代，代刑的事例史不绝书，而以明朝初年最为典型。明太祖朱元璋笃信父子一体之说，因而对为亲代刑的行为格外友好。祝允明《野记》云："国初犯大辟者，其家属多请代刑，

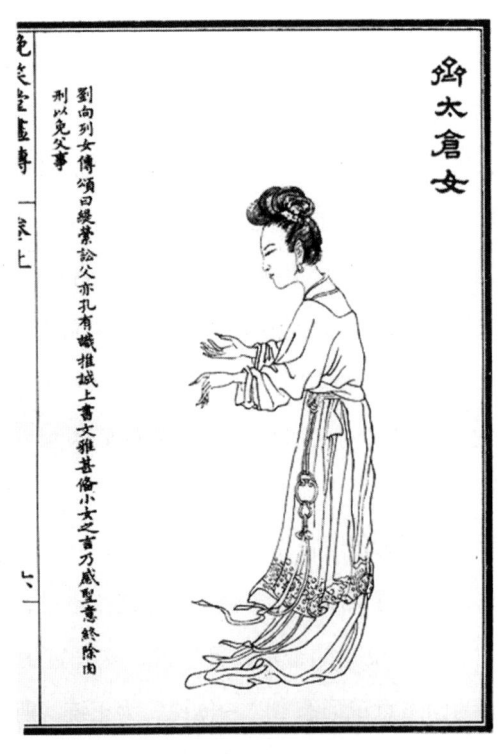

为亲代刑的早期案例——缇萦上书

上并宥之,如《伍伦书》所载是也。其后继请,乃一切许之为多……吾苏戴用代其父,王敬代其兄,余未殚纪,至有弱媳代其阿翁。"洪武八年(1375),大都督府断事王铸坐法当死,其二子王洵、王淳愿以身代。长子王淳向御史台申诉道:"淳闻父子一体,父有难,子不忍视,请伏铁锧,以赎父罪。"幼子洵亦曰:"兄冢嗣,宗祀所承,弟无庸,死犹弃鸿毛尔。"兄弟争死,相持不下。御史台以其事报于皇帝,王铸终于得以免死。(《姑苏志》卷五三)明宪宗时甚至出台了一项规定,百姓年八十以上及笃疾者犯罪,"应永戍者,以子孙发遣,应充军以下者免之"。(《明史·刑法志上》)如此一来,为亲代刑不仅仅是一项权利,甚至成为子孙的义务了。

民事上的父债子偿和刑事上的为亲代刑对于中国古人而言,可能并没有明确的界限。因为,无论是经济上的欠款,还是因触犯王法所需要承担的刑责,在古人的头脑中,似乎都可以归入"债"的范畴,这种"债"其实就是我们今天所说的法律责任。中国古代并非没有责任自负的观念,然而由于理念上视父子为一个主体,那么无论是父债子偿还是为亲代刑,也就均不违背责任自负了。

金庸武侠小说《天龙八部》中,丐帮帮主萧峰因契丹人的身份为中原武林人士所仇视,更因阴差阳错,被误会杀死了自己的义父母和授业恩师,蒙冤负谤,被迫远走塞上。不要说是萧峰本人,就是一般读者读书至此,也觉得满腔冤气难以排遭。待到后来武林群雄齐聚少室山，萧峰之父萧远山现身，坦承其才是害死乔三槐夫妇和少林玄苦大师的凶手，冤案背后的真相方才大白于天下。照理说，萧峰终于可以洗脱不白之冤，然而群雄却不作如此想。各人心里想的是："过去的确是错怪了萧峰，但他父子同体，是老子作的恶，怪在儿子头上，也没甚么不该。"萧峰虽有千般委屈，却不能不接受这残酷的现实："这些人既是爹爹所杀，便和孩儿所杀没有分别，孩儿一直担负着这名声，却也不枉了。"（第四十二回《老魔小丑岂堪一击，胜之不武》）"一体说"之深入人心由此可见。读者只有对中国历史有了深入的了解，才能更真切地感受到文学故事所传递的悲剧力量。

结语

中国古人视父子兄弟为一体，然而随着时代的发展和文明的演进，此种信条逐渐为人们所扬弃。日本近代启蒙思想家福泽谕吉说："虽说父子关系是密不可分，但是父亲还是父亲，孩子还是孩子，两者是独立的个体。"[1]当代社会虽然仍然推崇和谐友爱的家庭文化，可是并不允许家庭成员间法律身份

---

1. [日]福泽谕吉：《福泽谕吉自传》，杨永良译，文汇出版社，2012年，第219页。

和法律责任的混同。裘千尺袒护其兄长仿冒身份,固然有感情的因素,然而是与其所处时代的文化氛围相一致的,因而无足深怪。今天的中国人如果还是持这样一套逻辑,那就不合时宜了。

贾宝玉挨打反映了什么？

《三字经》有云："子不教，父之过。"中国古代素重家庭教育，而严父则在其中扮演了极其重要的角色。《红楼梦》第三十三回中，贾政风闻贾宝玉在外流荡优伶、表赠私物，在家荒疏学业、淫辱母婢，竟对宝玉大施笞挞，甚至要拿绳索勒死宝玉，读者由此充分见识了中国古代社会父权之专断和家法之残暴，对宝玉的不幸遭遇不能不生出一种同情。然而，如果我们能够摆脱文学的私人性，从家国治理的历史维度重新审视这一类故事，或许会对文学作品中的严父形象多一份理解，又或者可以意外地发现中国古代家法与国法的深层次联系。

韩亿教子故事

北宋名臣韩亿治家之严厉，声名远播，当时士林中流传这样一则韩亿训子的逸事，颇值得玩味。

韩忠宪教子严肃不可犯。知亳州日，第二子舍人自西京倅谒告省觐，坐中忽云："二郎，吾闻西京有疑狱奏谳者，其详云何？"舍人思之未得，已呵之，再问，未能对。遂推案，持梃，大诟曰："汝食朝廷厚禄，事无巨细，皆当究心，大辟奏案尚不能记，则细务不举可知矣。"必欲挞之，众宾力解方已。诸子股栗，累日不能释。（楼钥《楼钥集》卷七〇）

韩忠宪即韩亿，"忠宪"是他逝世后朝廷赐的谥号。宋人习惯以谥号称呼已逝的名公先贤，以示尊敬。韩亿于真宗咸平五年（1002）以进士起家，此后仕途顺畅，一直做到参知政事（副宰相），后来因谏官的弹劾而去职，以资政殿学士的身份改外任。史载韩亿有子八人，曰纲、综、绛、绎、维、缜、纬、缅。令世人艳羡的是，韩亿八个儿子中，韩绛、韩维、韩缜后来均位至宰辅，世称"韩氏三虎"，令桐阴韩氏成为北宋政坛上风光一时无两的名门望族。韩氏一门为何能够取得如此显赫的成就？按照史家的说法，"韩亿不悦揌人小过，而君子知其后必大，皆盛德事也"。大概是说韩亿气量宽大，洵称长者，所以后代有福报。摒除这类说法中的报应观念，其似乎也不无道理。然而，这也只是说对了一半。一个人、一个家族要想发达，除了要宽以待人，更要严于律己。在笔者看来，韩氏在仕途上的显赫与其严于律己、严格治家有很大关系。《宋史·韩亿传》上说，韩亿"性方重，治家严饬，虽燕居，未尝有惰容"。寥寥十余字为我们刻画出了一个成熟稳重、勤勉认真、治家有方的封建士大夫形象。而训子逸事正是正史记载的最佳注脚。

故事的一开始，气氛是祥和的，韩亿的二儿子、担任西京（今河南洛阳）通判的韩综来亳州省亲，适逢韩绛、韩缜和韩纲子宗彦同榜高中甲科后凯旋。作为当家人的韩亿此时已年届古稀，知亳州是他仕途的最后一站。尽管如此，老爷子的兴致仍然很高，他召集亲朋，置酒联欢，并特意让诸子坐在大堂的一角。这是一个阖家团圆、其乐融融的时刻，韩府上下喜气洋洋，席间每个人的脸上都挂着灿烂的笑容。就在大家觥筹交错、把酒言欢之际，作为一家之主的韩亿突然向二儿子韩综抛出一个问题："二郎，我听说西京最近发生了一件颇令人棘手的疑案，已经上报朝廷了，内中详情如何啊？"这可把韩综给问住了，他想破头皮也想不起这件案子的具体情形，只能支吾以对，此时的韩亿已是面罩寒霜，又接着追问了两句，韩综还是答不上来。这下子老爷子火气上来了，推案而起，大骂不肖子："你享用朝廷的俸禄，担任一府通判，一府之事无论大小皆应留意，我在千里之外对那死刑奏案尚有所耳闻，你竟然一问三不知，公务之废弛可想而知！有何面目谈报国？！"骂毕，便叫下人取来木棍，要对"不肖子"饱以老棍。众宾客见势不妙，纷纷上前劝解，好说歹说，老爷子方才作罢。韩综眼看老父发飙,吓得面如土色,忙不迭请罪,其他子孙在一旁也是吓得大气不敢出,好几天才缓过劲来。古人记其事到此,为之感叹道:"家法之严如此,所以多贤子孙也。"(赵善璙《自警编》卷三)这是宋人的看法,相信也一定能够代表当时中国古代社会的主流观念。

阿克敦教子故事

无独有偶,清朝名公阿克敦的教子故事与韩亿教子故事构成有趣的参照。

阿文勤公方燕居,文成公侍立,公仰而若有思,忽顾文成曰:"朝廷一旦用汝为刑官治狱,宜何如?"文成谢未习。公曰:"固也,姑言其意。"文成曰:"行法必当其罪,罪一分与一分法,罪十分与十分法,无使轻重。"公大怒,骂曰:"是子将败我家,是当死!"遽索杖。文成皇(惶)恐叩头谢曰:"惟大人教戒之,不敢忘。"公曰:"噫!如汝言,天下无全人矣!罪十分治之五六已不能堪,而可尽耶?且一分之罪尚足问耶?"(盛康《皇朝经世文续编》卷九八)

材料中阿文勤公和文成公指阿克敦和阿桂父子。阿克敦,

紫阁元勋阿桂像，清沈贞绘，藏于北京故宫博物院

满洲正蓝旗人，康熙四十八年（1709）进士。历任翰林院掌院学士、署两广总督兼广州将军、工部侍郎，乾隆时官至刑部尚书、太子太保、协办大学士，卒谥文勤。其子阿桂以父荫入仕，历任兵部主事、户部郎中、内阁学士、工部尚书、四川总督、伊犁将军，在平定大小和卓和大小金川战役中屡立战功，官至文华殿大学士、领班军机大臣，卒谥文成，配飨太庙。

史载阿克敦"居刑部十余年",长期担任清朝最高司法衙门的主官,司法经验不可谓不丰富。赋闲在家的阿克敦以刑狱之事向儿子发问,既反映出其职业惯性,也含有考校栽培儿子的用意。他问阿桂:"朝廷如果任命你为司法官,你会怎么判案?"阿桂原本并无成见,在父亲的执意要求下,只得硬着头皮回道:"我会做到罚当其罪,有一分罪则给他一分惩罚,有十分罪则给他十分惩罚,避免轻重失衡的情况。"按说,这一回答中规中矩,几乎挑不出什么毛病,没想到阿克敦并不满意,甚至要对阿桂动用家法(索杖的情景与韩亿训子何其相似),吓得阿桂急忙请罪求教。阿克敦这才郑重其事地告诫儿子:"照你的说法,天下岂有完人!犯十分罪给他五六分惩罚就已经够受了,难不成真要给到十分?再者,犯一分罪也值得动用刑罚吗?"

阿克敦戒子言论看似近于姑息之政,实则为久历宦海的老道之谈,也折射出帝制时代政法实践的症结所在。为了镇压广大被统治者的反抗,维护专制统治,历代政权打着"治乱世用重典"的旗号,大力推行严刑峻法,加重了人民的痛苦。而有识之士则以儒家仁恕精神调剂其间,致力于减轻刑罚适用中的苛酷性。后人以"立法之制严,而用法之情恕"(《宋史》卷一五二)来概括宋朝法制的特点,实际上,这一点在历代的法制实践中都有所表现,只是程度不同而已。就此而言,阿克敦可谓深谙治狱之道。

阿克敦训诫阿桂非止一例，《郎潜纪闻二笔》卷九记载，阿克敦管理刑部时，部属们多次请示纂修则例，阿克敦置之不理。人们拜托阿桂向阿克敦疏通，阿克敦仍不作回应。待阿桂再次进言的时候，阿克敦批评道："汝何不晓事至此！近日刑名从重办理，乃一时权宜，辟以止辟之义。若纂为成例，则他日刑官援引，伤人必多，岂尚德缓刑之道乎？"

言之者谆谆，听之者亦未藐藐。从多年后已成为管部大学士的阿桂"屡为（刑部）诸曹郎述之"和"文成每为司谳者述之"的表现来看，父亲的训诫他牢记在心，并身体力行、广泛宣传。更值得一提的是，阿桂的孙子那彦成后来同样出任刑部尚书，亦奉先祖训诫为职业圭臬，并对部下"曾以此语相勖"。阿克敦、阿桂、那彦成祖孙三人先后主掌大清朝的最高审判衙门，尚德缓刑的司法理念一脉相承，为当时人所艳羡赞叹："庭训、官箴一以贯之，宜其柱石相承，簪缨未艾矣。"（《北东园笔录》卷一）

严父形象背后的家法与国法

以上两则教子故事虽相距七百多年，但颇多相似之处。韩亿和阿克敦无疑都当得起"严父"的称号，他们的教子方法如出一辙，体现了中国古代家法文化的连续性。

中国古代的家法起源于何时，很难准确地考订。《论语》

中记载了孔子对儿子孔鲤的庭训"不学诗，无以言"和"不学礼，无以立"，似乎反映出春秋时代已有家法的萌芽，只是规范性有所不足。秦汉以降，家法开始以相对独立的规范形式出现，并日趋完备，迄至隋唐便蔚为大观。据传，柳公绰的家法最为著名。"公绰理家甚严，子弟克禀诫训，言家法者，世称柳氏云。"（《旧唐书》卷一六五）"自非朝谒之日，每平旦辄出，至小斋，诸子仲郢等皆束带……烛至，则以次命子弟一人执经史立烛前，躬读一过毕，乃讲议居官治家之法。或论文，或听琴，至人定钟，然后归寝，诸子复昏定于中门之北。凡二十余年，未尝一日变易。"（司马光《家范》卷一）柳公绰以家长的身份为子弟制定立身处世的基本规范，约束子弟谨于修身、勤于向学，为中国古代家庭家族教育之规范化树立了典范。

中国古代的家法内容丰富，形式不一而足，既可以是相对随意的口头或书面劝导（柔性），也可以是严谨规范的制度章程（刚性）。诸葛亮的《诫子书》可为前者的代表，在这篇家书中，诸葛亮以父亲的身份对儿子诸葛瞻谆谆告诫，阐述了修身养性、治学做人的深刻道理。而韩亿在写给儿子韩综的家书中，一者告诫韩综要"服勤职业，一心公忠"，"更宜每事韬晦，惧轻言之失为妙"，一者又告诫韩综"庶事皆须经心熟思，毋致小有失错。至于断一笞杖，稍或不当，明则惧于朝章，幽

清余集《教子图》

则累于阴骘，可不戒哉！"[1]可见，在韩亿对子弟的训教中，勤勉供职、谨慎司法始终是他关注的重点，由此，我们可以更好地理解韩亿为什么要对韩综当众动用家法了。

真正赋予家法族规以法律色彩的是唐朝陈崇所制定的《陈氏家法三十三条》。按照《陈氏家法三十三条》的规定，陈氏

---

1. 曾枣庄、刘琳主编：《全宋文》第十四册，上海辞书出版社，2006年，第68页。

家族"立库司二人,作一家之纲领,为众人之表率,握赏罚之二柄,主公私之两途",又"立刑杖厅一所,凡弟侄有过,必加刑责"。具体来讲,针对"诸误过失,酗饮而不干人者","恃酒干人及无礼妄触犯人者","不遵家法,不从家长令,妄作是非,逐诸赌博,斗争伤损者"及"妄使庄司钱谷,入于市廛,淫于酒色,行止耽滥,勾当败缺者"等情形,均有相应的责罚措施。[1]由此一来,家法的约束力明显增强,并成为国法必要而有力的补充。

家法的历史实践不仅植根于孝道的意识形态土壤,而且获得了国法长期而稳定的制度支持。家长的教令权和责罚权均得到了国法的正式承认,如《唐律》规定:"祖父母、父母有所教令,于事合宜,即须奉以周旋,子孙不得违犯",违者徒二年。又规定:"若子孙违犯教令,而祖父母、父母殴杀者,徒一年半;以刃杀者,徒二年;故杀者,各加一等。"明、清律法对此的规定大同小异。简而言之,父母尊长对子孙卑幼有教令之权,对不肖子孙有责罚之权,只要没有造成子孙卑幼死亡的后果,任何责罚都在合理范围之内。由此,我们对前述的训子故事会有一层新的理解,贾政也好,韩亿、阿克敦也罢,他们对儿子的责罚实际上都是在履行家长的职责,绝不能简单地

---

[1]. 费成康主编:《中国的家法族规》,上海社会科学院出版社,1998年,第223、227页。

理解为滥施淫威。

古语云:"鞭扑不可弛于家,刑罚不可废于国。"(《汉书·刑法志》)历史上,出于家国治理的需要而产生了家法和国法。从性质上看,家法与国法分属两种不同的规范体系,家法作用于一家之内,而国法则约束全体臣民,二者各有分工、并行不悖。另一方面,家法与国法并非各行其是、了不相关,而是相辅相成,有着紧密的联系。北宋崇宁年间,宗室赵令㮳主掌南京敦宗院(宋朝安置宗室疏属的居处),宋徽宗问所以治宗子之略,令㮳对曰:"长于臣者以国法治之,幼于臣者以家法治之。"(《萍州可谈》卷一)可见家法与国法之间的有机衔接和功能互动。古典文学作品和各类历史文献中的教子故事不仅反映出中国古代官僚士大夫的教育理念,也形象地折射出家法与国法之间声息相通的深层次关系,展现出中华传统法律文化的独特魅力,对新时代法治文明建设应该也不无借鉴意义。

貳

为什么说宋朝是中国古代法治的顶峰？

热播历史古装剧《清平乐》以形象而克制的影视艺术手法还原了今人关于宋朝清平之治的历史记忆，不仅再现了一千年前皇帝和士大夫的朝堂政治和日常生活，而且对当时的典章制度多有渲染。其中，宋朝的"祖宗家法"令观众印象深刻。

剧中，大臣和言官们动不动就抬出先王之道、祖宗家法来纠弹官邪，匡正违失，甚至逼皇帝就范。如曹皇后所言："不用违了规矩，只要一丁点越了前例的事，进谏的札子就会铺满官家的御案。"战功赫赫的狄青被宋仁宗任为枢密使，文臣们认为此项人事任命不合于防范武将的赵宋家法，纷纷上书弹劾，导致名将处境狼狈，英年早逝。而模范官家赵祯亦颇为自律，时时处处以祖宗家法指导自己的言行，并约束身边人。赵祯最宠爱的宫人张妼晗为了讨好官家，用小羊羔肉做羹，引得赵祯大怒，认为奢靡伤物，耗费人力，有违祖宗家法。此外，剧中其他环节很多地方也提到"祖宗家法"。给人的感觉是，祖宗家法像一张大网，宋朝的帝王将相一举一动无不在其网罗之下。

看到这儿，热心的观众一定会问，宋朝真的有"祖宗家法"这回事吗？"祖宗家法"到底指的是什么？今天的我们又该如何评价宋朝的"祖宗家法"？

何为"祖宗家法"？

"祖宗家法"是一个常常挂在宋朝皇帝和大臣们嘴边的"高频词汇"，又有祖宗之法、祖宗法、祖宗成法、祖宗之制、祖宗旧制、祖宗成宪等很多相近的说法，意义却并无不同。对宋朝的统治集团而言，"祖宗家法"是指由本朝已逝帝王创制、订立的制度、规矩和成例，其中成例部分多被称作"故事"。狭义的"祖宗家法"仅指由太祖、太宗创立的法度。如宋太祖曾刻石禁中："后世子孙无用南士作相，内臣主兵。"（邵伯温《邵氏闻见录》卷一）又如，宋太宗淳化二年（991），置诸路提点刑狱官，此后遂成定制。

从字面的意思来理解，"家法"本为约束一族一姓之规则，然而，帝制时代的政权，家、国不分，以天下为私产，于是，"家法"遂可将国法涵摄其中。宋人云，"人臣以家法为一家之法，人君以家法为天下之法"（王十朋《梅溪集·廷试策》），即是此义。宋人之所以执着于将国法唤作"家法"，一方面是强调政权"家天下"的属性,另一方面是要借助宗法观念增强国法的权威性。

北宋建国之后,宋太祖赵匡胤为了革除五代藩镇势重、君弱臣强之弊,以"稍夺其权,制其钱谷,收其精兵"为基本原则,出台了一系列旨在强化中央集权的制度和措施,由此形成了赵宋"祖宗家法"的基干。以制兵之法为例,宋人概括道:"祖宗制兵之法,天下之兵,本于枢密,有发兵之权而无握兵之重;京师之兵,总于三帅,有握兵之重而无发兵之权。"(《宋名臣奏议》卷六四)此后,随着时日的推进和政治的递嬗,祖宗之法的内容日益丰富,外延也不断拓展。宋哲宗时的宰臣吕大防说:"祖宗家法甚多,自三代以后,唯本朝百三十年中外无事,盖由祖宗所立家法最善。"(周辉《清波杂志》卷一)吕大防还将祖宗家法归纳为事亲之法、事长之法、治内之法、待外戚之法、尚俭之法、勤身之法、宽仁之法等几大门类,内容不一而足。

实际上,两宋祖宗家法的内容远不止于此。举凡朝廷的礼仪典则、政治纪纲、机构设置、权力运行、人事任免、奖惩黜陟、经济管理、立法司法,无不在祖宗之法的统摄之下,成为祖宗之法的有机组成部分。其中,关于人事制度者,如"凡见任执政曾经荐举之人,皆不许用为台官"(李焘《续资治通鉴长编》卷四一五);关于经济政策者,如"太祖开基之岁,首定商税则例,自后累朝守为家法,凡州县不敢专擅创取,动辄奏禀取旨行下"（邱濬《大学衍义补》卷三〇）；关于司法者，如"可疑可矜者许上请"（《宋史》卷四二六）；关于君主日常用度者，如"饮食不贵异味，御厨止用羊肉"（《续资治通鉴长编》卷四八〇）。可见祖宗之法的弹性之大，范围之广。

以宋太祖、宋太宗为代表的王朝创立者们深谋远虑，建章立制以求长治久安的意识非常明确。据说，太祖赵匡胤曾与宰相赵普论事书数百通，其一有云："朕与卿定祸乱以取天下，所创法度，子孙若能谨守，虽百世可也。"（李心传《建炎以来系年要录》卷六一）是以，宋人所说的"祖宗家法"多是那些与前代不同而具有本朝特色的制度，如"前代多深于用刑，大者诛戮，小者远窜。唯本朝用法最轻，臣下有罪，止于罢黜"，又如"前代人君虽在宫禁，出舆入辇。祖宗皆步自内庭，出御后殿"。（《续资治通鉴长编》卷四八〇）这些法度可能是成文的，也可能是不成文的，无不体现了宋代统治集团"事为之防，曲为之制"的忧患意识和自律精神。

当然，有些祖宗家法可能承自前代，不必是"本朝"独创。宋人马永卿记：

> 太祖即位，尝令后苑作造熏笼，数日不至。太祖责怒，左右对以事下尚书省、尚书省下本部、本部下本曹、本曹下本局，覆奏，又得旨，复依，方下制造，乃进御。以经历诸处行遣，至速须数日。太祖怒曰："谁做这般条

贯来约束我？"左右曰："可问宰相。"上曰："呼赵学究来！"赵相既至。上曰："我在民间时，用数十钱可买一熏笼；今为天子，乃数日不得。何也？"普曰："此是自来条贯，盖不为陛下设，乃为陛下子孙设。使后代子孙若非理制造奢侈之物、破坏钱物，以经诸处行遣，须有台谏理

明刘俊《雪夜访普图》（藏于北京故宫博物院），表现宋太祖与赵普君臣一心、谋划长治久安之道

会。此条贯深意也。"太祖大喜,曰:"此条贯极妙!若无熏笼是甚小事也。"(《元城语录解》卷上)

"此是自来条贯"说明规矩不是太祖所立,乃沿袭自前代。不过,太祖一旦洞晓了此中利害,积极地为之背书,相当于以开国之君的名义确认了该项制度的约束力,于是这条贯也就成了"祖宗家法"的一部分。

"祖宗家法"有何功用?

宋仁宗明道二年(1033),宰相李迪直接任命张沔、韩渎二人为御史。朝臣中马上有人指出,"台官必由中旨,乃祖宗法也"。数月后,旧相吕夷简复入中书,亦对仁宗郑重言道:"祖宗法不可坏也。宰相自用台官,则宰相过失无敢言者矣。"(《续资治通鉴长编》卷一一三)李迪等人惶恐不安,于是解除张沔、韩渎的御史职务,改任二人为外官。帝制框架下,君权与相权是一对永恒的矛盾,为了抑制相权,宋朝通过设置枢密院、三司等衙门,鼓励言官弹劾大臣,削弱和钳制宰相的权力,以此保障皇帝的"乾纲独断"。这些制度设计在运行中无疑达到了预期的效果。

"台官必由中旨"属于人事政策,其维护君权的意图至为明显。另一方面,祖宗家法中亦不乏限制君主人事权的内容。

张端义《贵耳集》卷上载：

> 孝宗万几余暇，留神棋局，诏国手赵鄂供奉，由是遭际，官至武功大夫、浙西路钤。因郊祀，乞奏补，恳祈甚至。圣语云："降旨不妨，恐外庭不肯放行。"久之云："卿与后省官员，有相识否？"赵云："葛中书，臣之恩家，试与他说看。"赵往见葛，具陈上言，答曰："尔是我家里人，非不要相周全，有碍祖宗格法。技术官无奏荐之理，纵降旨来，定当缴了。"后供奉间，从容奏曰："向蒙圣旨，今臣去见葛中书具说，坚执不从。"寿皇曰："秀才难与他说话，莫要引他。"赵之请乃止。

孝宗在我国历史上也算是少有的贤明之君，但仍不免因喜怒而行赏罚，可见人治的局限性。在这种情况下，"祖宗格法"的存在无疑像一道栅栏，限制了君主的滥施黜陟，也为当时的国家政治生活增添了几分"法治"气象。故事中的葛中书当为葛邲，据《宋史·葛邲传》："绍熙四年（1193），拜左丞相，专守祖宗法度，荐进人物，博采公论，唯恐其不闻之。"可见《贵耳集》叙事的可信性。

上文提到，狄青任枢密使一事招致群臣弹劾，历史上确有其事。实际上，早在皇祐四年（1052）六月仁宗欲任狄青为枢密副使时就有朝臣提出反对。左司谏贾黯指出："国初武臣宿将，扶建大业，平定列国，有忠勋者不可胜数，然未有起兵伍登帷幄者。"所以，任命狄青为枢密副使是"不守祖宗之成规，而自比五季衰乱之政"。(《续资治通鉴长编》卷一七二）不过，仁宗出于赏功激劝的考虑，顶住文臣的压力，一擢狄青为枢密副使，再擢枢密使，确是打破了宋朝的祖宗家法，但此种情况到底属于特例。总体来说，两宋三百多年，贬抑和防范武人的祖宗家法一以贯之，是以可以避免重蹈五代藩镇割据、武人专权的覆辙，保障了政权的稳定。然而，该家法的负面作用同样不容忽视，宋朝在军事上的疲弱、面对敌对政权的军事进攻时被动挨打与此有很大关系。

与"抑武"并举的是"重文"。据说，宋太祖曾于太庙中立一誓碑，其中谆谆告诫："不得杀士大夫及上书言事人。"关于此事本身之真伪，史家众说不一，然而对宋朝的继嗣之君而言，优待士大夫、不轻施杀戮的确属于祖宗家法的一部分。《宋史·章惇传》载，绍圣"绍述"时，宰臣章惇向宋哲宗建议，派遣使臣察访岭南，将流放该地的元祐诸臣及其后人斩草除根。哲宗说："朕遵祖宗遗制，未尝杀戮大臣，其释勿治。"类似这样的例子很多，从中不难看出，祖宗家法在约束宋朝统治集团胡乱杀人、减轻统治的残暴性方面作用显著。

祖宗之法不仅涉及朝廷的大政方针，而且不少指向皇帝的日常生活，上文提到的尚俭之法、勤身之法均是。《邵氏闻见录》记载，吕夷简任宰相时，吕夫人循例入后宫朝见皇后，皇后对吕夫人说:"上(指仁宗)好食糟淮白鱼。祖宗旧制,不得取食味于四方,无从可致。相公家寿州,当有之。"帝、后的饮食需要得向臣下请托才能满足,可见受到了制度和程序的制约。就此而言,祖宗家法在控制皇家日常用度、杜绝奢靡、纾解民力方面确有其积极的功用。

正因为祖宗家法现实而重大的政治功用,温习祖宗家法成为宋朝帝王政治学习的重要内容。宋仁宗冲龄即位,章献太后临朝,命儒臣采摭祖宗故事,编为《三朝宝训》十卷,每卷十事,以为仁宗教育之资。(王明清《挥麈后录》卷一)直到嘉祐六年(1061),知谏院司马光依然对当了近四十年皇帝的宋仁宗强调:"夫继体之君,谨守祖宗之成法,苟不毁之以逸欲,败之以谗谄,则世世相承,无有穷期。"(《司马温公集》卷一八)宋哲宗时,宰臣们在经筵上对皇帝进讲祖宗家法,吕大防言:"陛下不须远法前代,但尽行家法,足以为天下。"(《续资治通鉴长编》卷四八〇)南宋光宗时,起居舍人彭龟年述祖宗之法为《内治圣鉴》以进,得到了皇帝的认可,光宗曰:"祖宗家法甚善。"(《宋史》卷三九三)

祖宗家法能不能改?

对于宋王朝的统治者来说,祖宗家法是国朝前代帝王留给子孙的政治法律遗产,是可以传诸久远的治国圭臬。因而,严格遵循祖宗家法便成为对待祖宗家法的应有态度。仁宗曾说："祖宗法不可坏也。"(《续资治通鉴长编》卷一一三)高宗赵构亦曾对臣僚言："祖宗之法不可辄改。"(《宋会要辑稿·帝系八》)司马光在神宗面前与变法派辩论时明确表示："祖宗之法不可变也。"(《宋史》卷三三六)北宋末年，采辑祖宗故事为《遵尧录》的罗从彦与学者论治曰："祖宗法度不可废，德泽不可恃。废法度则变乱之事起，恃德泽则骄佚之心生。自古德泽最厚莫若尧、舜，向使子孙可恃，则尧、舜必传其子。法度之明莫如周，向使子孙世守文、武、成、康之遗绪，虽至今存可也。"(《宋史》卷四二八)检点宋代文献，此类说法俯拾皆是，可见宋人对祖宗家法的重视和敬畏。

当然，这些说法更多的是一种政治正确的表态，不可做狭隘的理解。实际上，祖宗之法的范围极其广泛，其效力亦有强弱之分。而且，随着情势的变更，祖宗家法不可能一成不变，实践中似乎也没有人坚持家法的绝对不可突破和改易。嘉祐元年(1056)，仁宗暴病，宰相文彦博建议设醮祈福于大庆殿，两府派人设幄宿于殿之西庑。内侍史志聪等提出异议："故事，两府无留宿殿中者。"彦博曰："今何论故事也？"(司马光《涑水记闻》卷五)作为故事的两府留宿宫中之禁只适用于一般情况，当遭遇特殊变故，再执着于此项家法，无异于胶柱鼓瑟。宋徽宗时，杨时建议："臣愿明诏有司，条具祖宗之法，著为纲目，有宜于今者举而行之，当损益者损益之。"(《宋史》卷四二八）此种中庸、务实的立场在当时应该颇有代表性。孝宗时，内侍陈源得太上皇赵构的青睐，添差浙西副总管，大臣赵汝愚指出："祖宗以童贯典兵，卒开边衅，源不宜使居总戎之任。"（《宋史》卷三九二）孝宗表示认可，下诏此后内侍不得兼兵职。可见，广义的祖宗家法中有一些也是不可取的，后代帝王对此有着清醒的认识。尽管如此，统治集团中的主流意见还是认为："夫祖宗之法非有大害，未易轻议。"（《宋史》卷一六〇）

祖宗之法未必尽善，这应该是一个不难证明的事实，宋朝君臣也有基本的共识。然而，家法中哪些需要改，哪些不需要改，在多大程度上改变家法，却在赵宋统治集团内部引发了广泛而持久的争论，甚至导致了集团的对峙和分裂。自北宋仁宗朝开始，"三冗"（冗员、冗兵、冗费）问题越加突出，阶级矛盾日益尖锐，当时有识之士"常患法之不变"。正是在这样的思潮推动之下，王安石等一批果敢之士走上历史的前台，主持了轰轰烈烈的"大变法"。这场变法以富国强兵为主要目标，围绕着理财、强兵、育才几个方面展开了大刀阔斧的改革，在很大程度突破了"祖宗家法"的既有框架，因而很自然地招致了传统势力的反弹。司马光等反变法派人士就认为，王安石变法是变乱祖宗旧制，"国家百年之成法则铲除废革，存者无几"。（《续资治通鉴长编》卷二二五）面对反对派的指责，王安石大胆地擎出"祖宗不足法"的旗帜，予以坚决回击。他对神宗说："至于祖宗之法不足守，则固当如此。且仁宗在位四十年，凡数次修敕；若法一定，子孙当世世守之，则祖宗何故屡自变改？"（杨仲良《续资治通鉴长编纪事本末》卷五九）

王安石"祖宗不足法"的提法体现了锐意进取、不拘一格的改革精神，但在当时无疑是惊世骇俗之语，也为变法招引了更多的诘难，变法最终的失败与此不无关系。数十年后，不少人甚至将北宋的衰亡归咎于这场变法。靖康中，杨时上钦宗书曰："安石挟管、商之术，饰六艺以文奸言，变乱祖宗法度。当时司马光已言其为害当见于数十年之后。今日之事，若合符契。"（《宋史》卷四二八）邵伯温亦言："王荆公为相……尽变更祖宗法度，天下纷然，以致今日之乱。"（《邵氏闻见录》卷六）此类说法固属皮相之谈，但能够反映出祖宗家法在意识形态领域不容置疑的权威，也折射出自然经济和皇权背景下制度更新之艰难。正如余英时先生所言："（在中国）甚至皇帝也不能立法，只有开国的皇帝能立法，后来的皇帝则要遵循祖宗的法度，不能任意改变。所以立法几乎成为不可能。因此，法律几乎经常与现实脱节。"[1]

《清平乐》对"守法还是变法"这一主题亦有触及。宋仁宗庆历年间由范仲淹、韩琦、富弼等人主导的新政改革（史

---

1. 余英时：《文史传统与文化重建》，生活·读书·新知三联书店，2004年，第148页。

称"庆历新政")是该剧的重头戏之一。剧中演到,这场以整汰"三冗"为主要内容的改革触碰了既得利益集团的利益,因而招致各方面的激烈反对,最终改革"流产",改革派官员纷纷去位。其实,早在范仲淹入京主持改革之初,病榻之上的旧相吕夷简就对范提出警告:"祖宗的制度兴许没那么好,但是你们改错了,改得没那么好,你和官家都会成为大宋朝的罪人哪!"这一情节设计颇有新意,在肯定改革的同时,对吕夷简一派的老成谋国也给予一定的认可。从中,观众可以得到有益的启示——强固的祖宗家法对改革构成了制约性力量,因而任何改革都需要谨慎对待既有制度,处理好新旧制度的衔接。

结语

回首北宋历史,朱熹曾总结道:"祖宗于古制虽不能守,然守得家法却极谨。"(《朱子语类》卷一二八)其实,这一评价不仅适用于北宋,也同样适用于南宋,其中折射出的是宋朝在国家和政府治理方面的形式法治意蕴。《清平乐》剧中,仁宗说道:"祖宗之法,其精髓便在'利国爱民'四字上,若真合了四个字,土地是多种桑还是多种麻,朝廷是重商还是抑商,都因时而定,但能利国爱民,万法皆是祖宗之法。"这无疑是对宋朝祖宗家法的拔高和美化。实际上,祖宗之法由家法维护一家一姓之统治的本质所决定,其历史局限性显而易见,如制度的规范性较弱，实践中约束力有时不免打了折扣，而制度设计的狭隘和保守更是阻碍了社会的变革和进步。同时也要看到，祖宗家法在保障皇权有效行使的同时也限制了皇权的恣意，两宋统治者在祖宗家法的名义下，重因循，轻改作，尽量保持政策、制度的稳定性和连续性，从而大体上实现了国家和社会的长治久安。就此而言，祖宗家法的积极意义不容小觑。前辈学者徐道邻先生极为推崇宋朝的法治，认为"中国传统的法律，到了宋朝，才发达到最高峰"[1]。当我们认识了宋朝的祖宗家法，就知道徐先生的话不为无因。

---

1. 徐道邻：《中国法制史论集》，志文出版社，1975年，第89页。

范仲淹的好友尹洙因何而死？

古装剧《清平乐》在讲述福康公主和内侍梁怀吉凄美爱情故事的同时，又全景式地向我们展现了一千年前大宋名臣的群像。北宋仁宗年间是一个名公巨卿辈出、灿若星辰的年代，又是一个君子小人之辨在国家政治生活中逐渐发酵的时代。朝堂之上，忠信之士因政治理念相近、生活情趣相投而结成君子之党，他们互通声气，彼此奥援，协手追求致君尧舜、天下太平的政治理想，共同演绎了一段段脍炙人口的士林佳话。

君子党中，范仲淹以高尚的人格魅力而成为当仁不让的带头大哥，身边还聚拢了一帮志同道合的好友，以富弼、韩琦、欧阳修、余靖、尹洙等人为代表。其中，尹洙与范仲淹的生死交游尤其令人赞叹。

尹洙是北宋前期的古文大家。《宋史·尹洙传》云："（尹洙）博学有识度，尤深于《春秋》。自唐末历五代，文格卑弱。至宋初，柳开始为古文，洙与穆修复振起之。其为文简而有法。"评价不可谓不高。然而，作为范仲淹最好的朋友、当时文声显赫的尹洙，后世却知者寥寥，若非专门研究中国文学史，很少有人会关注到尹洙。知名度的有限在很大程度上与他英年早逝有关，须知，尹洙死时才四十七岁。

尤其令人叹惋的是，尹洙的死并非天夺其才，而是源于一桩冤案。按照欧阳修的说法，尹洙"为仇人挟情论告以贬死"，并感叹他"辩足以穷万物而不能当一狱吏"。韩琦说尹洙是"遭谗而跌"。听闻尹洙去世的噩耗，梅尧臣更是以悲愤的心情写下《哭尹师鲁》诗：

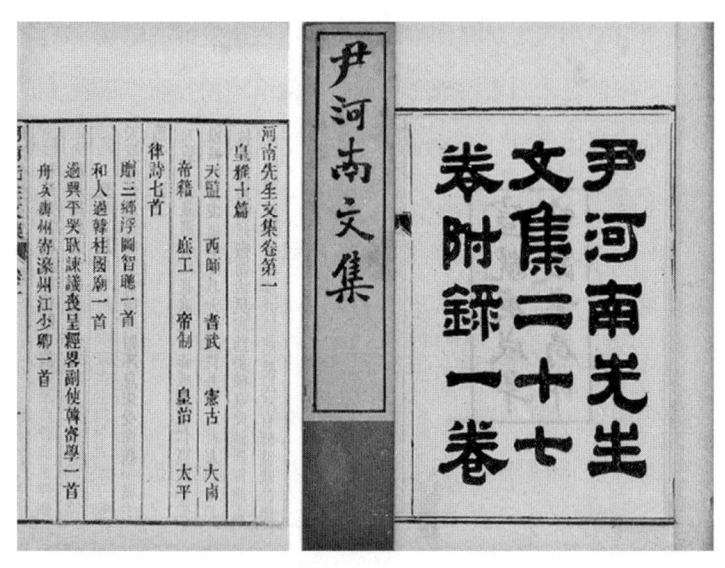

清宣统庚戌年守政书局木活字本《尹河南文集》书影

谪死古来有，无如君甚冤。

文章不世用，器业欲谁论。

野鸟灾王傅，招辞些屈原。

平生洛阳友，零落几人存。

那么，导致尹洙冤死的到底是一桩什么样的案件？为何激起众多仁人志士的不平之声？其间原委且听笔者道来。

尹洙少年时即以文名。天圣二年（1024），尹洙进士及第后，先在基层干了几年，又在全国法律文书大赛中脱颖而出（举书判拔萃），后在当朝大臣的举荐之下，调到中央，任皇家图书馆馆员（馆阁校勘）。此时的尹洙虽跻身清流之列，在论资排辈的朝堂之上，却只有靠边站的份儿，可是在景祐三年（1036）的夏天，人微言轻的尹洙却发出了黄钟大吕之音。

这年五月，天章阁待制、权知开封府范仲淹因弹劾宰相吕夷简擅权而落职，这激起了朝堂上正直之士的不满。可是，那些谏官御史忌惮吕夷简势大，又怕担上朋党的嫌疑，没人敢公开为范仲淹说话。这时，两个富有正义感的小臣勇敢地站了出来，明确地支持范仲淹，一个是余靖，另一个就是尹洙。余靖以貌似中立的口吻对仁宗讲，范仲淹弹劾大臣，皇帝可以不听，但不该因言罪人，结果余靖也被落职。尹洙的谏言则没有那么含蓄，他毫不避讳地亮明自己作为范仲淹"朋党"的身份，而且高调地告诉皇帝和反对派，满朝文武没有谁比我尹洙更有资格做范仲淹的朋党。他疾声高呼："仲淹忠亮有素，臣与之义兼师友，则是仲淹之党也。今仲淹以朋党被罪，臣不可苟免！"于是，尹洙如愿地被贬为崇信军节度掌书记，监郢州（又徙唐州）酒税。求仁得仁，说的不正是尹洙吗？想来，尹洙离开京城时一定是意气风发的。

"不以物喜，不以己悲"，"居庙堂之高则忧其民，处江湖之远则忧其君"，这正是士大夫的精神风骨。在这一点上，尹洙和范仲淹很像。尹洙虽然远离了权力中心，但仍时刻关心国家大局，他上书朝廷要提防西北的党项族势力，不可放松武备。后来，元昊果然起兵反宋，尹洙投笔从戎，先后担任大将葛怀敏和知秦州韩琦的助手。尹洙的论兵之策引起了仁宗的注意，仁宗很欣赏尹洙的才干，不断给他加官，后来干脆让尹洙独当一面，担任一方守宰。于是，尹洙在庆历三年（1043）的春天以太常丞的身份知泾州，该年秋天又以右司谏知渭州（今甘肃平凉），兼领泾原路经略公事。转过年的三月，仁宗还想给尹洙加待制的头衔，范仲淹认为越次拔擢可能不利于前线的团结稳定，就给劝止了。以尹洙炮筒子的个性，承平时节的朝堂确实不适合他，而多事之秋、板荡之际倒是给了他更多的展现机会。谁承想，一次争城事件彻底改变了尹洙的命运。

经历了三川口、好水川和定川寨兵败之后，宋廷对西夏的战略由进攻转入了防御。庆历三年十月，陕西四路经略安抚招讨使郑戬上奏朝廷，请求修建水洛城（今甘肃庄浪县县城），得到了朝廷的允许。于是，郑戬派靖边寨主刘沪将兵去收复水洛城并于该地筑城。同年十二月，枢密副使韩琦在宣抚陕西之后上书极言修城之弊，仁宗在听取了韩琦的意见之后，下旨罢修水洛城。不过此时，刘沪已开始筑城，郑戬还派著作佐郎董士廉去协助刘沪。为了解决修城争议，朝廷解除了郑戬四路都部署的职务。没了都部署的节制，尹洙作为知渭州、兼领泾原路经略公事便是泾原路当仁不让的主官，而水洛城恰在泾原路的管辖范围之内。尹洙与韩琦的观点一致，认为修城徒耗财力，于战事无益。尹洙几次派人去通知刘沪停止修城，哪知刘沪也是一根筋，根本不理会尹洙的指令，只管修他的城。尹洙本是炮筒子脾气，此时不禁大为光火，干脆派狄青带了一彪人马，把刘沪和董士廉抓了起来，投入德顺军狱，打算以军法处置二人。

刘、董入狱，水洛城工事骤停，导致当地已经稳定下来的蕃、汉关系转而恶化，"蕃部遂惊扰，争收积聚，杀吏民为乱"。朝廷派来的使者遂把这种情况汇报给皇帝。朝堂上群臣就如何处理该案展开了大讨论，范仲淹、欧阳修、余靖等人都认为事须两全，尹洙、狄青执行朝廷的旨意自然没错，但如果处罚刘沪和董士廉，前线将士必然因此寒心，还会激化文、武之间的矛盾，对当地治安也不利。权衡再三，皇帝下旨，释放刘沪和董士廉，让二人继续修城，尹洙调任别处。

就这样，尹洙被调离了渭州，一路向东，先改知庆州（今甘肃庆阳），继改知晋州（今山西临汾），再改知潞州（今山西长治）。没办法，虽然"国朝"的政策是崇文抑武，但是国难当前，前线正是用人之际，武将必须要保全，文臣不得不受点委屈了。为了安抚尹洙，皇帝还给尹洙提了一级，从右正言、直集贤院升为起居舍人、直龙图阁。

这个过程中还有一段插曲。尹洙调任知晋州，可是其前任的任期还没有满，朝廷下旨令尹洙待阙。这种安排有违常例，尹洙疑心是郑戬在背后搞小动作，于是上书朝廷要求与郑戬一同下御史台狱，就水洛城事辩个明白，尹洙刚烈的性格于此表露无遗。朝廷没有接受尹洙的请求，只是把他调到潞州。

在朝廷的一番苦心措置之下，水洛城风波似乎就此平息了下去，然而树欲静而风不止。庆历五年（1045）春，范仲淹、富弼、韩琦几位实干派相继被免去中央的要职，出为外官，这也标志着"庆历新政"的失败。在这种情况下，凡是与范仲淹走得近的或是立场相近的官员，无不被执政视为"范党"，尹洙自不例外。当然，他们想要收拾尹洙，需要合理合法的借口，恰在此时，发生了董士廉赴阙告状事件。在争城过程中，董士廉被尹洙关在监狱里二十多天，估计也遭了不少罪。当时范仲淹就敏锐地指出，要尽量保全刘、董二人，"万一二人被戮，逐家骨肉必来诉于阙下"。后来的事情发展果然不幸被他言中。董士廉出狱后仍是气愤难平，跑到京城告尹洙的御状：一则控告尹洙作不实文字（指《闵忠》《辨诬》二文），为韩琦推卸兵败之责，诳惑中外；一则揭发尹洙在知渭州时监守自盗。董士廉背后是否有人在唆使，史无详文，姑且存疑。

朝廷派出专案组调查此案，组长是一个叫刘湜的御史。这个刘湜得到了上峰的指示，本着洗垢索瘢的精神，千方百计要坐实尹洙的罪名，最终，给尹洙定了一个"假公用钱与部将"的罪名。"公用钱"又称"公使钱"，是州郡的特别办公经费，主要用于招待过往官员、供给日常饮宴。为了避免公用钱被侵蚀和挥霍，宋朝出台了一系列关于公用钱如何使用的律令条贯，以致当时人感叹："公使供馈，条禁太密。"尹洙辖下有一名叫孙用的部将，当年为了能够顺利上任，在京城跟私人借了一笔高利贷，后来无力偿还。尹洙和狄青知道孙用的情况后，爱惜他是个可用之才，就以公用钱帮他还贷，然后要求他用每月的俸钱来偿还公用钱。尽管当专案组调查之时，尹洙支予孙用的公用钱已经偿还完毕，但尹洙毕竟是违反规定把公用钱挪作了私用。就这样，尹洙被贬为崇信军（今湖北随州）节度副使，后又徙监均州（今湖北丹江口）酒税。

于是，在起起伏伏多年之后，尹洙又回到了监酒税这个职位上。贬官对于他来说原本没什么，因为"十年之中，三次左降，至于荣进，本不系心"，他忍受不了的是小人们泼向自己的污水，自己一心为国、披肝沥胆，却被戴上专擅、贪污的帽子。此中屈辱正如他所言，"当圣明之朝，被此诬谤，若不陈述，臣虽瞑目，自衔恨九泉"。然而此时的朝廷不想听他的辩解，朝堂之上也无人站出来为他说句公道话。尹洙有苦说不出，有冤无处诉，耿直汉子终于病倒了。还有说，尹洙在均州受到了势利小人郡守赵可度的迫害，以致抑郁成疾，病势日深。后来，还是范仲淹专门向朝廷打了一份报告，请求把尹洙接到南阳（仲淹时为知邓州）求医养病。

在弥留之际，尹洙以身后事托付于范仲淹。范仲淹看到老友晚景凄凉，自是心内凄然，但是仍然安慰道："足下平生节行用心，待与韩公、欧阳公各做文字，垂于不朽。"关于尹洙去世的细节，宋人笔记中描绘得神乎其神，说他死去活来好几遍，实际上都是耳食之谈。而据范仲淹致韩琦信中所云，尹洙临死颜色从容，神志不乱，最后"凭案而化"，仲淹不由地感叹，尹洙确乎已达到了齐死生的境界。

尹洙的死不仅是北宋文坛的损失，也是北宋政坛的损失。尹洙的英年早逝，给那些爱其人、惜其才的挚友们留下了无尽的遗憾。作为尹洙的好友和老上级，韩琦就感叹，当年被排斥、遭打击的君子党，过了三四年都官复原职，甚至得到了重用，如果天假之年，尹洙的仕途定是不可限量啊！然而，这不过是一种美好的愿望而已。经济学领域有"劣币驱逐良币"的现象，富弼也指出，"君子与小人并处，其势必不胜"。北宋僧人文莹在《湘山野录》中记载，尹洙为水洛城事赴中书辨析时，言语冲撞了时宰，种下后来的祸根。此说法得之于传闻，未必可靠。不过，"峣峣者易缺，皎皎者易污"，性格决定命运，确是朴素不易的真理。在这个意义上来说，尹洙的英年早逝具有某种必然性。因此，欧阳修在《尹师鲁墓志铭》中的一句话深刻地揭示了尹洙之死的悲剧性："（尹洙）遇事无难易，而勇于敢为，其所以见称于世者，亦所以取嫉于人，故其卒穷以死。"

尹洙"流窜以死"的个案还集中反映出宋代公用钱制度的问题所在。公用钱之设本为激励官员干事的积极性，具有隐性福利的属性，正如范仲淹所说："国家逐处置公使钱者，盖为士大夫出入，及使命往还，有行役之劳，故令郡国馈以酒食，或加宴劳，盖养贤之礼，不可废也。"在这种情况下，各处公用钱的使用就不可避免地存在种种不规范之处，甚至滥用现象也所在多有，据为己有者有之，交相馈遗者有之，资助游士者有之，挥霍浪费者有之，回易生利者有之。稍早于水洛城事件，监察御史梁坚弹劾知庆州滕宗谅和并代副都部署张亢（尹洙知渭州的前任）贪污公使钱，亦牵连到张亢的副手狄青。尹洙爱惜良将难得，特意上书为狄青回易公使钱（将公使钱投资或放贷以生利）辩护。朝廷接受了尹洙的意见，对狄青免于追究，但是滕宗谅和张亢都不同程度地遭到了处分，于是有了后来的滕子京（宗谅字子京）谪守巴陵郡。实际上，在两宋历史上，使用公用钱不当而获罪的情况并非鲜见，不少名公巨卿都栽在公用钱上。想来，尹洙在为狄青辩护时，涌上心头的应该是物伤其类的悲哀和不祥的预感吧。

从这个视角来看，尹洙的不幸无疑是北宋公用钱制度执法过严的一个典型例证。对此，宋人后来也有反思："边臣用公使钱微有过，则为法吏绳以深文，如尹洙、张亢、滕宗谅是也。"实际上，在条件不完备、制度不健全的背景下，要求官员事事做到完美，不仅是一种苛求，也容易引发选择性执法。这也是尹洙的悲剧留给后人的一点启示吧。

君主该不该使诈术？

生活中，无论男女，凡被认为有心机者，无不令人憎恶，避之唯恐不及，可若是放到政治人物身上，心机深沉似乎就成为一桩美德，至少不再令人难以忍受。试看众多权谋剧的高人气指数，从《琅琊榜》到《军师联盟》，从《延禧攻略》再到《鹤唳华亭》，你就知道，每个中国人的心里都装着一个司马懿。

作为权谋剧的更新之作，《鹤唳华亭》不乏亮点。鲜明的人物性格、巧妙的剧情设计、自然流畅的表演，加上大气凝重的画面质感和精致细腻的服化道，极大地保障了该剧的观赏性。毫无疑问，对权力斗争的细致描画和生动演绎是该剧的最大加分项。观赏该剧，但见正反双方你来我往，明争暗斗，道高一尺魔高一丈，智谋诈术层出不穷，剧情也不断随之反转，让人产生一种烧脑的快感。只此一点，便足以让《鹤唳华亭》稳坐年度最佳权谋剧的宝座。

然而，在一口气追剧到底的笔者看来，《鹤唳华亭》的高明尚不止于此。该剧在渲染权力斗争的阴冷无情和恣意畅快的同时，还有意无意地探讨了一个似乎与剧情相悖的政治命题——君主该不该使用诈术？

太子萧定权（名字取得有点俗，与"鹤"的意象并不匹配）利用科场舞弊案，伪造证据，栽赃于齐王萧定棠和中书令李柏舟，表面上做得天衣无缝，赢得干脆漂亮。对此，萧定权心里可能还有几分得意。可是，在太子太傅、吏部尚书卢世瑜看来，恫之以权势，诱之以名利，非储君所当为。他以老师的身份谆谆告诫太子："君王的德性就是邦国的基石，储君品行端正，国家就会安定，储君内心动摇，国祚就会倾斜。一个国家，连储君都要使诈伪之术了，这个国家就会倾覆，子民就会流血呀！"太子觉得很无辜，他说环境如此之恶劣、政敌如此之阴险，不使用权谋诈术，那不就只剩坐以待毙的份儿了吗？面对太子的困惑，卢世瑜又说出一番道理："君子行路，不但要提防小人对自己的伤害，更要提防的是和小人对抗之时自己对自己的伤害。"千言万语汇作一句话：君主（君子）当坚守正道，远离权术。

以上这一番师生对话，估计不少观众会觉得乏味无趣，甚至会选择快进，相信也有观众会认为卢老师的话实在迂腐得很，简直不食人间烟火，与权谋剧的本色不搭调。可在笔者看来，这才是真正的神来之笔！正是因为多了这样一层思考，该剧才突破了权谋剧的狭隘格局，拥有了文化底蕴和历史厚重感。

如何治理国家、统御万民，中国古人有许多思考，代表性的方案主要有两种，分别出自儒家和法家。以往人们多以"人治"和"法治"来概括这两套方案，其实不准确，因为法家的治理方案表面上推崇法令的作用，本质上不脱"人治"窠臼。二者的区别在于，儒家推崇的是贤人政治，而法家信奉的是强权政治。两种政治方案之间出入甚大，在对待阴谋权术的态度上便迥然有别。

先秦法家中有一派专门研究君主之术，强调"术"在国家治理中的作用，以申不害为代表。如申不害讲："善为主者，倚于愚，立于不盈，设于不敢，藏于无事，窜端匿疏，示天下无为。"（《申子·大体》）可见，申子所讲的"术"主要是无为之术，具体表现为正名责实、抓大放小、顺水推舟、以静制动以及对各种阴谋权术的运用，而所有这些都是为君主的"独视""独听"和"独断"服务。韩非子是后期法家的集大成者，他将法、术、势相结合，构建起法家完整的思想体系。显而易见的是，在韩非的治国蓝图中，"术"占据着非常重要的作用，所谓"君无术，则弊于上"是也。那么，君主如何用术呢？其实不外乎两个方面：其一，"因任而授官，循名而责实，操杀、生之柄，课群臣之能"（《韩非子·定法》）；其二，"藏之于胸中，以偶众端，而潜御群臣"（《韩非子·难三》）。前者与官僚责任制有关，不乏积极意义。后者则指君主以各种阴谋诡计驾驭臣下，防止臣下的不忠，确保君主的绝对主导地位。譬如，君主当兼听旁采，多方面获取信息，防止被个别臣下蒙蔽和愚弄；在臣子面前君主应当尽量深藏不露，喜怒不形于色，让臣子常有天心难测之感；与臣子交谈不可实话实说，不妨正话反说、明知故问、虚言试探。总之，为了确保臣下的忠诚和自身的安全，君主可以采用欺骗、利诱、威吓甚至暗杀的手段。

与法家不同，儒家在价值观上就排斥阴谋诡计，认为那不是治国平天下的正轨。在儒家看来，国家之兴衰治乱系于一人，而这个"一人"必须德行端正，堪为世人表率，所谓"政者，正也。子帅以正，孰敢不正？"又云："君子之德风，小人之德草，草上之风，必偃。"（《论语·颜渊》）君主不诚信，哪能指望臣民诚信？君主不仁厚，又何须指责臣下残刻？所以，君主应该严于律己，时时自警，远离阴谋权术。如果君主使用诈术，则天下臣民将起而效尤，愈演愈烈，后果不堪设想。正是在这个意义上，朱熹才强调："天下事有大根本，有小根本。正君心是大本。"（《朱子语类》卷一〇八）

儒家也讲"术"，如儒家的六艺（礼、乐、射、御、书、数），但此术非彼术也。尤可注意的是，儒家思想中最精华的部分不是术，而是道。儒家的"道"不是道家虚静无为的自然之道，而是仁义之道，是施仁爱、推诚心、立人伦。孔子曾慨叹:"礼云礼云,玉帛云乎哉?乐云乐云,钟鼓云乎哉?"(《论语·阳货》)又叹:"人而不仁,如礼何?人而不仁,如乐何?"(《论语·八佾》)一个人也好,一个国家也好,如果不能坚守仁义之道这些基本的东西,要那些花团锦簇的礼乐有什么用呢?那不是捡了芝麻丢了西瓜吗?总之一句话,道才是根本。卢老师也说:"道比术要难得多。"萧定权跟卢老师学习书道,学到几可乱真的程度,自以为得道,实际上还停留在术的层面,而过于重"术"会妨碍"道"的实现,所以卢老师才提醒他:"一切文艺,不可为阴谋所用。"

唐朝贞观年间,有朝臣向唐太宗进言,建议清除朝堂上的佞臣。太宗对该朝臣说:"朕之所任,皆以为贤,卿知佞者谁耶?"这朝臣就给太宗支招:"请陛下佯怒以试群臣,若能不畏雷霆,直言进谏,则是正人,顺情阿旨,则是佞人。"太宗并没有从谏如流,而是说出了自己的一番道理:"流水清浊,在其源也。君者政源,人庶犹水,君自为诈,欲臣下行直,是犹源浊而望水清,理不可得。"(《贞观政要·诚信第十七》)观太宗一生,阴谋权术用得并不少,但单就在这件事上的表态来看,正大光明,掷地有声,应该说充分代表了儒家的政治立场。

儒家与法家政治立场的对立在一定程度上是两家在手段和目的的关系上认识不同所致。为了一个正当的目的,人们是否可以使用不正当的手段?对此问题的回答决定了儒家和法家

清初彩绘版《帝鉴图说》之《面斥佞臣》(法国国家图书馆藏),表现唐太宗坚持诚信治国立场的事迹

的思想分野。孔子讲:"不义而富且贵,于我如浮云。"(《论语·述而》)又云:"富与贵,是人之所欲也,不以其道得之,不处也;贫与贱,是人之所恶也,不以其道得之,不去也。"(《论语·里仁》)而法家则认为,只要目的正当,可以不择手段。为了维护君主的专制独裁,什么阴谋阳谋自然都在可以接受之列。就此,我们可以说,法家是目的论者,而儒家则是目

的和手段并重。

现代人理解正义时,把正义分为两种:实体正义和程序正义。程序正义的存在固然是为了更好地实现实体正义,同时程序正义也有其自身独立的价值和意义。因为实践证明,很多情况下,人们如果违反法律的正当程序去追求所谓实质正义,往往是缘木求鱼、南辕北辙。如警察为了尽早破案而对嫌疑人刑讯逼供,结果导致冤假错案。中国古代的法家虽有"法治"之名,却不讲程序正义,与之相较,反倒是儒家的立场更接近现代法治的理念,这与一般人的看法颇有出入。

太子萧定权心有苍生,心怀天下,其伟光正的形象在艺术的包装下耀眼夺目。可是,正人君子在与小人的斗争中如果使用卑劣的手段,那还算是正人君子吗?观众在观剧过程中多此一问,似乎也不算无聊。身处政治暴风眼的萧定权到底该何去何从?这应该也是该剧的忠实观众心心念念的重要问题。不过可以肯定的是,过度地渲染权谋只会与现代法治精神渐行渐远,也与新时代精神文明建设的总要求相背离。《鹤唳华亭》虽以权谋为主线,却能理性地反思权谋的局限,从而开出一片新天地,大大提升了权谋剧的文化段位。如果说古装剧也能传递正能量,其此之谓乎?!

太子为什么多不得善终？

近几年来，古装剧的创作和播出尽管受到了一定限制，但是优秀剧作还是不断涌现。2019年的古装剧市场以《长安十二时辰》的现象级热播为标志，以《鹤唳华亭》的低调上线而宣告圆满收官。

以题材论，《鹤唳华亭》自然可以划入权谋剧或宫斗剧的类型，可是它却难以被定位为"爽片"，坦率地讲，观众的观剧体验一点也不爽。

《鹤唳华亭》整个的故事基调是压抑的、阴冷的。男主角萧定权虽丰神俊朗、文武全才，又有皇太子的光环加持，可是却始终活在危如累卵、朝不保夕的处境中。面无血色的苍白妆容简直可以比肩《暮光之城》中的吸血鬼爱德华，那是长期精神紧张加营养不良的症状外显。父皇不信任，兄弟要夺嫡，权臣在一旁虎视眈眈、伺机发难，那真叫一个提心吊胆、风声鹤唳。倾慕的姑娘想娶却娶不到，还要抵挡和承受层出不穷的阴谋、暗算、攻讦和误解,定权避无可避,只有忍辱负重,吞声求全。网友纷纷表示,实在太憋屈了,有点追不下去了。

萧定权的命途多舛、步步惊心与同期热播的《庆余年》中男主角一路开挂、无往不利的境遇形成了鲜明的对照。可能正因为如此,在收视率的争夺中,《鹤唳华亭》明显不敌《庆余年》,这也反映了当前大部分中国观众的审美情趣。不过,稍有社会经验的人都知道,邪不压正可能只是一种理想的愿景,现实的社会往往是劣币驱逐良币。所以,让观众百般不爽的《鹤唳华亭》才抓住了某种历史和社会的真实,而喧嚣热闹的《庆余年》终究将停留在科幻剧的水平。

有观众百思不得其解,作为一国储君的太子处于一人之下万人之上的高位,更何况萧定权外有手握重兵的舅舅顾思林的奥援,内有以户部尚书卢世瑜为首的一班清流臣工的拥戴,该当纵横裕如才对,为何活得如此憋屈?如果《鹤唳华亭》是一出悲剧,那么悲剧的根源是什么?这个问题看似简单,其答案背后隐藏着中国古代最高政治权力运行的深层密码。

自秦迄清的两千多年,由中国的国情和历史传统所决定,皇帝制度始终作为顶层设计维系着国家的统一和社会的稳定。与皇帝的大权独揽相配合,传子的制度设计一方面让皇权的存续克服了自然生命的有限性,另一方面又在客观上减少了皇权交替中过度的争夺,保障了皇权的稳定。"夫建太子,所以重宗统,一民心也。"(《资治通鉴》卷四三)"国在立太子者,防篡煞,压臣子之乱也。"(《白虎通》卷四)设立太子,是"弭觊觎之心,属天下之望,宗庙长久之策也"(《宋史》卷三〇二)。换句话说,太子问题确乎是一个关乎"国本"的具有宪政属性的大问题。

在帝制国家的政治生活中,太子的设置是必不可少的,剩下的就是选谁当太子的问题了。依据故老相传的"立嫡以长不以贤,立子以贵不以长"的原则,嫡长子享有无可争辩的优先权。晋武帝司马炎的次子司马衷天生蠢笨,但仍被武帝立为太子,后为晋惠帝。王夫之说司马衷"以分则适,以年则长,嗣国之常经在焉,苟非通识,莫能易也"(《宋论》卷一五)。与之类似,萧定权不如萧定棠年长,但是定权是皇后所出,是嫡长子,所以皇太子当然应该由定权来做。可见,在等级制的社会中,命运是不公平的,萧定权和萧定棠虽然同为皇子,却有幸与不幸之分,定权在呱呱坠地之日起就把定棠甩在了后面。

当然,如果因此就乐观地认为定权的太子之位安如磐石从而可以高枕无忧,那就大错特错了。事实上,萧定权的皇太子之位并不稳固,他将来能否顺利接班还有很大的不确定性。为何?因为嫡长子继承虽是择立太子的基本原则,甚至被视作祖宗家法,但要想落实到实践中,却并非那么容易,存在着许多掣肘因素。老皇帝的好恶、竞争者之间的实力对比,甚至是一次偶然事件,都可能冲击到看似无法动摇的宗法继承原则。有学者曾做过统计,自秦至清的一百八十位皇帝中,以嫡立者仅十五人,以长立者有四十八人,两者合计也才只有总数的三分之一。可见,从实际概率上看,萧定棠以皇长子的身份接班的可能性要远大于萧定权,便是非嫡非长的五大王也是不可忽视的潜在皇位竞争者。说到底,嫡长子继承制只是择立储君的宗法原则,远不是具有严格约束力的宪法性制度。

太子相较于齐王,身份优势明显,自身的才干和政治实力也可以完美地碾压对方,可是在与皇帝的关系方面却是他的弱项。皇帝不喜欢太子,在剧中似乎是尽人皆知的事实,日常生活中也难得见到皇帝对太子假以辞色,更多的时候是疾言厉色,甚至几度说出"你真让我失望"的话。与之形成鲜明对照的是,皇帝对齐王则常常表现出一个父亲的舐犊之情,不仅在小事上施以宽容照拂,便是在关乎国政的大事上也流露出鲜明的倾向性——不肯让齐王之藩,还破格赐齐王玉带,让他享有太子一般的待遇。

皇帝厚此薄彼的缘故,剧中也有一定的交代——大郎乖巧,三郎执拗,两个孩子从小就在他们父亲的心底留下了不一样的印迹。人有七情六欲,皇帝也不能免俗,历史上不乏因爱立嗣的例子,也不乏因圣心转移而太子被废的前车。汉高祖刘邦晚年有宠于戚夫人,便有意废掉先前所立的太子刘盈而改立赵王如意为太子,太子幸有一众朝臣的拥护和"商山四皓"的辅弼才得以转危为安。汉武帝的儿子刘据,卫皇后所出,七岁立为皇太子。武帝末年,卫后宠衰,佞臣江充得势。充与太子及卫氏有隙，遂以巫蛊诬太子，太子杀江充而举兵自卫，最终兵败自杀。可见，在选择皇位继承人的问题上，皇帝的意愿起着非常重要的作用。萧定权生母顾皇后辞世多年，皇帝又对他爱理不理，父爱的缺失让太子心境凄凉，更何况这父爱关系到圣心的转移和储位的安稳，他怎能感受不到来自现实的威胁？又怎能不产生前途茫茫的无助？

由竞争所催生的不确定性和不安全感笼罩在太子萧定权的头顶，始终挥之不去，然而这却不是悲剧的真正根源所在。定权的一切不如意和憋屈，表面上看似乎来自政敌的攻讦陷害，实则是由太子这个身份本身的特殊性所决定的。

在病榻之上，皇帝萧鉴曾与太子萧定权有一番推心置腹的谈话。皇帝问太子："你知道储君为什么这么难当吗？"他紧接着自问自答道："因为天子只需保天下，臣子只需保自身。只有你一个人，是他们的君，也是朕的臣，既要保天下，也要保自身啊！"只看皇帝这一番话，理性终于占据了上风，也触及了问题的本质。太子既是君，又是臣，需要同时扮演两种角色，而这两种角色在政治生活的具体展开中实际上存在矛盾和冲突。

太子的设立，本是为了拱卫皇权，但是太子的产生，又意味着国家政治生活中多出来一个"副中心"，这个"副中心"既源出于"中心"，又在事实上不可避免地成为对"中心"的异化和背叛。唐玄宗第三子李亨，开元二十六年（738）被立为太子。安史之乱起，以天下兵马大元帅的身份领朔方、河东、平卢节度使，负责平叛。玄宗"西幸"，太子与玄宗分道，北上灵武，不久，在群臣的拥戴下于灵武即位，尊玄宗为太上皇。学者早已指出，李亨的即位缺乏正当程序，是典型的先斩后奏。可是，当时年过七十、远在西蜀的玄宗无论是精力还是对朝廷的控制力都已大不如前，所以只能对太子即位的事实给予认可。当然，像唐玄宗这样的结果还算是好的，历史上还有皇帝被自己的太子干掉的事例，立太子无异于自掘坟墓了。

是故，历代的雄猜之主才会在是否立太子的问题上犹豫不决，更会对羽翼渐丰的太子心怀忌惮。北宋淳化二年（991），有朝臣伏阙上书，建议立许王元僖为皇太子，宋太宗大怒，为此窜逐多人，还罢了吕蒙正的相。太宗拒绝立储的一项重要理由是："近世浇薄，若建立太子，则宫僚皆须称臣，宫僚职次与上台等，人情之间，深所不安。"（《续资治通鉴长编》卷三二）其实，真正不安的是太宗自己，他担心大权旁落。同样的心态在立太子后仍不时流露出来，至道元年（995）八月，太宗下诏，立寿王元侃为太子，大赦天下，京师臣庶目睹了太子的风采，欢呼雀跃道："真社稷之主也！"消息传到太宗耳朵里，太宗就对宰相寇准抱怨："四海心属太子，欲置我何地？"（《续资治通鉴长编》卷三八）这就不是简单的吃醋了。

为了避免储君势力过大，威胁到皇权的存在，历代皇帝多采用平衡战术，即扶植其他皇子的势力，使其与太子鹬蚌相争，彼此制衡。清朝的"九龙夺嫡"事件就是最好的历史实例。《鹤唳华亭》中，皇帝对齐王示之以亲近，宠之以名位，表面上看似乎是因为对齐王的偏爱，实则应该出于深层次的权力动机。说穿了，皇帝对齐王的和言善语未必是真爱，皇帝对太子的疾言厉色也未必当真出于厌恶，实际上都是权力思维在作祟。

一言以蔽之，在缺乏法治约束的体制中，皇权的独断性、排他性决定了皇太子地位和身份的尴尬。太子虽名为储君，但毕竟不是天子，只要一日没有扶正，他便只能活在皇权的阴影下，战战兢兢，如履薄冰，只盼能早日熬到出头的那一天。这才是《鹤唳华亭》悲剧意义的根源所在。

林九郎是法治派吗？

古装悬疑剧《长安十二时辰》故事情节生动，人物形象鲜明，其中，靖安司反恐三人组给观众留下了深刻的印象：李必，胸怀大志，足智多谋，主持长安反恐工作，运筹帷幄之中，为保太子和保苍生焦思苦虑；张小敬，标准的狼系男，狠厉果决中不乏柔情，为拯救长安冲锋陷阵，义无反顾；徐宾，博闻强记，忠于职守，擅以大案牍术推演案情，为李必和张小敬提供有力的情报支援，堪称大数据技术的先行者。

外行看热闹，内行看门道。作为普通的吃瓜群众，将注意力聚焦于反恐三人组自然在情理之中。不过，若以专业法律人的视角来看，有一个角色其实更值得关注，那就是右相林九郎。剧中，大反派林九郎这一角色被演员尹铸胜演绎得张弛有度、光芒四射，一个老谋深算、有血有肉的大奸臣的形象立体而饱满，刷新了观众对奸臣的认知。那么，在这个人物形象身上，除一般的权谋诈术之外，还能够发掘出哪些具有专业意义的细节呢？

右相林九郎权倾朝野，其位于平康坊的府邸修得高端大气上档次。作为大权在握的政府一把手，林九郎喜欢在自己的府中议事，并接受文武臣僚的拜谒。在长安城面临劫难的十二时辰内，林九郎为自身安危计，始终龟缩在防卫森严的府中，不敢出府邸半步。电视剧中镜头对林府的庭院格局、厅堂布置多有关照，其中，悬挂于厅堂上方的一方匾额不止一次出现在镜头中，仔细瞧去，原来是"法莫如显"四个字。

"法莫如显"是何寓意？崇尚权术的一代奸相为何在自家堂上悬挂这样一块匾额？

"法莫如显"四字是中国古代法家学派学术观点的凝练表达。《韩非子·难三》云："法者，编著之图籍，设之于官府，而布之于百姓者也。……故法莫如显……"这一定义颇近于近世实证主义法学派给法律所下的定义。其中，法律的公开性受到特别强调，反映出春秋战国之际新兴地主阶级对于公布法律的进步要求。进而言之，从秘密法向公开法的转变，是中外法律发展史上的共通现象，体现出法律发展演变的一般规律性。

林九郎悬挂"法莫如显"匾额在自家堂上，用意再明显不过，那是在宣扬一种"依法治国"的理念。大唐法制之健全远超前代、睥睨列洲，一部《唐律》成为东方法文化圈当之无愧的模范刑法典，生活在那个时代的中国人很容易生发出一种制度自信。作为大唐政府首脑的林九郎，标榜依法治国、依法行政，强调法律应公之于众，正是名正言顺，其姿态堪称完美！这种对"法治"的推崇在林九郎身上表现得非常明显。何孚被带到相府审讯时，林九郎坚持让何孚本人亲书证供，为此，他当着众人的面说："唐律是我修的，我得守。"此外，对孝子复仇、杀人不必偿命的故事，林九郎表现出极度的反感，亦可看出他实际上走的是法家路线。

  林九郎的以上这些言行可以看作是一种"表达"，通过此种"表达"，林九郎的执政获得了某种正当性。同时，林九郎也很注意利用法治话语扩大其执政成果。剧中，圣人倦理政务，有意委政于林九郎，从而加剧了朝中各派势力的明争暗斗。对代政充满期待的林九郎与亲信吉温讨论代政的可能后果，一向阴鸷沉稳的他按捺不住心中的激动："今日若圣人彻底让渡皇权，我唐便开了天地新法。君臣明暗配合，君以相为盾，以守为攻，无为而治。至此，无对无错，无功无过，无善无恶。……凡事仅由法制，只要法理正确，千秋万代将铭记我大唐在天宝之年是如何的繁盛无双！"听听，这活脱脱便是中国古代版的君主立宪制和责任内阁制嘛！相信不少观众观剧至此，对林九郎的看法不禁模糊起来，这林右相是善是恶？是忠是奸？他是阴险狡诈的权奸？还是秉行法治理念的理想主义者？

  虽说小说家言不必过分较真，然而作为严肃的历史小说作家，马伯庸把林九郎塑造成一位法家人物，并非出于凭空杜撰，而是有一定的历史依据。熟悉原著的观众都知道，林九郎的历史原型是唐玄宗时有名的奸相李林甫。李林甫之名列正史《奸臣传》，主要源于其阴险狡诈的性格和妒贤嫉能的作为。然而，从其执政实绩来看，的确具有鲜明的法家风格。李林甫在任宰相之前，曾任御史中丞和刑部侍郎，是为不折不扣的司法部门负责人。史书记载，李林甫虽然不学无术，出言鄙陋，"然练文法，其用人非谄附者一以格令持之，故小小纲目不甚乱，而人惮其威权"。(《新唐书·奸臣传》)又说他"每事过慎，条理众务，增修纲纪，中外迁除，皆有恒度"。(《旧唐书·李林甫传》)这是肯定其用人和行政俱有章法，有可取之处。

李林甫执政期间在制度建设和文化建设上最突出的成就体现在立法、修法方面。《旧唐书·刑法志》载，开元二十二年至二十五年（734—737），户部尚书（后任中书令）李林甫等人奉敕删辑旧格、式、律、令及敕，总计7026条，其中，删除1324条，改动2180条，余者仍旧。总成《律》12卷、《律疏》30卷、《令》30卷、《式》20卷、《开元新格》10卷。又撰《格式律令事类》40卷，以类相从，便于阅览引用。剧中说林九郎花费数年之工修订唐律，这与历史上李林甫的实绩基本相符。此外，李林甫还主持编订了有唐一代的官制法规大全《大唐六典》(另有一说认为《唐六典》为唐代官修典籍)。《唐六典》始纂于开元十年（722），成书于开元二十六年（738），

清光绪二十一年广雅书局刻本《大唐六典》

题唐玄宗御撰、中书令李林甫等奉敕注。实际上,《唐六典》之编订先后历经张说、萧嵩、张九龄、李林甫四相之主持,而由李林甫总其成。因而,固然不能因题名而夸大李林甫的个人贡献,却也不可忽视其主持总结之功。就此而言,说李林甫是推动唐代法律体系完备化的大功臣,似乎并不为过。

当然,我们切不可因为历史上李林甫执政期间的唐朝所展现出的法治气象,就一厢情愿地以为林九郎是法治理想的拥趸。实际上,无论是真实历史中的李林甫还是影视艺术中的林九郎,其性格都具有多面性。李林甫行政虽有法治做派,可是法律在他那里更多地是一种政治斗争的工具。在政治站队中,李林甫因站在了太子李亨的对立面,担心留下后患,"故屡起大狱以危之"。李亨太子之位岌岌可危,险些为李林甫所倾覆,其形势之险恶比《长安十二时辰》有过之而无不及。天宝八载

(749), 咸宁太守赵奉章揭发李林甫罪状二十余条, 弹劾状还未递到御前, 李林甫已经得到线报, 授意御史台将赵逮捕, 给他定了个妖言的罪名, 一顿重杖决杀。林九郎有关"法治"的表达无可挑剔, 然而其实践往往脱离法治轨道。如表面上要依法审理何孚谋刺案, 背地里却千方百计诱导何孚攀扯何监和太子, 甚至承诺为何父平反, 以此换取何孚的配合, 此为不折不扣的诱供。这边厢, 李必坚持未经三司会审, 故何孚的口供算不得数, 那边厢, 林九郎就指使手下拿出三司大印——盖于何孚的供状之上, 更是一手操纵司法。由此可见林九郎的言行不一、表达与实践的背离。

随着剧情的不断推进, 林九郎的面目逐渐清晰, 他表面上推崇"法治", 实际上践行的是权谋诈术。正如太子一方所言: "所谓依法治国, 如今看来, 不过是右相的一言堂罢了。"韩非讲法、术、势结合为用, 认为执政者不仅要善于运用法律这一工具, 也要善于用术和借势。需要注意的是, 与"法莫如显"不同, "术者, 藏之于胸中, 以偶众端而潜御群臣者也"。(《韩非子·难三》)林九郎堂上悬挂"法莫如显"匾额, 其不可为外人道的隐秘含义即表现为暗地里的各种权谋布局、因人施策、翻云覆雨, 就此而言, 林九郎深得法家用术之真传。

强将手下无弱兵, 林九郎的属下和家人也是舞弄文法的高手。李必为劝林九郎允许何监参加上元节御宴, 情急之下要硬闯林相府, 被门口站岗的右骁卫军士拦住。相府管家搬出《唐律疏议》第312条:"殴佐职者徒一年,李公碰了他们,就算殴,须吃一年的牢饭"。《唐律》第312条的确白纸黑字写着:"殴佐职者,徒一年;伤重者,加凡斗伤一等;死者,斩。"然而根据疏议中的解释,所谓"佐职"是指除长官之外、当司九品以上之官。而且,犯罪主体得是所部吏卒。且不论拦李必者是否属于律法上的"佐职",单以犯罪主体论,李必是靖安司丞,与右骁卫分属不同机构,自然不构成"所部吏卒",因而难以构成本罪。此外,将"碰到"解释为"殴",与碰瓷有何区别?

职此之故,当观众们听到林九郎慷慨激昂的"法治"言论时,大可不必过于激动,这与其说是剧作者对大唐法治的忠实再现,不如说是当代观念的一种投射。须知,1300年前的唐朝,无论其法治成就多么显赫,终究不能和今日相比。剧中,李必向林右相发问:"礼大?还是法大?"林初答"法大"。李必又追问:"圣人心中,礼大还是法大?"林无奈答以"礼大"。从某个角度来说,礼更能代表权力的意志,凸显君主的权威。这说明在大唐的礼法秩序中,律法实际上并不具有至上的地位,真正通行的是权力逻辑。对此种礼法秩序的认同和顺从,林九郎固然如此,太子一派亦无不同。这便是本剧、亦是历史最大的悲剧所在。

古人为什么喜欢敲登闻鼓？

热播一时的古装剧《知否知否应是绿肥红瘦》（以下简称《知否》）以影视艺术的形式巧妙地拨弄着当代中国观众的古典情结，剧中的人物服饰（包括官服）、建筑风格、日常情趣、婚姻制度以及朝廷仪制法度等，无不勾起人们对于宋朝文化的浓烈兴趣。整部剧虽然不时暴露出不够严谨的瑕疵，令专业人士和历史爱好者吐槽不断，但仍然不失为寓教于乐的影视佳品。

剧中，顾廷烨为护妻刺死康姨妈，康姨妈的母亲王老太击打登闻鼓，在朝堂上状告顾廷烨行凶杀人，顾廷烨被罢官夺爵，处以流配之刑。盛明兰为救夫君，身着诰命服敲击登闻鼓喊冤，舍命一搏终于挣来柳暗花明。这是全剧的高潮部分，登闻鼓在其间的作用引人瞩目。除此之外，剧中人物在日常生活中也会常常提到登闻鼓。细心的观众不禁要问，《知否》的编剧为何对登闻鼓如此偏爱？剧中人物击鼓鸣冤有什么历史依据吗？

登闻鼓的历史渊源

中国古代素来有以民为本的传统，重视民意的表达和舆情的上达，所谓"人主莫大于兼听广视，使下情得以上通"。（《宋会要辑稿·职官三》）职是之故，历代政权多致力于保障

清初彩绘版《帝鉴图说》之《谏鼓谤木》，法国国家图书馆藏

民意表达和舆情上达的制度建设并卓有成效，登闻鼓的设置便是这种努力的具体表现。

登闻鼓的前身是周代的路鼓和肺石。《周礼·夏官》记载太仆的职责之一为："建路鼓于大寝之门外，而掌其政，以待达穷者与遽令。闻鼓声，则速逆御仆与御庶子。"东汉经学家郑众注云："穷谓穷冤失职，则来击此鼓，以达于王，若今时上变事击鼓矣。"又《周礼·秋官》载朝士之职云："左嘉石，平罢民焉；右肺石，达穷民焉。"另一经学家郑玄注曰："达穷者，谓司寇之属朝士，掌以肺石达穷民，听其辞以告于王。"一云"达穷者"，一云"达穷民"，职能似有重复。对此，唐人贾公彦弥缝道："穷民先在肺石，朝士达之，乃得击鼓。"（《周礼注疏》卷三一）如此，则肺石和路鼓虽功能一致，但程序有先后之分。而朱熹则有另外一种解释："路门外有鼓，谓之路鼓，王崩则击此鼓，用以宣传四方；肺石，其形若肺，击之有声，冤民许击此石，如今登闻鼓，唐人亦有肺石。"（《朱子语类》卷八六）按照这一说法，路鼓的功能是上情下达，肺石的功能是下情上达，二者相辅相成，共同服务于国家政治生活中的信息沟通。

《周礼》一书托古言制，所记未必皆有实据。在确实可靠的证据出现之前，对周代的肺石、路鼓之制不妨存疑。然而，按照郑众对路鼓的释义，可以肯定至晚在两汉之际，已经出现了击鼓言事的做法。不过，当时尚未见有"登闻鼓"这一说法。

《晋书·武帝纪》载，泰始五年（269）六月，西平人麹路伐登闻鼓，言多袄谤，有司奏请弃市。武帝曰："朕之过也。"舍而不问。又《世说新语》记载，晋元帝时，"廷尉张闿在小市居，私作都门，早闭晚开。群小患之，诣州府诉，不得理，遂至挝登闻鼓，犹不被判"。以此推测，"登闻鼓"之名大致起于魏、晋之间。此后，南朝、北朝以迄隋唐均有登闻鼓的制度和实践。如南朝宋元嘉八年（431），"阙左，悬登闻鼓以达冤人"。（《通鉴》卷一二二）又，北魏世祖时，"阙左悬登闻鼓，人有穷冤，则挝鼓，公车上奏其表"。（《魏书》卷一一一）隋代周禅后，文帝下诏申敕四方，敦理辞讼，民间有枉屈者，县若不理，以次经郡及州，至省仍不理，许诣阙申诉，"有所未惬，听挝登闻鼓，有司录状奏之"。（《隋书》卷二五）唐大和九年（835），京兆尹杨虞卿因家人出妖言而下御史台，虞卿弟司封郎中汉公偕其子知进等八人"挝登闻鼓称冤"，皇帝敕令虞卿归私第。（《旧唐书》卷一七下）值得一提的是，唐律中有"邀车驾挝鼓诉事不实"的条款，反映出当时的登闻鼓制度已比较成熟。

总体而言，中国古代早期文献中关于尧鼓、舜木、禹鼗（音 táo，有柄的小鼓）、肺石、路鼓的记载是后世的登闻鼓制度的理念先驱，而从汉魏到隋唐的击鼓言事、击鼓鸣冤的制度和实践则为宋代登闻诉冤之制的确立做了必要的制度铺垫和有益的经验探索。

宋代的三院受状制度

为了给臣民上书言事和申诉冤屈提供更为有力的保障，宋代统治者吸取此前历代的经验和教训，将击鼓鸣冤的做法进一步规范化、建制化，从而形成独具一代特色的三院（指登闻鼓院、登闻检院、理检院）受状制度。

登闻鼓院，简称鼓院。宋朝初年设鼓司，初由宦者主事，太宗至道三年（997）始用朝臣。鼓在宣德门（北宋东京皇城中南门，位置在今开封市新街口）南街西庑，院在门西之北廊。(《玉海》卷一六八）真宗景德四年（1007）五月，"改鼓司为登闻鼓院"，鼓和院的位置一仍其旧。判院官二人，隶谏议大夫，"掌诸上封，受而进之，以达万人之情状"，受状范围非常宽泛。进入南宋后，登闻鼓院的职能有所收缩，主要负责大礼奏荐、敕断及致仕遗表等已得旨恩泽，试换文资，改正过名，陈乞再任等申诉事。(《宋会要辑稿·职官三》）有宋一代，登闻鼓院始终是朝廷非常倚重的舆情收集机关，在国家政治法律生活中扮演着举足轻重的角色。

登闻检院，简称检院。宋初仿唐制设匦（音 guǐ，纳贮官民投诉文书的铜匣）院，太宗雍熙元年（984）改匦院为登闻院，后又在鼓司改名的同时改为登闻检院。判院官一人，通常由司谏、正言出任。与鼓院一样，检院职掌亦为接收文武官员及士民章奏表疏，为此，检院按东、南、西、北之序，分设崇仁、思谏、申明、招贤四处检匦（南宋时合四检为一检）。按照章程，检院受状在鼓院之后，"凡言朝政得失、公私利害、军期机密、陈乞恩赏、理雪冤滥，及奇方异术、改换文资、改正过名，无例通进者，先经鼓院进状，或为所抑，则诣检院"。（《宋史·职官志》）可见，检院之设置可视为对鼓院的一种程序救济。南宋时，鼓、检二院由申诉程序上的先后变为职事上的分工，检院掌收接朝廷命官、各色人有关机密军国重事、军期、朝政阙失，论诉在京官员不法及公私利害之事。（《宋会要辑稿·职官三》）

理检院。初置于太宗淳化二年（991），院在乾元门（即宣德门）外，至道三年（997）废，仁宗天圣七年（1029）又恢复，"诏于鼓、检院侧近别置理检院"（《职官分纪》卷一四），由御史中丞专领。理检院的设置是为补鼓、检二院救济之不足，"吏民以冤自伸于检、鼓院而不为达者，以时上闻"。于是形成前后衔接的程序链条："在法，诸进状初诣登闻鼓院，次检院，次理检院。"（《宋会要辑稿·职官三》）

需说明的是，三院均非司法机关，而是接收和转呈书状的机构，其性质更近于今天的信访部门。三院受状不仅有受案范围的限定，还有程序上的限制。"诸州吏民诣鼓司、登闻院诉事者，须经本属州县、转运司，不为理者乃得受。"（《宋会要辑稿·职官三》）即当事人要依次向县、州、转运司或提刑司申诉，只有在穷尽这些救济手段的情况下，才可以赴京挝登闻鼓，俗云"告御状"。在京诉讼则须"先所属寺监，次尚书省本曹，次御史台，次尚书都省，次登闻鼓院"。（《续资治通鉴长编》卷三二六）三院受状后，将书状送达御前，由皇帝亲览，皇帝会根据实际情况指令有关部门处理，少数情况下皇帝也会亲自召见当事人了解案情或其诉求。

宋朝的皇帝出于对舆情搜集工作的高度重视，通常委任那些受其信任的、材器卓异的文臣担任三院主官，所谓"登闻检院、登闻鼓院……皆储材擢用之地，凡作县有声等官，多除此"。（《朝野类要》卷二）著名的学者型官员程颐、袁采都做过判（监）登闻鼓院。治平二年（1065）春，未及而立的苏轼以大理寺丞的身份入判登闻鼓院，这绝对算是朝廷的重用。元丰元年（1078），苏轼的好朋友文同（画家、诗人，以画竹知名）以61岁高龄判登闻鼓院，亦可以看作对他久任地方、出色政绩的认可，苏辙送文同诗中的"来归天禄阁，坐守登闻鼓"一句记录了该事。北宋末年，词人毛滂因为受到宰相蔡京的赏识，得以出任知登闻鼓院，并以略带调侃的语气留给后人一首《登闻鼓诗》。诗中，"众蠓望天若无路，区区有意常能宣"说的是登闻鼓的功能，而"朝阳门（当指宣德门）外登闻鼓，鼓下章飞如急雨"则形象记录了当时登闻鼓院的繁忙景象。此外，北宋名臣张咏、王曾先后于太宗、真宗时判登闻检院，钱若水、王旦均曾领理检院。值得一提的是，著名司法案例集《疑狱集》的作者之一和㠓曾于淳化、至道年间出任理检使。和㠓之编撰《疑狱集》，既是克绍箕裘，又反映出其本人对司法狱案的重视，宋太宗任命他为理检院的主官，应该与此不无关系。

宋代登闻诉冤的实践

宋朝登闻鼓院、登闻检院、理检院的设置及其职能为臣民的上书言事、申冤请愿提供了有力的制度保障，客观上也激发了臣民通过法定途径维护权利、救济权利的积极性，以致出现了"远近士庶小有诉讼，即诣鼓进状"（《宋会要辑稿·职官三》）的状况。宋太祖时，开封市民为找寻自家丢失的猪而去敲登闻鼓，太祖在哭笑不得之余，也以天下无冤民而感到欣慰。（《麈史》卷上）有宋一代，登闻鼓主要在如下几个方面发挥了重要作用。

其一，考生投诉考试作弊或录取不公。科举制创自隋唐，进入宋代后获得了巨大的发展，但也暴露出不少问题。考试、录取的公平、公正既涉及考生的切身利益，也是封建国家的核心关注。开宝六年（973）三月，落第举子徐士廉等击登闻鼓，控诉主考官李昉徇私用情，取舍非当。（《续资治通鉴长编》卷一四）宋太祖得知情况后，下诏于讲武殿重新复试新科及第的进士。端拱元年（988），翰林学士、礼部侍郎宋白知贡举。录取榜一经贴出，舆论大哗，因为不少才学出众者落榜，不服气的考生就去敲登闻鼓，要求复试。太宗于是下诏于崇政殿举行复试，又多录取了一批人。（《太平治迹统类》卷二七）而据叶梦得的说法，复试后考生叶齐仍不服，又去击登闻鼓，朝廷不得已，又加试一场，结果叶齐排在第一名。（《石林燕语》卷八）

除以上两起考生挝登闻鼓的事件外，天禧三年（1019）进士陈损等率众伐登闻鼓诉钱惟演主持科举不公和神宗时进士虞蕃伐登闻鼓言科考不公，在当时都引起了较大的影响。有宋一代此类事件的一再上演，充分彰显了当时士人高涨的权利意识，同时，考生对于考试公平的不懈追求也促进了宋代科举考试制度的完善。淳化三年（992），苏易简知贡举。考虑到此前发生过考生击登闻鼓诉校试不公的事情，苏易简受命后，"径赴贡院，以避请求"（《宋会要辑稿·选举一》），并采用糊名的办法，以后遂成为制度。

其二，检举揭发官吏贪贿渎职等问题。宋朝注重吏治，始终致力于相关的制度建设。实践中，登闻鼓的设置为臣民揭发检举官吏贪贿渎职和各种不法行为提供了便利的渠道。宋太宗时，张去华担任开封府判官。一个叫道安的庐州尼姑指控其弟媳欺诈不实，开封府不仅驳回道安的起诉，还把她押送回本州。道安不服，又跑到京城敲登闻鼓，揭发张去华是受了朝臣徐铉（道安弟媳是徐铉妻子的外甥女）的请托才不受理此案。太宗闻之大怒，张去华"坐削一任，贬安州司马"。(《宋史·张去华传》)徐铉也被贬为静难行军司马。北宋中期，知秦州韩缜宴客夜归，指挥使傅勍醉酒，误入韩宅，碰到了韩缜的姬妾，韩缜恼羞成怒，指使军校将傅勍棰杀。傅勍妻子赴京，持血衣挝登闻鼓。结果，韩缜因专杀而被免职。

登闻鼓一响，不仅普通的官员心惊胆战，就连宰相也闻之色变。太祖时，雷有邻击登闻鼓，揭发中书省的堂吏擅权玩法，并且直指其背后的保护伞宰相赵普。太祖大怒，令御史台法办，将违法的官员分别治罪，赵普也失去了太祖的信任，"未几，遂罢去"。(《宋宰辅编年录》卷一)又，端拱元年（988），布衣翟马周击登闻鼓，批评宰相李昉尸位素餐，当北方有事之时不加强边防，只知赋诗宴乐。太宗闻知后，"罢昉为右仆射，且加切责"。(《宋史·李昉传》)

其三，讼狱当事人声冤。三院虽非司法衙门，然"通舆情"的定位实际上决定了三院客观上具有一定的司法监督功能。实践中，不少冤假错案是通过当事人挝登闻鼓而得以纠正的。雍熙元年（984），开封女子阿李击登闻鼓，自陈身体病弱，没有子息，担心将来去世后家产无所托付，太宗闻悉后，指示开封府依照当事人意愿妥善处置阿李的财产。承办该事的有关部门大概领会错了圣意，拘押了阿李的父亲。阿李再次击登闻鼓鸣冤，引起了皇帝对全国狱案可能冤滥的高度重视，派遣殿中侍御史十四人，分往各地审决刑狱。这是北宋提刑官设置之始。同样是在雍熙元年，开封府一刘姓寡妇因与他人有奸情为继子王元吉所知悉，于是诬告元吉在自己的食物中投毒，开封府受理后，滥用刑讯，元吉被迫认罪。元吉的妻子张氏挝登闻鼓诉冤，太宗责令御史台重审该案，一宗冤案最终得以平反。原审各官降、罚有差，朝廷还明确禁止办案衙门使用"鼠弹筝"等刑讯手段，以减少冤滥。(《宋史·刑法志》)

除以上几种情形外，比较常见的击鼓事由还有官员求休致或恩典的，或是不满行政处分请求纠正的，以及为国事集体请愿的，等等。靖康元年（1126）春，京师为金兵所围，软弱的北宋朝廷罢免了主战的李纲和种师道。二月五日，以陈东为首的太学诸生偕开封市民数万人伏宣德门下上书，力挺李纲和种师道，控诉投降派的卖国行径。群情激愤中，"百姓乃舁登闻鼓，置东华门外，挝而坏之，山呼动地"。(《靖康要录》卷二)借助登闻鼓的符号作用，请愿学生和群众发出了"以忠义胁天子"的正义诉求，这是登闻鼓制度史上最激动人心的一页。

结语

综上所述，"登闻鼓"直接指向的是古时候的一种鼓，与之相关的还有相应的机构和制度。笼统地讲，登闻鼓是器物、机构和制度的三合一，共同服务于帝制时代的舆情搜集和信息沟通，而于冤狱的平反关系尤大，因而又具有鲜明的司法功能。就其弥补常规司法救济之不足这一点来说，宋代登闻鼓制度的实践可圈可点，其"初鼓院，次检院，次理检"的程序安排虽略显叠床架屋，却包含了制度设计者对程序正义的不懈追求和苦心孤诣，而且也产生了良好的法律效果和社会效果。实践中，击鼓者多为布衣百姓，也不乏贵族官僚，其中就有命妇于登闻鼓院投状的案例，至于申诉的事由则不一而足。就此而言，《知否》中敲击登闻鼓的情节设计既是当事人不平则鸣的形象表达，也为所设定时代的制度和环境所允许，因而真实可信，并传递出丰富的法律文化信息。

匿丧为什么行不得？

《儒林外史》作为一部现实主义杰作，以白描的手法将明、清时期士子文人的公私生活百态娓娓道来，不动声色间寓意褒贬，堪称春秋笔法的典范。

第七回《范学道视学报师恩　王员外立朝敦友谊》叙到，汶上县荀玫中了进士，立朝为官，任工部员外郎。一日，突然老家来人报丧，老太太于上月归天。荀玫悲痛之际，就要到堂上递呈丁忧，却被同年王惠阻止，并说出一番理由："现今考选科、道在即，你我的资格都是有指望的。若是报明了丁忧家去，再迟三年，如何了得！不如且将这事瞒下，候考选过了再处。"次日，荀、王二人请了吏部掌案的金东崖来商议，金说："做官的人，匿丧的事是行不得的。只可说是能员，要留部在任守制，这个不妨。"为了留部，荀玫悄悄去求周司业、范通政两位老师，希望得到保举，后来得到回复说："官小，与夺情之例不合。这夺情须是宰辅或九卿班上的官；倒是外官，在边疆重地的亦可。若工部员外,是个闲曹,不便保举夺情。"荀玫只得递呈丁忧。

王惠为何建议荀玫将丧事瞒下?而金东崖为何又说"做官的人,匿丧的事是行不得的"?这牵涉到中国古代的丁忧制度。

丁忧之制的由来

父母去世,子女为父母治丧守丧,这是中国古典礼制的基本要求,也是"孝"的题中应有之义,反此即为"不孝"。为了表现父母辞世的创巨痛深,礼教对守丧有一系列规范和禁忌性规定,如子女在守丧期间只能吃最简单的饭菜,穿最简陋的衣服,同时杜绝一切交际活动和娱乐活动,即孔子所谓"君子之居丧,食旨不甘,闻乐不乐,居处不安"。客观地讲,这些要求虽说有人类的自然情感作为支撑,仍不免显得有些苛刻,现实生活中能够完全做到的人其实并不多。是以,孔子的学生宰我才向孔子提出:"三年之丧,期已久矣。"(《论语·阳货》)他是觉得三年的服丧期过长,不太合于人情,却被孔子视为麻木不仁,可见儒家对于家族伦理的重视。

西汉以降,当儒家思想被确立为中国古代社会的正统观念时,"孝"道也被提升到一个新的高度,"以孝治国"成为历朝历代的基本治国方略。基于"移孝作忠""求忠臣必于孝子之门"的逻辑,帝国政府要求帝国的每一个官员首先应该是孝

明余士、吴钺绘《徐显卿宦迹图》之《郡尊折节》（故宫博物院藏），表现徐显卿父丧，地方官员前来吊丧的情景

子。于是，鼓励或敦促官员履行养生送死的伦理义务就成为国家的重要政策考量。总体来看，随着法律儒家化的程度不断加重，"丁忧"之制也在不断变化调整中走向完备。

第一阶段：三十六天"丧亲假"

西汉文帝采取"以日易月"的权宜办法，改"三年之丧"为三十六日的丧期，并将之在整个行政系统内推广开来，这样也就基本避免了官员长期旷职可能影响到国家机器的正常运转。从此以后，汉朝的官员们，当父母去世，只有三十六天的"丧亲假"，无论他们多么的不情愿，到期必须返岗复工。如丞相翟方进侍奉父母十分孝谨，其母去世，他把母亲安葬好，满三十六日后，翟方进脱去丧服，回到丞相府继续办公，"自以为身备汉相，不敢逾国家典章"。

第二阶段："丧亲假"弹性延长

三十六天的"丧亲假"在今天看来似乎已经够长，可在受礼教熏染的古人看来则还远远不够。西晋太康七年（286），大鸿胪郑默的母亲去世。按照当时朝廷的制度，郑默安葬好亡母之后，朝廷给假已满，应当返回工作岗位依旧履职，可是他坚持待在家中为母亲守丧，最终得到了皇帝的许可。朝廷还为此修改了制度，从那以后，一定级别以上的高级官员可以拥有长达三年的"丧亲假"。（《晋书·郑默列传》）在这个阶段，某位官员是服长丧还是短丧，完全取决于个人的选择，不过，能够坚持服三年之丧的人通常会得到社会的赞誉。

第三阶段：三年"丧亲假"成法定

进入隋唐，儒学的正统地位愈加不可动摇，法律儒家化的结果表现为"一准乎礼"的唐律。在此背景下，官员去职守丧悄悄地完成了从权利向义务的转化。官员逢父或母丧，必须解职去官，为父母守丧三年（实际是二十七个月）。丧制未终的情况下，不允许释服从吉和释服求仕，否则构成"不孝"，依法要被处以徒三年的刑罚。

电视剧《大宋提刑官》中，新科进士宋慈居家为父守丧期间，收到岳父推荐他到大理寺任职的来信，他虽不情愿，但在母亲和妻子的规劝之下，也只得提前终止服丧，赴京任职。这一选择虽符合现代观众的审美情趣，但在真实的历史条件下几无可能，说起来算是剧情安排上的一处败笔。"释服求仕"既为法律所明确禁止，又为正人君子所不齿，是以，但凡是讲规矩、有操守的官员是不会犯这样的低级错误的。实际上，按照刘克庄《宋经略墓志铭》的记载，宋慈"丁丑，南宫奏赋第三，中乙科。调鄞尉，未上，丁外艰"。(《全宋文》卷七六三五) 可知，中第后的宋慈刚被授予鄞县县尉一职，还未来得及上任就赶上父亲去世，于是老老实实地回乡守制去了，多年后才出来继续任职。

官员匿丧之实例

官员丁忧意味着官员要去职服丧，要承受政治、经济、身体等方面的损失或不便，包括俸禄的损失、晋职机会的损失、开销的增加、情欲的压制等，这可以看作是一种服从成本。当此种服从成本对于当事人来说成为生命中不能承受之重，匿丧就成为不可避免的现象。对此，古人的观察和感受应该是最真切的。他们说："丧礼之存者，制而已矣，名而已矣。然居官者且苦于亲丧之三年去官也，习制举业者且苦于三年不得赴举也，于是有匿丧矣。"（《皇朝经世文续编》卷七〇）一言以蔽之，匿丧行为完全是由功利所驱动的。

按诸史籍，早在汉朝就已经出现了官员匿丧的现象。东汉时，颍川人甄邵靠巴结大将军梁冀当上了邺县的县令。一位昔日同学因为得罪了梁冀来投靠他，他表面热情接纳，暗地里却向梁冀通风报信，导致该同学被捕杀。后来，甄邵应当升为郡守，正赶上其母去世，甄邵就把母亲的尸体埋在马房，等到正式封官之后才发丧。甄邵的丑行为士林君子们所不齿。一日，甄邵与名士李燮途中相遇，李燮命令手下人把甄邵的车子砸烂，并狠狠教训了甄邵，在他脖子上挂了一块布条，上书八个大字："谄贵卖友，贪官埋母。"李燮还上书朝廷，揭发甄邵的丑行，最终甄邵被废锢终身。（参见《后汉书·李燮传》）

匿丧现象尽管很早就有了，但是进入隋唐后才真正多起来，因为此时三年丁忧之制成为强制性的规定。北宋庆历二年（1042），知谏院欧阳修在一份札子中提道："臣近见丁忧人茹孝标居父之丧，来入京邑，奔走权贵，营求起复，已为御史所弹。又闻新及第进士南宫观闻母之丧，匿不行服，得官娶妇，然后徐归，见在法寺议罪。孝标官为太常博士，观在场屋粗有名称，此二人犹如此，则愚俗无知违礼犯义者，何可胜数矣！"（《文忠集》卷九七）在这篇札子中，欧阳修提到两个人：太常博士茹孝标和新科进士南宫观，前者因冒哀求仕而遭弹劾，后者因母丧匿服而被议罪。而更令欧阳修揪心的是，原本当为士林表率的二人尚且如此，余子碌碌，又怎能指望他们洁身自好？是以，宋人张端义感叹道："今之士大夫甚至闻讣仕宦，冒荣自若，衰绖有不曾着者。食稻衣锦，汝安则为之，圣门之训，天理灭绝，去禽兽几希！"（《贵耳集》卷下）这类说法反映出当时匿丧现象的多发。当然，将匿丧现象的多发简单地归结为道德的滑坡和教化的不行，无疑是皮相之谈，现象背后的制度原因其实更值得关注，正如宋高宗所言："士风陵夷，以一官之故，父死匿丧以俟命，盖立法有未尽也。"（《建炎以来系年要录》卷一四一）

刘克庄的《林程乡墓志铭》记载了南宋中期一位下层官员的仕宦经历。林沉以父祖官荫入仕，一开始做廉州的法掾，不巧的是，这时他的母亲去世了。他的上级想要关照他，主动对他说："你且不要忙于去职，再过十来天就是第二次考核了，要不我帮你在任职凭证上做点手脚吧？"林沉哭着推辞道："弄虚作假是对君不忠，隐忧匿丧是为子不孝，您的好意我心领了。"于是坚决去官。从这一则事例可以约略看出，当时官场上匿丧的做法应该比较常见，以致大家见怪不怪，而不匿丧反倒成为一种可贵的品质，所以被郑重其事地载入墓志铭。

匿丧的法律风险

匿丧的做法虽然在某种程度上成为官场的潜规则，但是不代表此种行为就得到了官方意识形态和舆论的认可。事实是，匿丧因为与当时国家所提倡的核心价值观严重违背，因而一直受到国家律法的严厉对待。《唐律·职制律》规定："诸闻父母若夫之丧，匿不举哀者，流二千里。"又规定："诸父母死应解官，诈言余丧不解者，徒二年半。"元朝法律规定：官员亲死不奔丧的，杖六十七，降官二等；未终丧赴官的，笞四十七，降一等；父母去世不丁忧者，罪与不奔丧同。(《元史》卷一〇二）明朝初年，曾颁布法令，"百官闻丧，不待报即去官。后京官有勘合，在外官有引，起复有程限，夺丧、短丧、匿丧有禁，视昔加严云"。(《读礼通考》卷一〇八）正统七年（1442）又做出规定，官吏匿丧者俱发原籍为民。(《明会典》卷一三）《大清律例·礼律·仪制》："凡闻父母及夫之丧，匿不举哀者，杖六十，徒一年……若闻期亲尊长丧，匿不举哀者，亦杖八十。"

尽管匿丧有罚，载在刑书，可总是有人不断地以身试法。后唐明宗天成三年（928），滑州（辖今河南滑县等地）掌书记孟昇母丧隐匿不报，大理寺断以流刑。明宗不满意，亲自下诏赐死孟昇，并处罚了失于纠察的主管官员，诏书是这么写的：

> 孟昇身被儒冠，职居宾幕，比资筹画，以赞盘维，而乃都昧操修，但贪荣禄，匿母丧而不举，为人子以何堪？渎污时风，败伤名教，五刑是重，十恶难宽，将复投荒，无如去世，可赐自尽。(《日知录》卷一五)

从字里行间不难看出，帝国政府对士大夫提出了高于常人的道德要求和法律要求，至少在为亲服丧一事上，期望他们率先垂范，以为风教仪表。如果做不到这一点，那就对不起了，"失礼则入刑"。不过，孟昇其实是可以不死的，因为法律上并没有说匿丧就要被处死。大理寺断以流刑，很明显是依法裁判的结果。而就在前一年，中书门下基于"人伦之贵，孝道为先，既有负于尊亲，定不公于州县"的理由，向皇帝提议："今后诸色官员内有隐忧冒荣者，勘责不虚，终身不齿，所有入仕已来告敕并付所司焚毁。"明宗也做了许可的批示。流刑再加上焚毁告敕（告敕也称告身，指朝廷授官的文凭），处罚不可谓不重，然而终抵不过君主的个人意志，可见中国古代所谓"罪刑法定"的不靠谱。当然，帝国的最高统治者之所以要法外施刑，不过是要借由此案传达强烈的信号——想做官，那就老老实实地先做个孝子吧！

因匿丧而被处死，这当然是极端的例子。实践中，那些因匿丧而被揪出来的官员，大概率是不会死的，不过下场也好不到哪里去。宋孝宗时，大理寺有一个姓孙的寺丞，母亲去世隐匿不报。孝宗得知后大怒,就想杀掉孙某。孝宗还把想法向太上皇赵构做了汇报,赵构认为处死有点过了,于是孝宗下令将孙某刺面、流放广南。

宋仁宗皇祐年间,益州推官桑泽在蜀地任职三年,父亲去世了也不知道。后任职期满回到京城,等候铨选。同僚都知道他父亲去世这码事儿,所以无人愿意给他出具文书。桑泽无奈,只得去官服丧,对外还要解释那是没有收到家里音信的缘故。桑泽服丧完毕,向吏部提出了考核申请(当时称"磨勘")。负责官员考核工作的贾黯(其职事为"权判吏部流内铨")认为,桑泽虽非匿丧,但是三年不与父亲通信,于人子之道有亏,亦属不孝。贾黯把桑泽的情况上报给朝廷,结果桑泽被免官为民,永不叙用。

北宋神宗朝的李定是王安石的学生,因支持变法而被王安石看重,被授予监察御史里行("里行"是对资浅者的授官,有实习、预备之义),却遭到另外一个御史陈荐的弹劾。陈荐揭露,李定早前担任泾县主簿时,听闻生母去世却隐瞒不报。皇帝下旨由江东淮浙转运使调查该案,调查结果显示,当年李定曾经以父亲年迈为由申请归养,没有说是为生母服丧。李定自辩,当年之所以没有服丧,是因为不知道去世的是自己的生母。大臣曾公亮认为李定应当追补服丧。王安石却力挺李定,让李定改任崇政殿说书。御史林旦、薛昌朝连上六七道札子,反对让不孝之人居劝讲之地,顺带着指责王安石用人不当,李定不自安，于是解职。

到了明、清两代，匿丧的现象变得愈发多见。为什么会这样呢？很大程度上是上行下效的缘故。高级官员遇父母丧，可以通过夺情的方式名正言顺地规避丁忧。所谓夺情，是指以皇帝的名义夺其哀情令官员留任。有学者统计，明代在任阁臣丁忧者19人次，夺情起复11人次；尚书丁忧者41人次，夺情15人次。[1]最有名的例子当属张居正父死夺情一例。万历五年（1577）九月，大学士张居正的父亲张文明于湖北江陵去世。张居正不愿归里守制，却不能不做出行将去官的姿态。后在万历皇帝的再三挽留之下，张居正提出"在官守制"的方案，岂料招致朝臣的激烈弹劾。刑部办事进士邹元标上了一道措辞严厉的《亟斥辅臣回籍守制以正纲常疏》："大臣闻丧而不去，小臣必有匿丧而不报者，固所必致也。"（《皇明经世文编》卷四四五）这一句点明了大臣的夺情与小臣的匿丧之间的因果联系，识见确是不凡。如果按照文秉《定陵注略》的说法，"万历五年九月，大学士张居正丁父艰……密与（冯）保谋夺情之局已定，然后报讣"，则张居正也难逃匿丧的嫌疑。

夺情起复因为不合于儒家的孝道，所以被视为"金革变礼"，最初只适用于带兵打仗的武将。可随着现实的需要，夺

---

[1]. 赵克生：《略论明代文官的夺情起复》，《西南大学学报（人文社会科学版）》2006年第5期。

情的适用范围不断扩大，渐渐由武臣而及于文臣，由大臣而及于小臣。明景泰二年（1451）九月，吏科给事中毛玉、礼部郎中章纶等奏："近者各处官司相习成风，或司府佐贰之官，或州县幕司之职，甚至办事官吏，一闻亲丧即行保举夺情。"（《万历绍兴府志》卷二〇八）《儒林外史》中荀玫母丧不报而营求夺情的作为反映的正是明、清时期官场的普遍风气。可是，以荀玫工部员外郎（相当于今天建设部的处长）的身份，其夺情的难度是可想而知的，所以最终也没有如愿。实践中，那些不愿去官的低级官员若自忖夺情无望，就只能选择匿丧了，尽管要冒着很大的法律风险。

按照赵克生先生的说法，匿丧是中国古代丁忧制度之下出现的机会主义行为。其实，匿丧也好，营求夺情也好，本质上都是人们趋利避害的一种选择，似乎无可厚非。然而，在儒家义利之辨的视野中，匿丧与守制之间无疑横亘着巨大的鸿沟。那些服从制度的要求丁忧守制的官员，尽管可能仕途不顺，却攒下了人品；而那些匿丧的官员虽然可能获益于一时，却顶着机会主义者的帽子，被永远地钉在历史的耻辱柱上。

夏竦为何没能获谥"文正"?

电视剧《清平乐》中,作为反面人物的枢密使夏竦因流连声色而遭夫人殴打,又为旧情人作《鹧鸪天》词,闹得朝堂上

夏竦《文庄集》书影

物议纷纷，最终在皇帝的指示下夫妇和离。这一段情节看似离奇，却也不是完全向壁虚造。王珪撰写的《夏文庄公竦神道碑》记道："天禧初，坐闺门之故，左迁职方员外郎、知黄州。"（《全宋文》卷一一五四）这次事件无疑是夏竦公务生涯中的一个污点，即便是以纪功饰过为宗旨的碑状也无法回避其事。那么，宋人口中的"闺门之故"所指为何？它又为何会影响到夏竦的仕途升沉和身后评价？让我们深入历史现场求得问题的答案。

政坛新贵后院着火

夏竦学富五车，才思敏捷，文坛早著声誉。以"烈属"的身份入仕，后又应制科为贤良方正。因"根红苗正"兼才识过人，年轻的夏竦在仕途上一帆风顺，三十三岁任知制诰，掌出皇命，一颗政治新星在北宋的政坛冉冉升起。

可是，就在仕途升迁的节骨眼儿上，夏竦后院起火，烧得他狼狈不堪。《续资治通鉴长编》和《宋史》对此事的记载大同小异。事件的基本经过是，夏竦发达之后，"多内宠"，导致家庭关系日见紧张。偏偏夫人杨氏不是一般的家庭妇女，"颇工笔札，有钩距"，眼见丈夫移爱新欢，不禁起了报复之心。杨氏联合自家弟弟，暗地里写了一份状子，上面列举夏竦的诸般"阴事"，并捅到了官府。这下子双方的矛盾公开化，夏母和杨母也加入战团，跑到开封府告状，互相指责诟詈，场面十分难看。

俗语云"清官难断家务事"，何况是天子近臣的家务事，开封府也觉得棘手，于是上报朝廷。皇帝知道后，很重视该案，指示御史台审理。《宋会要辑稿·刑法三》记到，天禧元年（1017）十二月二十六日，夏竦"乞代母赴台证事"，皇帝批准了夏竦的请求，"如事须问母者，听就其家"。夏竦提出这样的申请，既摆出了维护孝道的姿态，又是一种诉讼策略的运用。御史台在"专案组"查清案件事实的基础上对夏竦提出了正式的弹劾。最后，真宗降旨，夏竦束身不谨，闺门失和，触怒清议，有玷朝选，免去夏竦玉清昭应宫判官、礼部郎中、知制诰之职，降为职方员外郎，外放知黄州。同时，皇帝特意指令夏竦与杨氏离婚。

原来，夏竦家事案的历史真实比电视剧的演绎更要劲爆，还有，下令夏竦离婚的其实是宋真宗赵恒，而不是《清平乐》中的宋仁宗。

闺门不睦与闺门不肃

官员因家庭关系紧张或爆出家事丑闻而遭贬责，夏竦并非个案。两宋政坛上此类事件层出叠见，成为颇具警示性却无法完全避免的官场现象。咸平二年（999）十一月，名将曹彬之子、秦王女婿、内园使曹珝"坐闺门不肃，责授均州团练副使"。（李焘《续资治通鉴长编》卷四五）元祐元年（1086）六月，宰相司马光举荐通直郎孙准充馆阁之选。岂料孙准不争气，因争女使而和妻兄发生争讼，且捏饰状词，结果被罚铜六斤，馆阁之选自然无望。保荐人司马光忙不迭地连上自劾札子，坦承孙准"闺门不睦，妻妾交争，是行义有缺"，自责"臣昧于知人，所举有罪"（司马光《传家集》卷五六），乞求皇帝降官示罚。元祐四年（1089）七月，学识渊博的范育任光禄卿、枢密都承旨，却被言官"刘安世暴其闺门不肃，出知熙州"。（《宋史》卷三〇三）元祐六年（1091）七月，宋廷任命王彭为刑部郎中，遭到了中书舍人孙升的反对："彭旧为刑部郎中日，御史林旦言其闺门不肃，缘此请外。人材如此，何以当中台之妙选？"（《续资治通鉴长编》卷四六四）皇帝降诏，王彭出知绛州。

两宋之世，因"闺门之故"而受到"关注"的官员还有不少，典型的如陈执中、孔冕、王遵诲、陈绎、王安礼、吕正己、赵亮夫等。他们中有的遭贬黜，有的被降责，最好的情况也是社会评价的降低。神宗熙宁年间，侍读学士、知邓州陈绎"不能肃闺门"，家中婢女与士兵通奸，最终酿成惨案，"子与妇一夕俱殒于卒伍之手"，为士论所薄。后世史家评道："（陈绎）于狱事多所平反，惜乎闺门不肃，廉耻并丧，虽明晓吏事，亦何取焉？"（《宋史》卷三二九）真宗时，王遵诲为劝农副使，"寓家永兴，闺门不肃"（《宋史》卷三〇六），事情眼看就要曝光，在知府寇准的斡旋下终于被"摆平"。可是当事人总是心里发虚，同僚戚纶调侃寇准，遵诲疑心是在埋汰自己。

学者把宋代的"闺门之故"分为两类：闺门不睦和闺门不肃，其程度有轻重之分。闺门不睦指的是小家庭或大家庭内部的不和睦、不和谐，闺门不肃多指家中妇女犯奸或作风不检点。[1] 这一归纳大体上符合宋代官方对此类事件的评价口径，有助于今人理解"闺门之故"的所指。

治化本于闺门

官员因家事而遭贬责，这在今天看来不免公私不分，即便在当时恐怕也难以找到律法上的明确依据，然而案件背后自有其深层次的制度逻辑。

中国古人家、国并称，习惯延续至今，除反映出家与国的同构性外，也蕴涵着家庭治理和邦国治理的内在联系。《大学》讲修身、齐家、治国、平天下，四个方面不是并列的关系，而是环环相扣、层层递进的关系。易言之，齐家是治国的前提，

---

1. 参见刘宇《北宋对官员家庭治理的要求——以闺门、女口为中心的考察》，《江西社会科学》2017年第8期。

家之不齐，遑论国治？这是中国古代政治哲学中根深蒂固的"教义"。楚聘詹何，问其治国之要。詹何曰："未闻身治而国乱者。"（吴兢《贞观政要·君道第一》）司马光说："古之人称有国有家者，其兴衰无不本于闺门。"（《司马光集》卷七六）清人方玉润也说："治化无不本于闺门，由寡妻而兄弟，由兄弟而家邦。"（方玉润《诗经原始》卷一三）基于此种信念，欲"建大功于天下者，必先修于闺门之内"（陆贾《新语·慎微第六》）。

是以，官员个人的生活作风、家庭关系就不仅仅反映官员的私德，还关系到国家政治生活的良窳。顺理成章地，"北宋政府将官员的家庭治理视作吏治的一个重要组成部分"。旌奖那些闺门整肃的官员，惩戒那些闺门不睦、不肃的官员，成为宋廷虽未载诸律令却始终贯彻执行的基本方针。明乎此，夏竦案的内在逻辑也就昭然若揭。也正因如此，"闺门之故"不免成为政争的工具。庆历五年（1045），欧阳修被弹劾与外甥女乱伦，后虽查无其事，但欧阳修仍从河北路转运按察使、龙图阁直学士、右正言被降为知制诰、知滁州。治平四年（1067），欧阳修已任参知政事，"有谤其私从子妇者"，御史"承流言劾奏之"（司马光《涑水记闻》卷一六），后再次查无其事。但欧阳修坚辞执政之职，以观文殿学士、刑部尚书，出知亳州。欧阳修的遭遇反映出以"闺门之故"评价官员的尴尬：一者，以私德评价官员未免有求全责备之嫌；二者，闺门之内属家庭隐私，易于捕风捉影，甚至无中生有。

最后补充一点，夏竦死后未能得谥"文正"，主要理由之一就是"内则不能制义于闺门"（《全宋文》卷一一七六），可见"闺门之故"在古人社会评价中的权重。

叁

中国古代的理想法官是什么样子的？

《聊斋志异》一书不尽写狐鬼花妖，其中记述时事和作者见闻的篇什亦复不少，这些具有实录性质的篇章对于后人了解明清之际的经济、司法和世道人心颇有助益。《折狱》一文记载了一位名叫费祎祉的循吏仁心断狱的事迹，可补正史之不足，对于当代司法实践亦不乏借鉴意义。

案《淄川县志》，费祎祉，字支崎，浙江鄞县人，清顺治十五年（1658）任山东淄川县令。而据蒲松龄自陈，"方宰淄时，松裁弱冠，过蒙器许"（《聊斋志异》卷九），是费祎祉于蒲松龄有知遇之恩。蒲松龄在感佩景仰之情的驱动之下，以生动的笔法记述了费祎祉宰淄期间经手审理的两桩刑案，刻画出费公既仁且智的循吏形象，也刻画出古人心目中理想的法官形象，令人印象深刻。

西崖庄双命案

话说西崖庄有一贾姓乡民，出门被人杀害于途中，第二天，贾某的妻子也在家中投缳。县衙接到贾某弟弟的鸣告之后，费公带着差人亲赴罪案现场按验。费公发现，死者腰间钱

清广百宋斋主人编《聊斋志异图咏》（上海同文书局，光绪十二年）之《折狱》

袋中尚有银钱少许，由此断定贾某之死应非财杀。叫来当地乡邻地保盘问，没有得到有价值的线索，费公也未下令拷讯，于是遣散众人，只命地保平日里留意可疑情状。半年过去了，各方面都渐渐松懈下来。贾某的弟弟认为县官不作为，屡次赴衙催告，惹得费公动了怒气，斥道："汝既不能指名，欲我以桎梏加良民耶！"

这天，县衙逮捕了几个逋欠钱粮的乡民，其中有一个名叫周成的，担心受到责罚，主动声明拖欠的钱粮已筹措完毕，并解下腰间的钱袋呈给费公验看。费公验看毕，询问道："你家住哪里？"周成答曰某村。费公继问："你家距西崖庄多远？"答曰五六里。费公又问："去年西崖庄被害的贾某，与你是什么关系？"答曰不识其人。费公怒道："人就是你杀的，还说不认识！"周成竭力辩解，费公不理，下令用刑，周成终于承认有罪。

凶案肇因于贾某的妻子王氏背着丈夫向邻人借了一件首饰，用来拜访亲眷。访亲归来，首饰连同钱袋一起遗失，适为周成拾得。周成在明知失主身份的情况下，夤夜入户，以首饰为要挟，迫使王氏与之成奸，事毕，将首饰归还王氏，但留下了钱袋。王氏被迫失身，嘱其勿来，周成不甘，王氏只得虚与委蛇道："我不是不愿意和你好，我的丈夫多病，等他死了之后再说吧。"言者无心，听者有意，周成觑准机会，杀死了贾某，事后又来王氏处求欢。王氏闻知夫亡，大恸，很快就自杀了。

案情大白，周成抵罪，上下人等共服费公的神明，而不明其所以然。费公解释道："初次验尸时，我就注意到贾某的钱袋上有万字纹，周成的钱袋亦然，应该是出自一手。我追问二人的关系，周成虽极力撇清，但神色已变，可见其即为真凶无疑。"

无头尸案

县人胡成和冯安两家住得很近，但关系并不融洽。胡家父子强悍，冯安有意讨好胡成，胡成却不买账。一天，两人一起喝酒，喝着喝着不觉兴起，胡成开始大放厥词："不要担心贫穷，百十两银子不难搞到手。"冯安不以为然，觉得胡成在吹牛。胡成正色说道："实不相瞒，昨天我在路上遇到一个大客商，资装颇丰，我已结果了他，抛到南山枯井中了。"冯安仍然表示怀疑。胡成见状，便当场拿出几百两银子向冯安炫耀，其实这银子是胡成的妹夫郑伦为置买田产而寄存在胡成家的。冯安信以为真，散席后就跑到县衙告发胡成。费公拘传了胡成，胡成交代了银子的来历，再问郑伦验证，全然吻合。费公又派人到南山枯井验看，竟然果真发现无头尸体一具，至此胡成傻了眼，不知如何自辩，只是连口称冤。费公下令把胡成押入死囚牢，并特别叮嘱尸体仍留井底，同时晓示各村，通知被害人亲属来投状。

没过几天，县衙来了一个妇人，自云乃死者的妻子，称其丈夫携资经商，为胡成所害。费公对妇人说："井里的死人不一定是你的丈夫。"妇人坚持己见。于是，费公令取尸视看，果是其夫。然妇人似心存畏惧，不敢近前，远远地站立号哭。

清广百宋斋主人编《聊斋志异图咏》（上海同文书局，光绪十二年）之《折狱二》

费公一边做出要对胡成用刑的架势，喝令胡成交代死者头颅的下落。另一边和颜问妇人："你有几个子女？"答曰无。费公恻然道："少年丧夫，可怜可怜，今后何以为生呢！"妇人悲从中来，祈求县官老爷的恩典。费公道："杀人的罪名已确定，但得全尸，即可结案。结案后，你也可尽早再嫁。"妇人叩谢而去。费公随即下令张榜寻找死者的头颅。不久，就有一个叫王五的村民，称找到了死者的头颅，验之果然。费公又传唤妇人到堂，告以案结，并好言宽慰之。费公又传令左右，有想买媳妇的，上堂申禀。令下不久，即有人提出申请，原来就是王五。费公又唤妇人上堂，问道："杀人真凶，你可认识吗？"答曰胡成。费公道："非也！真凶乃你与王五也！"二人大惊，极力称冤。费公徐徐道："真相我早已猜出八九分，所以迟迟未揭破尔等，只是担心万一冤枉了好人。当时尸体还未出井，妇人如何就能断定为其夫？可见妇人早知夫死。又死者衣着寒酸，怎么可能怀揣重金？"费公又对王五说："死者头颅在哪，你自然是最清楚的，之所以迫不及待地响应县衙的悬赏，不过是企图与妇人早日苟合。"二人听闻，面如土色，费公此时吩咐用刑，二人遂竹筒倒豆子般招供了。

原来，妇人与王五早有奸情，二人合谋杀死了妇人的丈夫，后来恰好赶上了胡成的戏言。费公于是释放了胡成，并治冯安以诬告之罪。就这样，整个案子审下来，"并未妄刑一人"。

"事无难办，要在随处留心耳"

费公所断二案颇具传奇色彩，是以有人怀疑其事之真实性。而以笔者愚见，过誉适足以诬之，以蒲松龄的耿直性格，必不出此。

作为断案实录的《折狱》故事为我们呈现出中国古代刑事司法处境之艰难。那个时代，没有血液鉴定，没有测谎仪，没有各种先进的勘验和鉴定技术，对案件事实的认定只能凭借生活常识和经验推理，这就对司法官员的个人素质和能力提出了极高的要求，而明察秋毫、明镜高悬则成为社会大众对司法官员的普遍期望，于是才有"青天大老爷"一类的说法。

费公断案，或有病其仁柔，终则叹为神明，其中奥妙却为费公一语道出："事无难办，要在随处留心耳。""随处留心"实际上是司法人员责任心和能动性的外化。贾某遇害案的转机，似具有一定的偶然性，根本原因却在于费公对案件的重视，唯其重视，才对案件细节过目不忘、念兹在兹。而无头尸案的告破则要归功于费公建立在合理怀疑基础上的细心筹划和步步为营，也是"随处留心"功夫的具体体现。

在蒲松龄看来，对于一名司法官员来说，仁者心肠相较于精明头脑更具有实质和关键意义，因为"智者不必仁，而仁者则必智，盖用心苦则机关出也"。世间才智之士不少，若无仁心，遇到棘手案件，"非悠悠置之，即缧系数十人而狼藉之"。

此折狱之通病唯仁者能免之,"果仁爱,则无时无处而不用心。心之所在,如镜高悬,物来自照,而又衡其轻重,发以周详,使之自投,无可复遁,至犯人斯得,传为美谈。不知迟迟而发之时,费无限心思,费无限筹画"[1]。

费公审案,并非全不用刑,但不一味用刑,只有在罪证显著、案情明朗的前提下才适当地借助刑讯,展现了难得的仁者胸怀,也体现了司法主体对司法审判规律的理性把握。早在秦代,中国古人就认识到"毋笞掠而得人情为上,笞掠为下,有恐为败"(《睡虎地秦墓竹简·封诊式》)的道理,并以之指导刑事司法实践。然而,由于并未在制度上绝对禁止刑讯,实践中刑讯的运用与否在很大程度上取决于司法主体的个人偏好。循吏于刑讯相对克制,酷吏则专好通过严刑获得罪供。然而,"三木之下,何求不得!"刑讯的滥用必然导致冤假错案的大量发生。真正的仁者自然是要极力避免这种情况,"随处用心"实为仁者治狱之不二法门。

---

1. 蒲松龄:《聊斋志异会校会注会评本》第三册,张友鹤辑校,上海古籍出版社,1978年,第1370页。

包公是靠什么断案的?

明代公案小说的代表《龙图公案》讲述了宋代名公包拯审案断狱、除暴安良的一系列传奇故事,寄寓了一般民众对冤狱丛生、司法不公的社会现实的无限愤慨和对明察秋毫、秉公执

明刻本《历代古人像赞》之包拯像

法的司法官员的真诚期盼，作品的平民性和作品本身所包含的法律文化价值均很突出，值得重视。

小说中，包公借私访、梦兆、鬼语等手段折狱平冤，伸张正义，赢得"神断"之名。以今日之眼光视之，包公之"神"颇有荒诞不经之处，不过，也不可一概认定为封建迷信。如"哑子棒"和"割牛舌"二案，包公所倚恃者与其说是某种神异的力量，不如说是逻辑推理和经验判断，唯其如此，方显出名公的高明。

哑子棒

包公坐堂，一哑子来献棒，堂吏禀包公："这哑子每遇官府上任，几度来献棒，任官责打。"包公心疑有冤，遂差人打探，得知来献棒者为村南石哑子，家中富有，因口不能言而被兄长石全光身逐出，因此长年申冤。包公心怜哑子遭遇，遂唤其兄长石全到衙，然石全否认二人为兄弟关系，包公只得将其放回。包公教哑子："他日撞见石全，但去扭打无妨。"哑子点头而去。后果然二人遇到，哑子遂将石全乱打一番，石全遂来向包公告状，言哑子不遵礼法、殴打亲兄。包公问石全："哑子若是你亲弟，其罪过非小，断不轻恕；若是常人，只作斗殴论。"石全道："他确是我同胞兄弟。"包公厉声道："既是如此，你如何不将家财分与他？你想欺心独占吗？"石全无辞。

包公遂下令将家财平分，闻者无不叹服于包公的公正明察。

割牛舌

话说包公守开封时，一农户名刘全者来告状，言其耕牛牛舌为人割去。包公问："你与邻里何人有仇？"刘全言无。包公遂给他钱五百贯，令他归家将牛宰杀，以肉分卖四邻。刘全去后，包公随即差人张榜："倘有私宰耕牛，有人捕捉者，官给赏钱三百贯。"刘全遵包公之嘱，宰杀其牛并分卖与邻里。其东邻有卜安者见状，随即扭住刘全，来官府揭发其违令宰牛事，欲领赏钱。包公胸中早有计较，更兼前夜异梦提示，遂认定卜安即为偷割牛舌之人，并在判词中批道："教宰牛而旋禁，略施巧术；分卖肉而来首，自谓中机。"众人皆服包公之英明。

此二案具有共性的地方。其一，从案情来看，皆为户婚田土方面的纠纷，即所谓"民间细故"。然而，"细故不细"，姑不论石哑子财产继承权被无端剥夺，流落街头，境遇凄惨，即如刘全，状词中有云："农靠耕，耕靠牛，牛无舌，耕不得，遭割去，如杀命。"虽然不无张大其词，却也不无几分道理。因此，案件的公正合理解决对于当事人合法权益的维护意义非轻。其二，从法官的职能发挥来看，均体现为一种能动性的司法。包公并没有像现代法官那样，谨守被动、中立的司法立场，也并没有拘泥于"谁主张谁举证"的司法原则，而是积极

213

地为原告"支招儿",最终查明了案件的真相,恢复了被破坏的社会正义。这无疑是一种司法智慧的运用,也体现出中国传统法律的重要价值追求。

包公所云"巧术"其实并非包公的独家发明,而是中国古人在长期的司法侦查和审判实践中发展起来的一套行之有效的侦查和审讯方法,它的学名叫作"钩距法",其历史非常悠久。《汉书》记载,西汉时曾任颍川郡太守和京兆尹的赵广汉最擅长钩距法:

> (赵广汉)尤善为钩距,以得事情。钩距者,设欲知马价,则先问狗,已问羊,又问牛,然后及马,参伍其价,以类相准,则知马之贵贱,不失实矣。

对于"钩距法",古人有两种解说:其一,"钩得其情,使不得去也";其二,"钩,致也;距,闭也。使对者无疑,若不问而自知,众莫觉所由,以闭其术,为距也"。前者可以看作是一种案件侦查方法,即"钩致其隐伏,使不得遁;距闭其形迹,使不可窥也"。用今天的话来说,就是广布眼线,深挖案件线索,隐藏形迹,示之以虚,从而占据案件侦破的主动地位。据说,赵广汉使用这种方法,"郡中盗贼、闾里轻侠,其根株窟穴所在,及吏受取请求铢两之奸,皆知之"。后者实质上是一种建立在经验推理基础上的审讯方法或策略,可称为迂回包抄法。具体来说，就是指司法人员为了从犯罪嫌疑人或证人处获得关于案件关键问题的情报，迂回设问，层层推进，最终锁定证言。成语"问羊知马"指的就是这种审讯方法。总而言之，无论是哪一种意义上的"钩距法"，在赵广汉的行政司法实践中均有精彩的演绎，据说在他治下，"京兆政清，吏民称之不容口，长老传以为自汉兴治京兆者莫能及"，从而为后世树立了钩距法的绝佳样板。

赵广汉之后，钩距法继续被应用于司法实践，精于此道的干臣能吏代不乏人。如唐朝中期的京兆尹李齐物"为政发官吏阴事，以察为能"，卒后，朝廷降旨褒奖其"擒奸掩钩距之术，恤狱正喉舌之官"；晚于李齐物的另一位京兆尹刘栖楚"摧抑豪右，甚有钩距，人多比之于西汉赵广汉者"；五代后晋时重臣安重荣"自能钩距，凡有争讼，多廷辩之"；北宋初年的郭进"听讼善以钩距得其情"；宋太宗时大臣李惟清"倜傥自任，有钩距，临事峻刻，所至称强干"；一代名相杜衍"发幽摘伏，钩距缪数，奸不得隐，人服其神"；元代皇庆年间的浮梁令郭郁"善为钩距，以廉民隐，自比赵广汉"；明朝成化年间的地方官陈炜"屡折疑狱，善为钩距，以得其情"；清代乾、嘉时循吏汪辉祖"据《汉书·赵广汉传》钩距法，断县民匡学义狱"。和赵广汉一样，这些官员对钩距法的娴熟运用为他们带来了不错的口碑。

《折狱龟鉴》收录了宋代官员包拯和钱繇运用钩距法顺

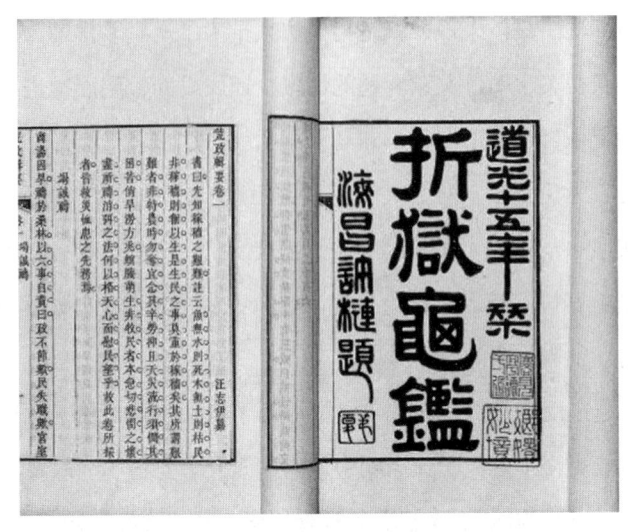

道光十五年刊《折狱龟鉴》书影

利破案的故事。其中，包拯所断案件明显就是《包公案》中"割牛舌"案的历史原型，只不过，按照《折狱龟鉴》的说法（《宋史》同），包拯当时的职务是知天长县而不是知开封府。而钱繇所断案件，与包拯所断案件案情相似。至于二公办案手段亦不相上下：

（钱）繇尝知秀州嘉兴县，有村民告牛为盗所杀，繇令亟归，勿言告官，但召同村解之，遍以肉馈，知识或有怨，即倍与。民如其言，明日，有持肉告民私杀牛者。繇即收讯，果其所杀。

在《折狱龟鉴》的作者看来，包拯和钱繇的"钩慝之术"实际上就是源起于赵广汉的钩距法，此种钩距法很明显是作为刑事侦查方法意义上的钩距法。在证据搜集和固定技术至为简陋的中国古代，司法人员故布疑阵（用谲），诱使犯罪嫌疑人露出马脚甚至自投罗网，展示了当时司法人员对于犯罪心理学知识的娴熟运用，其手法之高明令人拍案叫绝。

由上可知，早期的钩距法包含了侦查方法和审讯方法两方面内容，而到了后来，作为审讯方法意义上的钩距法逐渐隐而不彰，而作为侦查方法的钩距法却大放异彩。当然，钩距法无论是作为侦查方法还是审讯方法，其合理性都是毋庸置疑的。在科学技术不够发达，司法部门取证、定证能力有限的历史条件下，司法人员因陋就简，发挥主观能动性，自觉运用包括秘密侦查、诱惑侦查、犯罪心理分析和逻辑推理在内的一系列侦讯方法，充分展现了中国古人的聪明才智，代表了中国古代司法文化中技术流的一派。

虽说属于技术流，可是钩距法的运用对司法者的个人素质要求很高，运用之妙存乎一心，非有巧妙之运思和缜密之安排不能奏其功，是以在西汉，"唯广汉至精能行之，它人效者莫能及也"。

值得注意的是，中国古人对待钩距法的心态颇为复杂。一方面，对钩距法的运思巧妙和务实高效激赏不已。另一方面，又从道德的立场出发，指责钩距法不够厚道。如有人指出，赵广汉"少子谅易直之心，言乎教化则不如文翁、韩延寿，言乎才能则较之敵与王尊独为刻深，非所以垂训也"。后代儒生为历代名臣立传时，《循吏传》中不列赵广汉，就是觉得赵广汉虽有事功，但用心不纯。还有人认为，钩距法高明则高明矣，然不可为继，是以圣人"非不知钩距之术足以尽摘天下之诈，而每使之有余情"。更有人毫不客气地提出批评："昔赵子都问牛得马，为钩距之术，以察事情，然奸伪日炽，卒以狡侩状其躯"，"与其用术数以熏其心，孰若明白坦夷以全其真也哉！"北宋时，知苏州黄宗旦一次逮捕了百多个盗铸钱的"罪犯"，并以此向其助手、通判王质夸耀。王质问："事发无迹，何从得之？"宗旦答道："吾以术钩出之。"王质恻然道："仁者之政，以术钩人置之死，而又喜乎？"宗旦惭服，于是对这批"罪犯"统统做从轻处置。（《欧阳修集》卷二一）

正是出于此种心态，历史上有不少官吏在其行政司法实践中自觉地与钩距法拉开距离。如梁朝的张缅"为政任恩惠，不设钩距"；北宋杜纮知齐州时，"治尚宽厚，不设钩距町畦"；罗适为政江都时，"以诚心为主，耻言钩距惠文之事"；南宋前期的季光弼长期任地方基层官吏，其听讼断狱"不为钩距，一以至诚临之，公而生明，无不洞察"；元代中期的鄞县县尉周以韶"求民瘼，审狱冤，除蠹黜奸，发摘盗贼，不事钩距，皆使自实，一无所旁引"；明清之际著名直臣孙昌龄早年"司李海上（指任登州推官），发奸摘伏如神，不事鈲筒钩距之术，

218

明允无冤"。站在儒家治国理想的坐标系上，中国古人更为推崇的是"鞭笞尽弛而令行，钩距不施而情得"的至高境界。唐代韦夏卿任京兆尹，时人赞其施政"德刑交修，宽猛相济，匪设钩距，物无遁情"。诗人白居易在任河南尹时，也曾作诗自况："推诚废钩距，示耻用蒲鞭。"

剔除道德判断的成分，中国古人对钩距法的排斥中还包含了对作为技术的钩距法可能被滥用的担忧。北宋名公张咏守蜀时，身边备一小册，"每钩距得人阴事，必记之册上"。后来册子被其秘书无意中看到，见册中"尽记人细过，有已行者即朱勾之，未行者尚众也"。秘书方才明白张咏时时"发郡人阴事而诛之"，是多布耳目眼线的结果。出于仁心，秘书将册子焚毁，并借机劝谏："公为政过猛，而又阴采人短长，不皆究实而诛，若不毁焚，恐自是杀人无穷也。"（王铚《默记》卷中）这种担忧并非多余，事实上，历史上的确不乏不法官吏运用钩距之术陷人于罪的例子。如北宋臣僚论及元丰之后政局曰："执事者矫枉过直，矜钩距以为法术，任惠文以取偷快，上下迫胁，民不堪命。"（《全宋文》卷二五七九）又如南宋官员袁韶作为奸相史弥远的同党，"七八年间再典京兆，羽翼权奸，凌轹善类，扰累富民，罗织儒生，钩距术数，盖有为昔人之所不为者"。（《全宋文》卷七二四一）

历史证明，钩距法如果被心术不正之徒所掌握，极容易成为戕害良善、罗织罪名的工具。进而言之，"夫惟深隐而不可得，故以钩致之"。此种引蛇出洞式的侦查方法与当代的诱惑侦查极为相似，即便司法者宅心仁厚，也不能保证在使用时不出现偏差。如包拯和钱龢所断两案，因有人来告发即断定其人为作案者，虽有生活经验作为背书，却非绝对可靠，如果不辅之以其他证据，则容易酿成冤假错案。值得一提的是，作为钩距法开创者的赵广汉最终被判腰斩，罪名之一就是"贼杀不辜，鞫狱故不以实"，此中教训发人深思。

综上，钩距法在中国古代司法活动中的应用和发达具有历史的正当性和必然性，代表了中国古代司法制度及实践通向技术化的一种努力，其中不乏智慧的闪光。然而由于长期处于道德话语的压制之下，此种努力未能开花结果，催生现代型的侦讯体系。尤为关键的是，由于缺乏正当程序的制约和保障，钩距法无法上升为真正意义上的"法"，而只能止于"术"的层面。正缘于此，钩距法的流弊在实践中日益凸显，钩距法的花火在带给人惊艳的目眩之后，也就不可避免地归于寂灭了。

宋江浔阳楼题诗被定谋反冤枉吗？

《水浒传》第三十九回，刺配江州的宋江于浔阳楼上酒后题诗：

> 自幼曾攻经史，长成亦有权谋。恰如猛虎卧荒丘，潜伏爪牙忍受。 不幸刺文双颊，那堪配在江州。他年若得报冤仇，血染浔阳江口！
> 心在山东身在吴，飘蓬江海谩嗟吁。他时若遂凌云志，敢笑黄巢不丈夫！

结果被阿谀谄佞之徒黄文炳举报："这厮无礼！他却要赛过黄巢，不谋反待怎地！"于是被问成斩罪，差点丢了脑袋。读书至此，只觉忠臣义士偏多磨难，不禁令人气沮。然而，若将本案置于中国古代"而有狡竖凶徒，谋危社稷，始兴狂计，其事未行，将而必诛，即同真反"的律法语境中，我们就会转

浔阳楼宋江题反诗绣像，出自明容与堂刊《忠义水浒传》

而理解官府的敏感。如果再联系《宋刑统》中"口陈欲反之言，心无真实之计，而无状可寻者，流二千里"的规定，则宋江之被问成斩罪似乎也不算太冤枉。追根溯源，本案的合理性实出于中国古代"原心定罪"的司法文化。

"原心定罪"也叫"论心定罪"，据说是由西汉大儒董仲舒在司法实践中发展起来的一套定罪理论，其要义可以概括为：

"《春秋》之听狱也，必本其事而原其志，志邪者不待成，首恶者罪特重，本直者其论轻。"(《春秋繁露·精华篇》)一个人的外在表现是"事"，而潜藏于内心的想法则为"志"。在董氏看来，"事"与"志"相较，后者更具有犯罪本质的意义，是以，定罪的重心当落到对行为人主观心志的考察上。后来，世人又将"原心定罪"表述为"志善而违于法者免，志恶而合于法者诛"(《盐铁论》卷十)，"原情定过，赦事诛意"(范晔《后汉书·霍谞传》)，于是其主观归罪的色彩就更为明显了。

说起来，"原心定罪"即便不是中国人的专利，至少在历史上中国人把它运用到了极致。汉武帝时，颜异担任大司农，在一次经济政策的讨论中，颜异的直言不讳令刚愎自用的武帝心生恶感，善于察言观色的酷吏张汤觉察到了这一点。还有一次，同僚向颜异反映国家最近出台的金融法令的种种不便之处，颜异一言不发，但是微微动了下嘴唇。后来，颜异因为别的事被人举告，案件正好归张汤管。张汤就向武帝汇报："颜异得知国家法令的不便，不积极向陛下反映却在心里暗暗地嘀咕，该斩。"于是，中国历史上出现了一个新的罪名——"腹诽"，而"腹诽"罪的法理依据就是"原心定罪"。

明代公案小说集《龙图公案》有《善恶罔报》一篇，说的是姚汤行善而得恶报，赵伯仁行恶而得善报，姚汤不服，诉于阴司。包公判道：

你说一生行得好事，其实不曾存有好心。你说周人、济人、修桥、补路等项，不过舍几文铜钱要买一个好名色，其实心上割舍不得，暗里还要算人，填补舍去的这项钱粮。正是"暗室亏心，神目如电"。大凡做好人只要心田为主，若不论心田，专论财帛，穷人没处积德了。心田若好，一文不舍，不害其为善；心田不好，日舍万文钱，不掩其为恶。

另外一篇《寿夭不均》也是同一主题，一个常行好事的"好人"不幸夭亡，阴司调查的结果说他"口善心不善"。阴司断罪以"心田"为依据，这是典型的"原心定罪"了。

蒲松龄《聊斋志异》的第一篇叫《考城隍》，讲述了一个叫宋焘的秀才无意中参加阴曹地府的公务员考试的故事。宋秀才素有文才，临场发挥更是出色，他在申论中写道："有心为善，虽善不赏；无心为恶，虽恶不罚。"众考官为此激赏不已，于是一致认定宋秀才便是河南城隍的最佳人选。宋焘显然没有被胜利冲昏头脑，他以老母年高无人奉养为由，推掉了这桩差事，最终得以重返阳间。宋焘申论中的名句虽然重在为冥判立言，却未尝没有切中传统法律的要害。实际上，"有心为善，虽善不赏；无心为恶，虽恶不罚"正是"原心定罪"更为世俗化的一种表达，可见这一传统的根深蒂固。国人好为"诛心"之说，想来和"原心定罪"的传统有很大的关系。

清广百宋斋主人编《聊斋志异图咏》(上海同文书局,光绪十二年)之《考城隍》

　　以上是所谓"冥判",阳世的裁判中亦不乏其例。长篇小说《醒世姻缘传》中,主人公晁源之妾珍哥排挤正妻计氏,诬良为奸,致使计氏负气悬梁。以当代视角来看,计氏之死乃为"轻生自尽,与人无尤"(沈家本《历代刑法考·明律目笺三》),珍哥的行为顶多构成诽谤罪。可东昌府却依据威逼人致死律给珍哥定了个绞罪，刑厅招稿（相当于案件判决书）如此解释道："若不诛心而论，周伯仁之死无由；第惟据迹以观，吴伯嚭之奸有辨。"可见，其裁断逻辑正是原心定罪。

"原心定罪"虽然历史悠久，可是也备受世人的非议，最大的问题就在于"原心定罪"可能带来法官的擅断，容易铸张人罪。正如刘师培所言："掇类似之词，曲相符合，高下在心，便于舞文，吏民益巧，法律以歧，故酷吏由之，易于铸张人罪，以自济其私。"[1]说穿了，"心"属主观，隐秘无形，心之善恶分际，又如何能够轻易判断？既然不易判断，则"原心定罪"便不免流为强权者的"欲加之罪，何患无辞"。历朝历代以思想、文字罪人的各种做法不绝如缕，背后也正是"原心定罪"的思想在作祟。

回到宋江"反诗"案。宋江的两首诗词，在黄文炳之辈眼中，无疑是宋江谋反心曲之流露，古今评点者（如金圣叹、鲍鹏山）对此亦无异议。然而，细绎其文，未尝没有别解。"血染浔阳江口"一句多少令人不解，不过应该属于私人恩怨的情感宣泄，与谋反扯不上干系；至于"敢笑黄巢不丈夫"，并非取笑黄巢作乱不够，恰恰相反，是批评黄巢玉石俱焚的造反举动，借以表达自己忠君报国、救焚拯溺的抱负理念。从小说人物塑造和故事发展的脉络来看，江州时的宋江虽心灰意冷，但

---

1. 刘师培：《儒学法学分歧论》，《国粹学报》1907年第7期。

尚未放弃建功立业、封妻荫子的梦想，更没有萌生造反的念头。就此而言，官府对案件的定性虽号称深入案犯的内心，但无疑是对当事人真实意志的歪曲，因而生生把宋江逼上梁山，从中不难发现"原心定罪"司法理念的明显缺陷。

当然，如果不为过去的那段历史所左右，客观、理性地看待"原心定罪"，它也许没有我们想象的那么不堪，我们甚至可以从中发现一些合理的成分。其实，如果不做极端、狭隘的阐释，"原心定罪"的合理性是毋庸置疑的，这就涉及对实质的"罪"（guilt）的认识和理解。

对于"犯罪"（crime），今人通常理解为某种行为。该行为就其实质层面而言，具有一定程度的反社会性（或曰对法益的侵害），而就其形式层面而言，则为刑法所禁止。至少主流观点认为，在伦理道德领域，罪恶由人的心理状态所决定，而在刑法上，除非有实际的社会危害行为，否则不构成犯罪。事实上，无论人们围绕"犯罪"概念的争论如何激烈纷呈，"犯罪是行为"似乎已是当今世界不易之论。正是基于这一判断，现代刑法的一系列基本原则和制度得以建立，也正是得益于这一立场，现代公民在国家强大的刑罚权面前能够保有最低限度的安全感。然而，如果从法律发展演变的整个历史来看，这种关于"罪"的现代观念的历史阶段性是至为明显的。与之形成鲜明对照的是，在前现代社会，人们对"罪"的理解包含了更多的主观元素。至少在宗教教义中，罪只与内心状态有关。如《圣经》教导人们说："恨人的，就是杀人。"（《约翰一书》3:15）还说："动淫念的，这人心里已经犯奸淫了。"（《马太福音》5:28）在基督教的古典教义中，一个人若内心肮脏阴险，便为有罪之身（当然，按照《圣经》的说法，每个人与生俱来便遗传了罪恶的"基因"，不过那又另当别论）。至于佛教，唯心的色彩更为明显，"万法唯心"被佛教各宗派公认为佛陀思想的精髓。[1]《本事经》卷一佛曰："诸有业、果，皆依心意。"佛陀在世之时，印度僧众曾为戒律争执，有僧侣指责一盲僧行路踏死虫蚁，犯了杀生戒。佛陀解释，犯戒与否，当视本人内心动机，盲僧踏死虫蚁全属无意，非有意杀生，因此并不犯戒。

我国古史上对于"罪"的认识与此类似，如上古之世，断狱专在察情上下功夫。《尚书·舜典》记载："眚灾肆赦，怙终贼刑"，后世学者注释道："若过误为害，原情非故者则缓纵而赦放之"，"怙奸自终，当刑杀之"。又《尚书·康诰》："人有小罪，非眚，乃惟终，自作不典，式尔，有厥罪小，乃不可不杀。乃有大罪，非终，乃惟眚灾，适尔，既道极厥辜，时乃不可杀。"《尚书》的文字古奥难懂，引致众说纷纭。相较之下，晋朝法学家张斐则说得明白得多："夫刑者，司理之官；理者，求情之机；情者，心神之使。心感则情动于中，而形于言，畅

---

1. 陈兵：《佛陀的智慧》，上海古籍出版社，2006年，第165页。

于四支，发于事业。是故奸人心愧而面赤，内怖而色夺。论罪者务本其心，审其情，精其事，近取诸身，远取诸物，然后乃可以正刑。"(《晋书·刑法志》)论罪者务本其心，是以春秋时鲁国闻人少正卯为孔子所诛的罪名之一便是"心达而险"，而法家则毫不隐讳地将社会控制的最高境界概括为"太上禁其心"。

可见，在漫长的前现代社会尤其是茫昧悠远的上古之世，人们大都倾向于认为，所谓"罪"实为心中之恶。一个人之所以该罚，与其说是因为其人行为之恶劣，毋宁说是源于其行为所揭示的内心之险恶。进而言之，内心之善恶才是决定罪与非罪的根本，而外在行为之良否反倒可以在所不问了。于是，原心定罪、赦事诛意成为人们的自然选择，而"有心为善，虽善不赏；无心为恶，虽恶不罚"遂成为民间的普遍信仰。这一司法传统自我国汉魏以降直到近代犹有余响。

然而，随着社会的发展，风气日变，民俗渐漓，表里不能如一，人藏其心，不可测度，德与礼之用穷，"原心定罪"的局限性越来越明显，因而难以为继。于是，人们不得不放弃对"心"的追寻，而以更为客观、更易把握的标准代替之。这样一来，听狱之诛事而不诛意，遂成现实。"其初犹兼问其意也，卒至于尽舍其意而专诛其事。"[1]易言之，后世之律法不再执着

---

1. 吕思勉：《吕思勉读史札记》，上海古籍出版社，1982年，第388页。

于心之善恶，而是关注事之有无，实在是不得不然，其实并非本该如此。实际上，"原心定罪"在历史上之所以被看重，恐怕不仅仅是因为它有利于维护专制统治，深层的原因在于它抓住了罪的原初本质。正如史学大家吕思勉先生所言："刑罚之所诛，乃意而非事。"[1]西方法谚"一个人除非内心邪恶，否则行为不会使他有罪"（An act does not make a person guilty unless the mind is also guilty.）的说法，亦可与之相印证。

诚然，吕思勉先生并非专门的法律家，而且其论断系主要基于中国上古之世立言，上引西谚亦是故老相传之说，人们当然有理由质疑这种观点的合理性和普适性。那么，不妨让我们看看当代法学家的观点。

当代刑法学界，无论是东方还是西方，都坚信行为是刑事责任成立的必要条件。当然，这是学界的主流观点，并不能代表所有学者的立场，也绝不意味着终极正确。据笔者所知，我国刑法学界就有少数学者认为，主观罪过才是犯罪构成的核心要素，[2]刑法应该切中人的意志。[3]而国外亦有学者就此观点撰有专文，认为刑事责任的成立无须行为这一"要件"（Criminal

---

1. 吕思勉：《吕思勉读史札记》，上海古籍出版社，1982年，第386页。
2. 陈忠林：《刑法散得集》，法律出版社，2003年，第269页。
3. 冯亚东：《理性主义与刑法模式》，中国政法大学出版社，1999年，第101—104页。

liability does not require an act.）。[1]学界这些略显另类的声音至少说明主流的理论无法厌服众心，而当我们把目光转向现实，主流理论的局限性就暴露得愈加明显。

1988年，美国第九巡回上诉法院受理了一桩案子，案名叫"美国诉斯蒂尔"（*U.S. v. Still*）。说的是一个叫斯蒂尔的家伙这一天被发现身着伪装，躲在距离一家银行200英尺的货车里面。警察及时逮捕了他，在逮捕现场，斯蒂尔大言不惭地说："你们真是好样的，你们再晚来五分钟我就进去抢银行了。"就是这样一个案子，当事人的犯罪意图至为明显，然而由于他还没有开始实施通向其犯罪目标的"实质性的步骤"（substantial step），因而法院最终认定，针对斯蒂尔的企图抢劫银行的指控不能成立。

毫无疑问，斯蒂尔是一个危险分子，将这样的人放归社会，无异于在守法公民身边埋下一枚随时可能引爆的炸弹，这从社会预防的角度来说绝对是不可取的。面对罪意昭彰之徒却无法给其定罪，只能折射出现行刑法理论和制度的软弱无力。我们可以设想，如果现行制度承认原心定罪的正当性，那么本着"志邪者不待成"的原则，司法部门完全可以名正言顺地给

---

[1]. Douglas Husak, "Does Criminal Liability Require an Act，" in Antony Duff, ed., *Philosophy and the Criminal Law: Principle and Critique*, Cambridge University Press, 1998, p. 60.

斯蒂尔之流定罪，从而充分彰显刑法防卫社会的功能。

需要说明的是，以上设想仅仅止于设想而已，笔者并无意于改变现行刑法制度，重启原心定罪之门。因为刑法的功能有多重，除了要满足防卫社会的目的，更要确保社会大众不受国家刑罚权的肆意侵犯。而在当前的历史条件下，后一方面似乎更为重要。基于这种考虑，坚持刑事责任的行为要件（act requirement）不啻是给民众吃下一颗定心丸。

不可否认，由当代刑法原则和制度构筑起来的森严壁垒中似乎已无原心定罪的容身之所。然而，如果我们能够突破现代观念的藩篱，以后现代的视角重新审视既有的理论和制度，则原心定罪更具有前瞻的"科学性"。早些年美国好莱坞拍了一部名叫《少数派报告》的科幻电影（汤姆·克鲁斯主演），影片讲述于2054年的美国纽约，当局利用能够预知暴力犯罪发生的"先知"建立起一套"犯罪预防系统"，对即将发生的罪行进行阻止并逮捕可能或正在犯罪的人，此系统使当地的刑事犯罪率降到历史上的最低点。在笔者看来，这部影片与其说是一部充满想象力的科幻片，倒更像是一则有关法律的大胆预言。科幻与现实的距离并非遥不可及，作为思想和制度的"志邪者不待成"不仅在历史上留下浓墨重彩的一笔，而且在未来的社会也可能大放异彩，当然，这要以发达的科技水平为条件。据媒体报道，美国的研究人员已经开发出了一款可以通过脑电波初步读取人思想的设备。科学家们利用核磁共振技术和计算机技术，已经研制出了具有还原梦境功能的"读梦机"。[1]而随着科技的进一步发展，在不远的将来，通过机器"读取"人的思想并预测犯罪的发生并非不可能。届时，以行为为重心的刑法理念和刑事政策恐怕就走到了尽头，而"原心定罪"则将重新披挂上场。人们会惊奇地发现，刑法原则和制度经过一番兜兜转转，似乎又回到了早先出发的地方。

对于这种可能，其实早有专家做出过大胆的预测。20世纪的日本刑法学巨子牧野英一曾满怀信心地断言，随着科技的发展，刑法的进化将从以客观主义为特征的"博爱时代"过渡到以主观主义为标志的"科学时代"[2]。若此言非虚，在那样一个科技高度发达的"科学时代"，人类应该已经掌握了"原心"的能力，那时展现在世人面前的"原心定罪"，可能是另外一番面目吧。如此说来，今天的我们对历史上的原心定罪，是不是应该多一份同情和理解呢？

1.《科技让"读心"成真》，《人民日报（海外版）》2014年5月24日第03版。

2. 张明楷：《刑法的基本立场》，中国法制出版社，2002年，第17页。

为亲复仇难题如何解？

复仇，堪称戏剧永恒的主题之一。《长安十二时辰》以靖安司打击恐怖犯罪、保卫首都长安以及太子党和右相党之间的权力斗争为故事的主线，同样也有对复仇元素的渲染。张小敬为友复仇，怒杀熊火帮三十四人，连上司都干掉了，以致成为"长安第一死囚"；突厥恐怖分子狼卫潜入长安，呼唤阙勒霍多降临，也是为了要报灭族之仇；崔器的阿兄崔六郎被狼卫首领曹破延勒杀，崔器憋着一口气要手刃曹破延，无形中助长了他与恐怖分子作斗争的动力；至于何孚的为亲复仇，更可看作是全剧的一条重要的副线，对剧情的展开起着助推作用。

复仇固然酣畅淋漓，却也不免令人不安。这不安不仅折射出人们对"以血还血"的丛林规则的警惕，更折射出人们对复仇行为成败利钝的复杂心理。此种复杂心理在现实生活中表现得尤其明显，如2018年春节张扣扣杀人案发生之后，舆论场很快被引爆。在七嘴八舌的讨论、评论当中，有两种声音针锋相对，且颇具代表性。一方认为，张扣扣为母复仇，大义凛然，其行为与古代孝子烈女之举一般无二，应给予同情和理解。如果考虑到被害人王正军当年殴打张扣扣之母汪秀萍致其死亡一案法院可能存在判罚不公的情况，张扣扣行凶杀人就是在国家司法机器无法给予有效救济的情况下，当事人所实施的自力救济，是底层民众为寻求正义，不惜鱼死网破的最后抗争。而另一方认为，张扣扣悍然杀死王氏父子三人，是以为母复仇的名义，行草菅人命的暴徒行径，破坏了社会秩序赖以维系的基本规则，是目无国法的严重犯罪行为。

为什么面对这样一桩并不算复杂的凶杀案，人们的观感如此悬殊？今天的中国人到底应该如何评价张扣扣杀人案？案件的核心人物张扣扣到底是孝子还是暴徒？

其实，这是一道困扰了中国人两千多年的难题。今天的中国人仍然要为此类案件争得口焦舌燥、面红耳赤，恰恰说明中国社会还没有从历史的三峡中转出来，这是最令人思之沉痛的一件事。因此，要想更好地理解张扣扣一案及相关社会反响可能具有的法律文化意义，我们必须沿着历史的长江溯流而上，一探究竟。

中国自古以宗法立国，尤其重视对亲伦关系的保护，因而在观念上推崇为亲复仇的行为。儒家经典里随处可见对复仇行为的鼓励和引导。如《礼记》上说："居父母之仇如之何？""寝苫枕干，不仕，弗与共天下也。遇诸市朝，不反兵而斗。"《春秋公羊传》也说："子不复仇，非子也。"这些经典中的宣教经过一代代的持续的传播，逐渐地为广大民众所接受，成为人们心目中牢不可拔的精神信条。"君子报仇，十年不晚"这类妇孺皆知的说辞正代表了中国广大民众在接受复仇文化过程中对这一文化的热烈回应。民国法学大家徐道邻先生以自身经历沉重道出："凡是读中国书、听中国戏、看中国小说的人，对于他，没有一件比替父亲伸冤报仇更重要的。"正是在这一信条的支配和鼓舞下，千百年来为亲复仇的孝子烈女前赴后继、层出不穷，演绎出了一曲曲慷慨壮烈的人间悲歌。赵武、董黯、赵娥、孙男玉、张琇、徐元庆、梁悦、黄宗羲、施剑翘……如果愿意，这个名单可以拉得很长很长。这些名字被载入《孝义传》《列女传》，这件事本身便足以说明我们这个民族对待为亲复仇行为的基本立场。另一方面，这些孝子烈女为亲复仇的事迹传播于当时和后世，又会产生强有力的示范效应，从而引发更多的人有意或无意的效仿。从这个角度来看，张扣扣的杀人行为未尝不可以看作是历史上为亲复仇行为在当代的延续，若以儒家伦理这把尺子来衡量，张扣扣行为无疑具备道义上的正当性。基于此，称他为"孝子"不为过也，尽管他本人在主观上未必对此有清楚的认识。

然而，符合伦理的不一定合于法律，毕竟，法律和伦理是两回事儿。由此我们忍不住要问，中国古代的政府和法律又是如何对待此类复仇行为的呢？

国家也好，社会也罢，要想得到存续和发展，最基本的前提是生活在其间的社会成员能够和平相处。然而，为亲复仇行为无疑是反其道而行之。中国古人应该在很早的时候就认识到了这一点，于是，在国家机器比较成熟之后，就出台了禁止私相复仇的法令。有史可查的较早的事例如商鞅在秦国颁布法令，"为私斗者，各以轻重被刑"（《史记·商君列传》）。这也反映出在当时的秦国，民风剽悍，包括复仇在内的各类私斗行为是非常普遍的。由于商鞅针对私斗的禁令非常严厉，且毫不含糊，有力地遏制了民间的私斗之风。据历史文献记载，商君之法行之有年，"民勇于公战，怯于私斗"。民间的私斗行为减少了，军队的战斗力反倒上去了。秦国后来正是靠这样一支所向无敌的军队横扫六国、一统宇内，当然这是题外话。

　　汉朝建立之后，之前秦朝的法家路线被予以修正。特别是汉武帝之后，封建国家确立了儒家文化在意识形态上的正统地位，其正统地位迄于近代达两千多年。而儒家文化的大行其道也使得之前受到抑制的复仇文化重新抬头，于是整个社会又陷入了一种你来我往、以刃相交的状态。封建国家意识到问题的严重性，在不同时期也先后颁布了一些针对复仇行为的禁令，如《后汉书》中记载桓谭在东汉初年向光武帝上疏道："今人相杀伤，虽已伏法，而私结怨仇，子孙相报，后忿深前，至于灭户殄业，而俗称豪健，故虽有怯弱，犹勉而行之，此为听人自理而无复法禁者也。今宜申明旧令，若已伏官诛而私相伤杀者，虽一身逃亡，皆徙家属于边，其相伤者，加常二等，不得雇山赎罪。如此，则仇怨自解，盗贼息矣。"这份上疏虽然没能引起皇帝的注意，然而"申明旧令"一语说明汉朝政府针对复仇行为早有禁令。此后，历朝历代此类禁令并不鲜见，有些措辞甚至异常严厉。如曹魏黄初四年（223）曾下诏令："今海内初定，敢有私复仇者，皆族之。"南朝梁武帝太清元年（547）诏令："缘边初附诸州部内百姓，……并不得挟以私仇而相报复。若有犯者，严加裁问。"北魏太武帝太延元年（435）诏令："自今以后，……民相杀害，牧守依法平决，不听私辄报复，敢有报者，诛及宗族；邻伍相助，与同罪。"

那么，在三令五申之下，复仇之风是否被刹住了呢？非也！封建政府虽然针对复仇行为明令禁止、杀气腾腾，却不能扭转民间浩浩荡荡的复仇之风，也无法阻止孝子烈女们前仆后继的复仇之举。各种为父报仇、为母报仇、为夫报仇、为兄报仇，甚至为友报仇的案例仍然不断涌现。这又是为何？为了回答这个问题，让我们通过两个实际的案例一寻究竟。

案例一　赵娥为父复仇

东汉灵帝时，发生了著名的酒泉女子赵娥为父复仇案。娥父为同县人所杀，而赵娥的三个兄弟皆患病身亡。仇家见赵家男丁断绝，遂大事庆贺。赵娥卧薪尝胆，伺机刺杀仇家。一直

赵娥像，选自康熙三十三年刻本《南陵无双谱》

等候了十余年，终于一举刺死了仇人。大仇已报的赵娥心中坦然，自首到县衙，"父仇已报，请就刑戮"。县长惊佩之下，决定"解印绶欲与俱亡"。但是赵娥不肯逃亡，对县长说："怨塞身死，妾之明分；结罪理狱，君之常理。何敢苟生，以枉公法！"县长不得已将她收押，直到赶上大赦，赵娥获得释放。赵娥的事迹惊动州郡，为人传颂，朝廷为此在赵娥的乡里"表其间"以示褒奖。传到洛阳，身为九卿之一的太常张奂深为嘉许，对赵娥多有馈赠礼遇。

案例二 桓温为父报仇

东晋时，桓温的父亲桓彝在苏峻之乱中被叛军将领韩晃杀害，泾县县令江播也参与了谋划。当时桓温年仅十五岁，枕戈泣血，誓报父仇。过了几年，江播去世。其子江彪等兄弟三人为父守丧，因怕桓温前来寻仇，预先在丧庐内备好兵器，以防不测。桓温假扮吊客，混入丧庐，手刃江彪，并追杀其二弟，终报父仇，由此为时人所称许。

观以上两个案例，桓温与赵娥虽然性别有异，身份地位不同（桓温出身世家大族，赵娥为平民女子），可是同为为父复仇，因而案件在很多方面又很相似。起先，两人誓报父仇之苦心孤诣如出一辙，其后若干年，手刃仇人之大义凛然又同。不同的是，赵娥只杀死仇人一人，而桓温则在仇人已死的情况，杀其三子以泄仇恨，正应了那句话："子报父仇，父债子偿。"这反映出中国古代的身份文化是以家族（家庭）为本位的，家族才是具有文化意义的完整单元，个人无法从家族中独立出来，个人的责任总是被混同于家族的责任。张扣扣杀死王家父子三人，显然是以家族为单元来划定其复仇对象的。

其实，赵娥和桓温两案中更值得我们关注的是国家和社会对复仇行为的看法。从文献记载我们不难得知，在主管官员尽力保全之下，在朝野上下的交口赞誉之中，赵娥和桓温均得以全身而退，实际上都没有为其杀人行为承担任何法律责任。二人虽手染鲜血，世人却更愿意以"孝子""烈女"视之。赵娥成为当时女子的典范，为乡里称颂；桓温因其"义举"而享有更高的声誉，为其后来成就枭雄事业营造了良好的社会舆论条件。由此，我们看到了封建国家对待复仇行为的另外一面，这一面是非常包容的。

看到赵娥和桓温两案的"圆满"结局，我们不禁要怀疑那些针对复仇的禁令是不是只是有心无力的虚声恫吓，或是一时的心血来潮？试问，在这样一种包容的立场之下，又怎能期望那些枕戈饮血的孝子烈女们停下复仇的脚步，主动放下手中的利刃？所以，一言以蔽之，是封建国家的心口不一和首鼠两端让华夏大地上的复仇之火不仅没有熄灭，而且越烧越旺。

当然，如果我们的目光仅仅局限于以上两个案件，由此得出的判断未免有把问题简单化的嫌疑。实际上，在漫长的历史岁月里，中国古代的政府也曾经做出过实际的努力，以阻遏复仇之火的蔓延。

唐朝武则天和唐玄宗时期，先后发生过两起有名的复仇案例，一个是徐元庆为父复仇案，一个是张瑝、张琇兄弟为父复仇案。具体案情这里就不展开了，我们只说案件处理结果。徐元庆案中，武则天本有意赦免徐元庆的死罪，结果被左拾遗陈子昂谏阻了。陈子昂认为:"杀人者死,画一之制也,法不可二,元庆宜伏辜。"但是考虑到元庆有德有义,在对其行刑之后宜旌其闾墓。武后采纳了陈子昂的建议。张瑝、张琇案中,朝堂上两派意见不一,一派主赦,一派主杀,最后还是皇帝拿的主意。玄宗认为:"凡为子,孰不愿孝?转相仇杀,遂无已时。"于是张氏兄弟被处以死刑。我们看到,这两个案子的处理结果和赵娥、桓温案正好相反。为什么会这样?归纳起来,原因有两条:其一,杀人者死,法有常刑,不能因杀人者是孝子就破坏常法;其二,孝子为亲复仇,是舍生取义之举,他们早已将生死置之度外,杀之正可成其志、全其节。

由此,我们差不多已经可以勾勒出一条对待复仇问题的态度曲线。在封建社会早期,当时的政府更倾向于赦免为亲复仇的孝子烈女,而进入中古期之后,国家的立场逐渐强硬起来,对待复仇行为就很少宽宥了(当然,这只是历史的大体走势,不排除具体个案的差异)。所以如此之故,应该和封建国家控制力的增强以及秩序观念的加强有关系。

当然,围绕复仇的难题并没有一劳永逸地被解决,不同时代、不同历史条件,甚至是当政者的不同偏好,都可能影响具体案件的结果。唐宋以来的士大夫针对复仇案件先后提出几种解决方案,兹列于下:

(1)柳宗元方案:依据《春秋》经传"父不受诛,子复仇可也；父受诛，子复仇，此推刃之道"的精神，区分可复之仇和不可复之仇。可复之仇，为亲复仇者无罪；不可复之仇，复仇者有罪。

（2）韩愈方案：采用临时集议的办法，即具体问题具体分析。复仇案件发生后，由皇帝召集公卿大臣，"酌其宜而处之"，经义决狱的色彩浓厚。

（3）邱俊方案：基于"有罪者亦不容擅杀"的立场，对复仇行为予以进一步限制。即便是可复之仇，复仇者亦须穷尽"告官"等一切程序性救济，否则不可免罪。

此外，如王安石这样的法家色彩浓厚的人物，原则上反对一切复仇行为，其理由是"明天子在上，自方伯诸侯以至于有司各修其职，其能杀不辜者少矣"。（王安石《复仇解》）在其专门为复仇所撰的这篇文字中，我们分明可以感受到一种"现代的自负"。这样一种思维理路试图告诉世人，随着法制的昌明和社会的进步，私人复仇应当退出历史的舞台，国家成为终极的而且唯一的正义主持者。这是不是很接近当代人的观点呢？

当然，以上几种方案都是封建士大夫的理论建议，实践中封建政府处理复仇案件的具体做法与上述几种方案不尽一致。大体言之，封建政府对复仇案件的处理所折射出的取向不外两种：一种是严格执法，不为末减；另一种是特事特办，网开一面。大多数情况下，封建政府的立场都在这两种取向之间摇摆。至于某个案件最后到底是如何解决的，则取决于该案的具体案情和各方势力的对比。同时，如前文所言，封建国家对复仇的态度是前松后紧的，早期比较宽容，越到后来越严厉，这是国家机器的本性使然。

复仇案件之所以聚讼千年，迄今难解，究其实质，在于我国自古以来并存两套区别很大的评价体系，那就是礼义和国法。礼义生于习俗，国法起于强力，二者先天便自不同。后期虽互相吸收，互相影响，通过儒法合流的过程慢慢接近和融合，甚至催生了像《唐律》这样礼、法合一的结晶。然而，礼义和国法始终没有实现天衣无缝的对接，在一些具体问题上，甚至是南辕北辙、鸡同鸭讲。复仇问题就是双方龃龉的焦点之一，"在礼父仇不同天，而法杀人必死。礼、法，王教大端也，二说异焉"。在礼义的视野中，为亲复仇者是孝义感天的热血儿女，是社会的楷模；而在国法的坐标系上，为亲复仇者是知法犯法的暴戾凶徒，是国家的罪人。两套规则体系的并行和冲突导致了人们认知模式的混乱，增加了社会运行的成本。

综上，复仇问题成为千古公案，本质上折射出礼、法两套规则体系的冲突。而今天的中国人仍在为此类案件聚讼纷纭，说明今天的中国人仍然活在礼、法之争的阴影里，社会评价体系远未达到统一，这也从一个具体的维度告诉我们，中国从传统社会到现代社会的转型必将是一个漫长的过程。

大宋提刑官为何那么牛？

2005年5月27日，"中国首部大型古装纪实悬疑电视连续剧"《大宋提刑官》在中央电视台综合频道播出。据央视索福瑞统计的收视数字，该剧播出第二周的平均收视率为7.85%，居然超过了《新闻联播》的6.18%。十多年过去了，《大宋提刑官》仍然是许多观众心目中数一数二的古装神剧，高达9.3的豆瓣评分可以证明。

观众为何如此青睐《大宋提刑官》？以今日之眼光看来，该剧的不够完美是显而易见的，服化道难称精良，错讹穿帮之处也不少，如将"司臬"的"臬"（音niè）读作"gāo"，县官夸耀本县治绩自称"贵县"，剧中人物对话过程中竟然提及潘金莲和西门庆，不一而足。但从整体上来看，该剧还是瑕不掩瑜的。该剧的经典不仅体现在剧情的紧凑和跌宕起伏，更在于通过一个个激动人心的洗冤故事向观众展现了古人的办案智慧和古代的司法文明。剧中，宋慈将刑狱之道概括为五字真言

"人命大如天",可谓深得传统司法文化之要领。中第之前,好友孟良臣鼓励他将来子承父业做一名刑狱推官,宋慈不无自负地说:"谁要当什么刑狱推官?宋某想当的是堂堂的大宋提刑官。"宋慈所说的"提刑官"到底是一个什么样的官职?为什么会成为宋慈的职业理想?

"提刑官"是宋代"提点刑狱公事"的通俗叫法,也称"提刑"。宋代为了加强对地方的控制,贯彻其"强干弱枝"的国策,沿袭了前代由中央政府派遣御史分巡天下、监察地方行政的老办法,同时又有所发展和创新。具体做法是,把全国划分为若干个监察区,称为"路",在各路先后设转运司、提点刑狱司、提举常平司等机构,分别负责某一方面的政务,并具有监察地方官的职责,统称为"监司"。监司中,提点刑狱司的职责是:

掌察所部之狱讼而平其曲直,所至审问囚徒,详覆案牍,凡禁系淹延而不决,盗窃逋窜而不获,皆劾以闻,及举刺官吏之事。(《宋史·职官志》)

可见,提点刑狱司是一个专门负责司法审查、平理狱讼的机构,兼有监察职能,对于地方的司法清平关系重大。这个机构的主管官员,就被称为"提点刑狱公事",简称"提刑"。如景德四年(1007)《置诸路提刑诏》:"今择官诸路提点刑狱公事，具官云云，所至专察视囚禁、审详案牍。"（《宋大诏令集》卷一六一）《大宋提刑官》错把提点刑狱司认作州、府一级的司法衙门，无疑是对宋代司法制度的误解。

应该说，宋朝政府在提点刑狱司的设置上是寄予了厚望的，同时为了更好地发挥这个机构的作用，在提点刑狱官的遴选上也是非常严格谨慎的，一般都是选派"质厚而识明""性度和平，有执守"的官员充任该职。所谓"明主矜庶狱，选才从本朝"（司马光《传家集》卷七）是也。综观两宋之世，不少名公巨卿均有任职提刑的经历，这成为中国古代司法制度史上不可多见的文化现象。其典型如杜衍（河东提刑）、周敦颐（广南东路提点刑狱）、王安石（提点江东刑狱）、朱熹（提点江西刑狱公事）、陈傅良（浙西提点刑狱）、杨万里（广东提点刑狱）、文天祥（江西提刑、湖南提刑）。当然还有我们最为熟悉的宋慈，从55岁到64岁逝世之间的大部分时间里，都任职提点刑狱公事，先后任广东、江西、广西、湖南提点刑狱，晚年更以宝谟阁直学士的身份，奉命巡回四路，掌管刑狱。不仅任职时间长，而且廉政爱民，执法严明，雪冤无数，是名副其实的"大宋提刑官"。

一句话，宋代的提点刑狱司属于中央政府的派出机构，而提刑属于差遣官，其衔命而出，颇有代天子巡守的架势，其民间形象就是钦差大臣。这样一种身份和地位，自然成为当时许多士子的人生目标和职业理想。电视剧中的宋慈志在成为一名

"大宋提刑官",合情合理。

2018年北京市高考语文卷中有一道古诗文阅读题,考查的内容是对辛弃疾的一首《满江红》词的理解,题干如下:

满江红·送李正之提刑入蜀[1]

辛弃疾

蜀道登天,一杯送绣衣[2]行客。还自叹中年多病,不堪离别。东北看惊诸葛表,西南更草相如檄[3]。把功名收拾付君侯,如椽笔。　儿女泪,君休滴。荆楚路,吾能说。要新诗准备,庐山山色。赤壁矶头千古浪,铜鞮陌[4]上三更月。正梅花万里雪深时,须相忆。

注释:[1]这首词作于宋孝宗淳熙十一年(1184),当时辛弃疾闲居江西上饶。提刑,官名,主管地方司法、监察等事务。[2]绣衣:官服。[3]相如檄:指司马相如所作《喻巴蜀檄》,主旨是安抚巴蜀百姓。[4]铜鞮陌:代指襄阳。

在此,有必要指出试题中的几处错误。其一,整首词的标点不够理想。按照满江红的词牌格式要求,正确的标点应该是:

蜀道登天,一杯送、绣衣行客。还自叹、中年多病,不堪离别。东北看惊诸葛表，西南更草相如檄。把功名、收拾付君侯，如椽笔。　　儿女泪，君休滴。荆楚路，吾能说。要新诗准备，庐山山色。赤壁矶头千古浪，铜鞮陌上三更月。正梅花、万里雪深时，须相忆。

其二，注释不够准确。具体来说，注释［1］对"提刑"的解释和注释［2］对"绣衣"的解释貌似正确，实则都经不起推敲。

先说"提刑"。注释［1］的说法容易让一般读者产生误解，误以为提刑是地方官员。实际上，如上所述，宋代的提刑就其性质而言属于中央派驻地方的官员。

从这阕词的标题上看，词是辛弃疾在送别友人李正之赴蜀地上任时所作。据邓广铭先生《辛稼轩年谱》可知，李正之所任为利州路提刑，可看作朝廷派往利州路的"巡视员"。利州路于北宋咸平四年（1001）从西川路分置而来，治所最初设于利州（四川广元），故得名。南宋分为利州东路和利州西路，提刑司置于东路兴元府（汉中）。

再说"绣衣"。"绣衣"在词中不是指官服，而是应当指代李正之提刑官的身份。此处，辛弃疾用了典，而典故的源头要追溯到西汉。汉武帝时，天下盗贼蜂起，官员、豪强奢僭违制行为泛滥，为此，武帝特意任命一批他所信任的精明强干之吏为天子使者，令其分赴三辅和各地，督捕盗贼，禁察逾侈。一

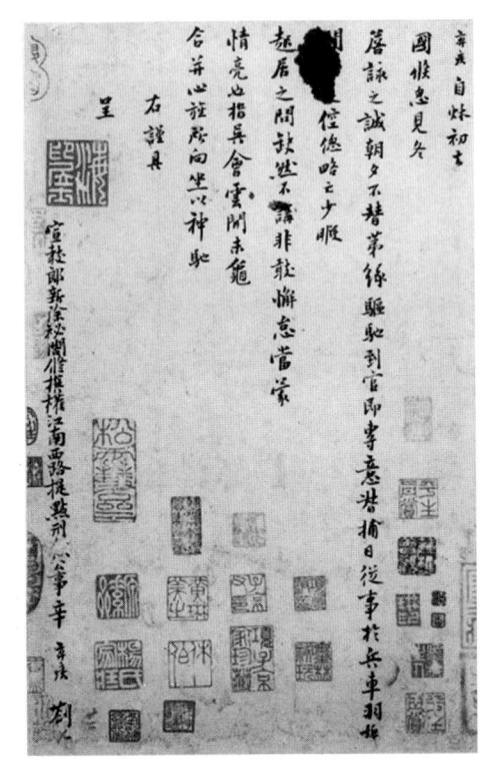

辛弃疾作于淳熙二年（1175）十月的《去国帖》。该年六月，辛弃疾被任命为江西提刑，"节制诸军讨捕茶寇"，后因功加秘阁修撰。从《去国帖》可看出宋朝提刑的军事职能

方面，皇帝指示，使者要谨记皇命，"指事而行，无阿私也"，是谓"直指"。另一方面，为了展示皇帝之使的权威和提高办事效能，皇帝赐以绣衣和符节（通常是一把象征权力和杀伐的小斧子），以示尊宠。于是，这批使者被称为"绣衣直指"，

又称"直指使者"或"绣衣御史"。"绣衣直指"由于有皇帝的充分授权，拥有先斩后奏的生杀大权，巡行所部，专行诛赏，令天下百姓和官员谈之色变。如"绣衣御史暴胜之使持斧逐捕盗贼，以军兴从事，诛二千石以下"。（《汉书》卷六六）又，江充拜直指绣衣，"时近臣多奢僭，充皆举劾，请没入车马，令身侍北军，击匈奴，奏可。贵戚皇恐，见上叩头，愿得入钱赎罪"。从制度沿革的角度来看，"绣衣直指"是后世钦差大臣的前身。

由于有了武帝设"绣衣直指"的先例，后世历代由皇帝派出的使者通常也被世俗冠以"绣衣使者"之美名，或干脆简称"绣衣"。宋人所编《朝野类要》卷三《外台》："安抚、转运、提刑、提举，实分御史之权，亦似汉绣衣之义。"于是我们看到，在宋人的诗文中，转运使和提刑官等监司经常被称作"绣衣"，而提刑官被称作"绣衣"的情况最多，毕竟，就其职事而言，提刑和汉代的绣衣最为接近。北宋王禹偁《送丁谓之再奉使闽中》："绣衣直指东南夷，入奏风谣受圣知。持节又从三殿出，演纶还较一年迟。朝中谬拜推贤表，江畔空吟惜别诗。郡印喧卑文会少，为君搔首落花时。"（《小畜集》卷一一）李觏《次韵答提刑孙都官》："病树难随万木荣，闭门终日自愁萦。绣衣使者知何取，肯向民间问死生。"（《旴江集》卷三六）欧阳修《送张吉老赴浙宪》（"浙宪"指两浙路提刑）："吴越东南富百城，路人应羡绣衣荣。昔时结客曾游处，今见焚香夹

道迎。治世用刑期止杀，仁心听狱务求生。时丰讼息多余暇，无惜新篇屡寄声。"(《文忠集》卷五七）

当然，在少数情况下，诗文中的"绣衣"的确是当"官服"讲的。如周敦颐回忆亡友何仲容（曾任江西提刑）的一首诗："兰似香为友，松何枯向春。荣来天泽重，殁去绣衣新。昼作百年梦，终归一窨尘。痛心双泪下，无复见贤人。"（《周元公集》卷二）又如王珪《访别成献甫经历时新拜西台御史之命二首》之一："江上秋风吹绣衣，客槎西上渺天涯。得为李御平生愿，一识荆州是别时。栢署行分秦地月，棠阴好在召南诗。日边消息长安近，伫听朝趋上玉墀。"（《华阳集》卷二）很明显，两诗中"绣衣"只能解作"官服"。

总而言之，"绣衣"一词的本义是指官服，后来含义慢慢发生了变化，更多地被用来指代官职，而在少数情况下仍然保留了原义。具体到辛弃疾的词，"蜀道登天，一杯送、绣衣行客"一句中，"绣衣行客"自然不能解作"穿着绣衣的行客"，而应当理解为"身为绣衣使者的行客"。所以，在本词中，"绣衣"不是官服的意思，而是提刑官的代称。

既然分析这首词，不能不提到词中的另外一个主角——李正之。作为辛弃疾的送别对象，这个李正之是何许人也？为何他的赴任能引起词人的如许感慨？

查李正之其人，《宋史》《宋史翼》均无传，然借助其他传世文献的若干线索，仍可考其生平之大概。李正之名大正，正之是他的字，建安（今福建建瓯）人。乾道年间入仕，初为遂昌尉，后为会稽令，"既至，得滞案数十，判决如流，无不快人心"。（《浙江通志》卷一五七）任会稽令时，"吏材治绩为八邑之冠"（《盘洲文集》卷四六），因而得到当时名公洪适的赏识和举荐。淳熙年间，知南安军。"适郡赋税不办，豪猾梗治，大正理赋税，计利害，务穷其源，一郡肃然。每坐宴阁听事，终日忘倦，暇则习射于后圃云。"（《江西通志》卷六五）可见李大正实在是一个当入《循吏传》的人物。除与辛弃疾有诗词酬唱外，李大正与当时士人韩元吉（1118—1187）、范成大（1126—1193）、赵蕃（1143—1229）等人亦颇有往还。就此我们可以推算一下李大正的年龄，他应该与韩、范、辛、赵等朋侪相仿佛，如果取四人年龄的平均数，那么淳熙十一年（1184）李大正的年龄应在53岁上下，这与提刑官的级别也是大体对应的。

如《满江红》词及注释所显示，李大正于淳熙十一年被任命为蜀地提刑，由江西入蜀，稼轩以词赠别。虽说"衔命万里，蔚为国光"，然而蜀地遥远，兼之蜀道之难难于上青天，单是赴任就让人胆寒踟蹰，更何况莅任之后还要履行巡行所部的任务。当时的提刑司虽有固定的官厅，然而提刑官们一年中难得歇上一口气，要马不停蹄地在一路的州、府间巡按狱讼，平反冤狱，是真正意义上的"巡回法庭"。考虑到当时交通之落后和出行之不便，这项工作之艰巨可想而知。大正虽已过知天命之年，然而前方艰巨的任务，仍不免让他心生茫然，是以稼轩劝慰他"儿女泪，君休滴"，并且以前代名臣司马相如和诸葛亮的功业来激励大正。

据朱熹为周敦颐所撰《行实》，周敦颐在广南东路提点刑狱的任上，跋涉岭表，艰辛备尝，"不惮出入之劳、瘴毒之侵，虽荒崖绝岛、人迹所不至处，亦必缓视徐按，务以洗冤泽物为己任"（《周元公集》卷四），完全是以儒家"为生民立命"的信条作为支撑。我们如果看过李保田主演的电影《马背上的法庭》，一定可以想象得到一千年前提刑官们的工作情景。当然，如果生当盛世，刑清讼简，人罕犯罪，提刑官似乎是不必如此辛苦的，正如北宋魏野在《送唐肃察院赴东川提刑》中所咏的："按察东川十四州，几多山水似蓬丘。清时应喜无冤雪，赢得乘骢到处游。"（《东观集》卷四）想一想，可以一年四季享受公费旅游的待遇，也真的是很惬意呢！

然而，理想很丰满，现实很骨感。蜀地提刑的任务之艰巨繁重可能超出了我们的想象。我们读韩元吉的儿子、诗人韩淲所作《李正之丈提刑挽词》：

犹记登龙日，分明捉月仙。精神超物表，才术本天然。符节多遗爱，玺书行九边。岂期归蜀道，乃尔网重泉。　耆旧今零落，风流近所无。歌诗倒元白，字画逼欧虞。为约言犹在，收书德不孤。阶庭知有子，庆泽自相符。

字里行间对李大正的文采风流推崇备至。同时,挽词也告诉我们,李大正应该是在蜀地提刑的任上逝世的,其原因可能一方面是年事已高,另一方面是积劳成疾。李大正官止于提刑而身殁于公事,距离稼轩"把功名收拾付君侯,如椽笔"的期许自然还有相当大的距离,天不假年,诗人当时一定是黯然神伤的,便是千载之下的读者也免不了一阵感慨唏嘘。

宋慈的父亲为何自杀？

电视剧《大宋提刑官》的主人公宋慈以我国南宋时期著名官员、法医学家宋慈为人物原型，同时在人物形象塑造上也做了一些必要的艺术加工，如为了凸显宋慈职业选择的不同寻常，编剧有意设计了宋父自杀的情节。宋慈的父亲宋巩担任嘉州刑狱推官时，因一时失察误判人命，事后发觉，自责不已，遂服毒自尽，以死谢罪。死前又给宋慈留下遗书一封，叮嘱儿子慎重人命，莫涉刑狱。

按照电视剧所展示的故事逻辑，宋慈后来走上刑官之路并成就大宋提刑官的伟业，一半出于家学的熏染和个人的才情，一半出于其父惨痛教训的反面激励。就此而言，宋父之死虽令人扼腕，意义却非同小可。不过，衡诸人情常理，宋父之死不免令人困惑。法官因断案失误而自咎以至自杀，这该是一种多么痛的领悟！有网友看过该剧后即大声疾呼："这是怎么样的政治伦理？这是怎么样的法律伦理？"这样的事情在现实生活中有可能吗？细查史书还真有这么一例。春秋时期，晋国的理官（即今之法官）李离误断人命，在一番慷慨陈词之后"伏剑而死"，此事见于太史公的《史记·循吏列传》。不过话又说回来，先秦时期中国人（尤其是"士"）的脑回路与后世似乎大有不同，抹脖子自尽通常眼睛眨也不眨。后世民风丕变，世道浇漓，求如古之仁人志士者而难如登天，这也就是为什么观众会觉得宋父这个角色不够真实了。

还有网友毫不客气地指出，现实生活中并非没有宋慈父亲这样类型的人物，他们追求完美和极致，容忍不了自己的错误和污点，这其实是一种"人格缺陷"。此种人格缺陷甚至可以遗传，剧中宋慈后来遭奸人设计，误断小桃红一案，愧疚难当，几欲步其父的后尘，严于律己一至于斯。观众在感受到心灵震撼的同时，电视剧"教化"的功能得到了实现。话虽如此，一个问题仍然盘旋在笔者的脑子里挥之不去——宋父之死真的只是源于一名刑官的"道德洁癖"吗？

在笔者看来，电视剧刻意突出以宋慈为首的古代刑官的道德自省和职业觉悟，这一点从艺术创作的角度来说似无可厚非，但是对人物活动背后的制度因素没有给予足够的重视，实际上有意无意地淡化甚至回避了司法差错的法律责任和法律风险问题，这也是对历史的不尊重。

人非圣贤孰能无过？法官也是人，断错案件自然无法完全避免。那么，中国古代法律如何处理法官断错案的情况呢？以宋代为例,《宋刑统·断狱》规定：

> 诸官司入人罪者,若入全罪,以全罪论;从轻入重,以所剩论;刑名易者,从笞入杖,从徒入流,亦以所剩论。从笞、杖入徒、流,从徒、流入死罪,亦以全罪论。其出罪者,各如之。即断罪失于入者,各减三等;失于出者,各减五等。

《宋刑统》的规定源自唐律,后来又被元、明、清历代法律所继承,代表了中国古代应对司法差错的制度努力。概而言

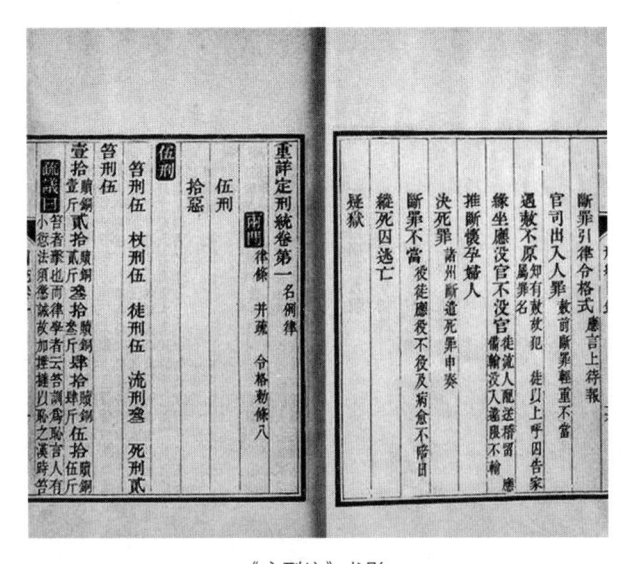

《宋刑统》书影

之，司法差错主要分为两种情况：入罪和出罪。入罪是指无罪而判有罪或轻罪而判重罪，出罪则正好相反。依据法官主观心态的不同，入罪又分故入和失入，出罪又分故出和失出。从性质上来看，故出入人罪明显要重于失出入人罪，这与现代刑法学上故意犯罪重于过失犯罪的法理是相通的。耐人寻味的是，失出与失入相比较，刑责竟然差了两等，反映出古人独特的法律文化观念。通观《宋刑统》的文字"表达"，我们不难看出中国古人对待司法差错的基本态度——故意枉法断罪固然不可容忍，即便是无心之失也要承担相应的法律责任，可见古人司法观念之严谨。

中国古人对待司法的严谨不仅停留在纸面上，而且落实到了具体的司法实践中。北周时，郑州百姓李思美贩私盐，本罪不至死，却被判官杨瑛判了死刑。思美妻告到御史台，朝廷启动了错案责任追究程序。宰相王峻认为："死者不可复生，瑛枉杀人，其可恕耶？"大概是觉得杨瑛应该属于故入，性质恶劣，所以应该以命相抵。而大理卿剧可久却认定杨瑛为失入，减三等后的刑罚是徒二年半。最终，朝廷采纳了剧可久的意见，杨瑛逃过一劫。（《宋史·剧可久传》）

放眼过去的历朝历代，宋代的错案责任追究制度即便不是最严格的，至少是最完备而富有特色的，其中令人印象最为深刻的就是对故入和失入死刑的责任追究。故入性质最为恶劣，但实践中为数不多，更为常见的还是失入。是以，宋代的错案责任追究主要表现为对失入人罪尤其是失入死罪的责任追究。针对失入死罪，当时有《刑部法》明确规定："诸官司失入死罪，其首从及录问、审问官定罪各有等差。"也就是说，一旦确定属于失入死罪的情况，负责该案件的主管官员及直接责任人员都要面临相应的法律制裁。至于责任如何分担，熙宁二年（1069）十二月的诏令做了进一步的细化规定：

> 今后失入死罪，已决三名，为首者手分刺配千里外牢城，命官除名编管，第二从除名，第三、第四从追官勒停；二名，为首者手分远恶处编管，命官除名，第二从追官勒停，第三、第四从勒停；一名，为首者手分千里外编管，命官追官勒停，第二从勒停，第三、第四从冲替。以上赦降、去官不免，后合磨勘、酬奖、转官，取旨。未决者，比数递减一等，赦降、去官又递减一等。内使相、宣徽使、前两府，取旨；大卿监、阁门使以上，以类上条降官、落职、分司或移差遣；其武臣知州军、自来不习刑名者，取旨施行。（《宋会要辑稿·刑法四·断狱》）

诏令运用冲替、勒停、除名、编管、刺配等行政处分和刑罚手段，为大大小小经手刑狱的官吏戴上"紧箍咒"，形成多环节的责任激励，倒逼其谨慎对待狱案，尤其是大辟案件。

尽管如此，由于帝制时代的各级官吏享受着或大或小的司法特权（如官当、赎刑），即便违法乱纪也可以实质性地免于刑责，关于错案责任的制度设定在实践中容易落空，也就无法发挥预期的激励功效。有鉴于此，宋廷三令五申，不断夯实司法责任。太宗雍熙三年（986）五月，刑部针对近期发现的果州、达州、密州、徐州等地官吏枉断死罪的一批案件，建议强化责任约束，今后凡是失入死罪者，"不得以官减赎，检法官削一任，更赎铜十斤，本州判官削一任，本吏并勒见任"。真宗大中祥符七年（1014），编敕所提出建议："自今刑部举驳诸州误入人死罪，劾断官吏讫，具事布告天下，俾共晓悟。"真宗景德年间，又有臣僚建议"失入死罪不至追官者，断（官）冲替，候放选日，注僻远小处官，连署幕职、州县官注小处官，京朝官任知州、通判、知令录、幕职受远处监当，其官高及武臣、内职奏取进止"。又，政和元年（1111）六月，臣僚建议："失入徒罪已上及用刑不法之吏，虽遇赦宥，许其叙复，乞不令任提点刑狱、亲民差遣。"以上建议均得到了皇帝认可。这些针对失入的政令前后衔接，一脉相承，体现了北宋朝廷强化法官的司法责任、维护司法公正的决心和努力。

具体到司法实践中，宋廷对待司法差错的态度始终是明确而严谨的，尤其是仁宗一朝。对仁宗朝的司法状况，世人盖棺论定道："明慎庶狱，极于哀矜。惟法所在，未尝妄刑。郡邑之吏，责之详平。一失入罪，无阶显荣。"这一评价虽有溢美的成分，但离事实也不远。宝元元年（1038）正月，比部员外郎师仲说致仕，按照惯例，朝廷应当荫其一子为官，可是，仁宗因为仲说在知金州任上时曾失入死罪，专门指示取消了仲说的这一退休待遇。至和二年（1055）二月五日，仁宗亲自处理了一个叫陈仲约的司法官员。话说这个陈仲约在担任广州司理参军时鞫囚失入死罪，按照当时的规定本可以赎铜，但仁宗郑重其事地对知审刑院张揆说："死者不可复生，而狱吏它日犹得叙用，岂可不重其罚也！"于是做出了强令停职（勒停）的处理决定，而且指示，陈仲约此后不得因朝廷颁降恩典而进用。嘉祐元年（1056）七月一日，仁宗又处分了一个叫冯文俊的官员，原因是冯文俊在知镇戎军时曾失入死罪二人。审刑院的意见是文俊已去官，时过境迁，可不予追究，仁宗却过不去这个坎儿，特意下令将文俊降官。正是在仁宗的坚持之下，宋廷形成了对误入人死罪的官吏"终身废之、经赦不原"的祖宗之法，对两宋及后来的法制运行产生了积极而深远的影响。

祖宗垂范在先，后来的帝王们自然也要勉力效仿。北宋绍圣二年（1095）九月，刑部向哲宗皇帝报告了齐州一起失入死罪案，当事官吏虽已转任并赶上朝廷发布赦令，皇帝还是觉得要严肃处理，结果是：前齐州司理参军王世存、推官张崇勒停，通判滕希靖冲替，知州、朝请郎杜纮和审问官京东路转运副使、朝散大夫范谔各降一官。南宋绍熙五年（1194）四月，福建提刑赵像之奏报该路所辖建宁府浦城县知县鲍恭叔"妄将平人毛少直勘作大辟"，光宗皇帝很生气，特意下诏将鲍恭叔降两官，放罢，永不得与亲民差遣，诏书写道：

> 敕具官某：县令与民最亲，狱事所宜深察也。尔为大邑，以重辟告于郡，却而复上，几陷平民于死，迨冤状既白，而欲便文以自解乎？外台有言，夺汝二秩，不复使任临民之官，尚为轻典也。（楼钥《攻媿集》卷四〇）

话里话外，这样的处分还算轻的，可见宋廷对狱事的严谨和人命的重视。总而言之，两宋三百多年的历史上，司法官员因司法差错而遭受处分的案例不胜枚举，尤以失入、故入死罪的处分最重，轻者降职，重者罢官，终身追责的情况也不鲜见。对司法差错的严厉追责是宋代法治文明的一个重要方面，或者如胡云腾大法官所言："严厉的错案或冤狱追责制度，是封建司法专横专断的重要组成部分。"

可以想见，在这样一种法制环境中，一名司法官员谨慎对待经手的每一个案件，绝非爱惜羽毛那么简单，因为权力、义务和责任是紧紧绑定的。官员一旦断错案，特别是误断人命，折损的不仅是个人的名誉，还有整个的仕途。若按北宋神宗时的法令，宋父失入死罪二人，而且是第一责任人，应被除名。也正是在这样的制度和文化氛围中，误断人命所带来的精神压力才有可能成为"生命中不能承受之重"，于是我们才能够理解宋父壮烈悲剧的必然性。

不独宋父，剧中另外一位循吏也遇到了同样的问题，他就是青阳县知县白贤。白贤误判吕文周奸杀案，虽然是未决，却也遭受了很大的精神打击，最终心灰意冷、挂冠而去。而宋慈在平反该起冤狱之后，烧掉了该案的原审案卷，没有如实上报朝廷，却也不失为严厉追责体制之下对正直官员的一种善意保护。

中国古代的"宰白鸭"是怎么一回事?

由王千源、包贝尔主演的犯罪题材影片《"大"人物》在2019年春节档中收获了不错的票房和口碑。电影故事中,包贝尔饰演的富二代赵泰顽劣成性,目无法纪,将前来讨要拆迁款的汽修店店主赵勇强打成重伤,并制造自杀的假象。后迫于警方不懈追查的压力,赵泰的助手崔京民到公安局自首,声称赵勇强是被自己打伤,希图为赵泰脱罪。艺术源于生活,惊心动魄的影视故事提醒我们,顶罪代刑的现象其实距离我们并不遥远。

顶罪代刑现象由来已久。东汉后期,被举荐为贤良方正的刘瑜上书朝廷时提到,当时的地方官府贿赂横行,残民以逞,导致民怨沸腾,化身贼党,官府又兴兵诛讨,在这种情形下,"贫困之民,或有卖其首级以要酬赏,父兄相代残身,妻孥相视分裂"。(《后汉书》卷五七)由此以下,顶罪代刑无代无之,而尤以清代为最甚。考察清代民间顶凶卖命的历史,或许可为我们更为清晰地认识此种司法乱象提供一面镜子。

清代司法中的"宰白鸭"现象

清朝嘉庆年间，名吏张问陶任莱州知府，一次，受省按察使衙门委派，覆审即墨县一命案。在覆问过程中，凶犯王小山对杀人罪状供认不讳，其供词熟极而流，与原供无丝毫出入，便似背诵好了一般。这种情况自然引起了张问陶的注意，再仔细端详王小山，见其年不过二十，手无缚鸡之力，根本不像杀人凶手的样子。张问陶心想其中恐怕有冤情，在他的再三开导之下，王小山终于承认自己是代人受过，真正的杀人凶手是富家公子屈培秋。原来，王小山一家债台高筑，不得已收了屈家二百两银子，约定由王小山为屈培秋"顶缸"，供词全是事先商量好的。张问陶廉得其情，既怜小民之艰辛，复恼富人之奸狡，遂援笔判道：

杀人者死，律有常刑，所以惩凶匿、儆邪辟也。若有钱可以买代，则富家子弟将何所顾忌？皇皇国法，是专为贫民设，而非为富豪设矣。有是情乎？有是理乎？……屈培秋以口角细故用刀杀人，其罪已不可逭。而又不束身司败，以二百金买人一命，蔑视王法，殆无是过。夫使二百金可买一命，则家有百万，可以屠尽全县。以一案而杀二命,其罪更何可恕?须知,前一杀尚出于一时愤懑,或非居心杀人;后一杀则纯为恃富杀人,有心杀人。误杀者可免抵,故杀者不可免也。屈培秋应处斩立决,并于行刑前先杖二百。王小山顶凶卖命,依律亦应杖责,姑念出自孝心,为养活父母计,应从宽免责。……[1]

顶凶卖命让真凶漏网,无辜受刑,无疑属于冤假错案。然而,与一般冤案不同,此种冤案是真凶和顶凶者双方通谋的结果,因而更难翻案。稍晚于张问陶的陈其元追述其父陈鳌昔年为官福建时,曾在谳局覆审一桩斗杀案,其案情与王小山案如出一辙。陈鳌在发现顶凶情由后即将案件发回本县重审,可是,重审的结果依然如故,此时,案犯"则断断不肯翻供矣"。(陈其元《庸闲斋笔记》卷三)陈鳌明知有冤而不能为之平反,心灰意冷,遂辞去谳局的差事。后人总结道:"有司明知其冤,而卒无术以平反之者,其惨痛更何如耶!"(李岳瑞《春冰室野乘》)

两案的相似绝非偶然,反映出清代中后期顶凶代死现象的多发,正如陈其元所指出的,"福建人命案,每年不下百数十起,如此类者良亦不少"。(《庸闲斋笔记》卷三)道光二年

---

1. 襟霞阁主编:《张船山判牍菁华》,上海中央书店,1934年,第57—58页。

（1822）闰三月，刑部收到广东报送的一批人命案，其中，只一个潮州府，贿买顶凶之案就有三十七件之多。（王先谦《东华续录·道光五》）道光年间在潮州为官的郭光启也记录道："潮俗，杀人真犯辄匿不出，而被诬者又恇怯不自申理，率买无业愚氓，送官顶替，贪利者罹法网焉，名曰'宰白鸭'，是可悯也。"（《清诗纪事》道光朝卷）由于此类现象在生活中并不鲜见，当时民众恬不为怪，俗称"宰白鸭"。"宰白鸭"之风，多见于福建、广东两省，其中尤以福建的漳州和泉州为最盛。"福建漳、泉二府，顶凶之案极多，富户杀人，出多金给贫者，代之抵死，虽有廉明之官，率受其蔽，所谓'宰白鸭'也。"（《庸闲斋笔记》卷三）

在"宰白鸭"案件中，杀人正凶贿买孤子无依的愚民送官顶冒，顶凶者所得身价谓之"香灯钱"，"以死后旁人为之继嗣接续香火也"。（黄安涛《诗娱室诗集》卷一八）在世俗的眼光中，"宰白鸭"是一个愿打一个愿挨，而在当时有良知的观察家眼中，顶凶代死何其晦暗也！顶凶的"白鸭"何其愚戆可怜也！郭光启曾作有《宰白鸭》诗一首，描绘"白鸭"的悲惨命运，控诉社会的不公，诗曰：

白刃如霜初出匣，市上争看宰白鸭。
宰白鸭，鸭何辜？青天在前不敢呼。
得钱卖命代人死，妄冀剖腹可藏珠。

珠可藏，腹安在？张姓冠将李姓戴，

法场白日应昼晦，冤魂化作大鸟归。

纵有香灯恐不爱。

君不见汉朝杨宝救黄雀，后嗣三公传奕代。

寄语当世理刑官，爰书反覆须至再。

宰白鸭，休愤愤。[1]

"宰白鸭"多见于闽、粤两省，与当地的械斗之风有直接关系。赵翼在《檐曝杂记》中记道："闽中漳、泉风俗多好名尚气……民多聚族而居。两姓或以事相争，往往纠众械斗，必毙数命……未斗之前，各族先议定数人抵命，抵者之妻子给公产以赡之。故往往非凶手而甘自认，虽刑讯无异词。凡械斗案，顶凶率十居八、九也，其气习如此。"清后期的周寿昌也在《思益堂日札》中记道："今时广东、福建顶凶之弊，惟械斗案最多，恶习相沿，殊不易破。"

王树汶案：顶凶代罪的典型

有清一代影响最大的顶凶案首推光绪七年（1881）的河南

---

1. 钱仲联主编：《清诗纪事》道光朝卷，凤凰出版社，2004年，第10471页。

王树汶案。王树汶，邓州人，在南阳镇平县胥吏胡体安家打杂服役。而这个胡体安，表面上是光鲜正派的"公家人"，暗地里却干着打家劫舍的勾当。后来，被事主揭发到官，眼见形势不妙，胡体安遂买通了镇平的吏卒，拿家僮王树汶来顶包。王树汶一开始拒绝配合，可是架不住吏卒的酷刑，又被告知定案后一定不会被判死刑，只得应承下来。县令马虆糊涂颟顸，加之邀功心切，只当真的抓住巨盗，于是草草定案。被判了死刑的王树汶自然不甘心，于是临刑喊冤，叫出为人顶凶的真相。

河南巡抚涂宗瀛下令停刑，派人覆讯该案，可是始终不得要领。在覆讯中，王树汶自陈父亲名叫王季福，在邓州务农。于是，涂宗瀛指令邓州知府朱光第拘传王季福到案。在这个节骨眼上，涂宗瀛升调两湖总督，河道总督李鹤年继任河南巡抚。与新巡抚关系密切的开归陈许道道员任恺（官职比朱光第高一级，但非朱的顶头上司）正是曾负责王树汶案二审的原南阳知府，为了掩饰错案，修书阻止朱光第拘传王季福，朱不为所动。王季福到案后，当堂对质，果然与王树汶是父子。王树汶并非胡体安的事实，此时已是路人皆知，无可掩饰。然而，巡抚李鹤年有意袒护任恺，指使办案人员将王树汶定了个强盗从犯的罪名。按大清律，强盗不分首从，只要是得了财物，皆斩。这样一来，原一审、二审的各级官员都可以免于承担责任。京中河南籍的科道官员风闻后，纷纷上章揭发弹劾。朝廷任命河道总督梅启照为钦差大臣，重新覆查王树汶一案。启照虽为一代名臣,然已近暮年,行将致仕,又部下多为李鹤年旧属,是以,经过一番"覆审","竟以树汶为盗从,当立斩,狱遂成"。消息传出,舆论为之大哗。朝廷为厌服众心,指令刑部提审该案。时任刑部尚书潘祖荫高度重视,指派其得力干将、刑部郎中兼秋审处总办赵舒翘主审此案。赵舒翘不负众望,经过数月的调查取证和反复研鞫,终于将冤案的黑幕层层剥去,并代表刑部拟出要向皇帝提交的奏稿。据说,在此过程中,李鹤年的部属曾入都向潘祖荫关说,潘几为之动摇,要将赵舒翘的奏稿毁去。赵舒翘坚持不可,对潘说:"舒翘一日不

赵舒翘著作《提牢备考》书影

去秋审，此案一日不可动也。"（李岳瑞《春冰室野乘》）最后，潘祖荫和继任刑部尚书张之万采纳了赵舒翘的意见，并以此上奏朝廷。最终，皇帝下旨，王树汶无罪释放，之前审理该案失误的各级官员包括李鹤年、梅启照这样的封疆大吏，均受到不同程度的处分。主审该案的赵舒翘成为旋乾转坤的人物，由此吏声大振。值得欣慰的是，一桩冤案由此得以昭雪，正义终于姗姗而至。

王树汶一案的典型性不仅表现为该案在当时造成的巨大影响，而且表现在此种情况在现实生活中的多发性。宋人文集中就记载了北宋李宥担任地方官时的办案实例，其情与王树汶案如出一辙："民或杀人，而以利给愚佣，吏通为奸，使自诬伏，县上具狱，公一讯，情得。闻者以为神明。"（张方平《乐全集》卷三九）

顶凶卖命的原因

顶凶卖命在清代为何多发，以致成为命案的常态？仔细想来，其间既有技术的原因，也有制度的原因，更有社会的原因，而制度原因和社会原因尤其值得关注。

其一，"重供不重证"的证据制度是顶凶卖命现象的制度诱因。有清一代，"罪从供定，犯供最关紧要"（汪辉祖《佐治药言》）。因为清律中规定，除了罪犯在逃，可以"众证明白，即同狱成"，在一般情况下，"内外问刑衙门审办案件……鞫狱官详别讯问，务得输服供词"。(《大清律例·名例》) 又规定："凡狱囚，徒流死罪，各唤本囚及其家属，具告所断罪名，仍责取囚服辩文状。如不服者，听其自行辩理。"(《大清律例·断狱》) 制度既然如此，于是实践中承审官员心中只有口供，"一经认实，即为了事，究竟所供者是否可信，不暇问亦不愿问也"。尤有甚者，"明知其为'白鸭'，而亦就供论供，不复穷诘"(《张船山判牍菁华》)。客观地讲，"罪从供定"的证据制度有其历史的合理性，然而其缺陷和不足之处也是非常明显的。司法实践中，主事者如果不能以职业良知纠正制度之偏，极易酿成冤假错案，可见制度对人的巨大作用。入民国后，"重供不重证"的证据制度一变而为"重证不重供"，民间"宰白鸭"的现象才渐渐减少。

其二，贫富不均的现实是顶凶卖命现象层出不穷的社会土壤。"朱门酒肉臭，路有冻死骨"，是杜甫笔下唐代贫富悬殊的冷峻写照，也是中国古代历朝历代的普遍现象，清朝自然也不例外。清朝的特殊性在于，社会下行的压力与巨大的人口因素叠加，使得贫富不均的问题更加突出。据文献记载，乾隆末年，中国人口已接近三亿，而到道光中叶，人口更是突破了四亿。在经济凋敝，人口爆炸的大背景下，社会上出现了大量的无业游民，人命贱如草芥。然而，土地兼并的进程如脱缰的野马，社会财富高度集中，贫者愈贫，富者愈富。乾隆皇帝的宠臣和珅占有土地达八十多万亩，和珅的两个家人也各有田六万多亩。乾隆十三年（1748），湖南巡抚杨锡绂说："近日田之归于富户者，大约十之五、六，旧时有田之人，今俱为佃耕之户。"（《皇朝经世文编》卷三九）道、咸之后，依靠军功起家的湘军、淮军将领们也化身为各地的大地主。湖南湘乡曾国荃拥有耕地六千亩，安徽合肥李家占据的土地竟然达六十万亩之多，河南项城的袁甲三占有的耕地也有四千亩到五千亩。《红楼梦》借刘姥姥之口道出了当时的冷峻世情："这样螃蟹……再搭上酒菜，一共倒有二十多两银子。阿弥陀佛！这一顿的钱，够我们庄家人过一年的了。"（《红楼梦》第三十九回）正是这种贫富悬殊的残酷现实使得富人和贫民之间的买命"交易"成为可能。"唯其贫富不均，所以富者可恃富以杀人，贫者束手以待人杀。"（《张船山判牍菁华》）这一社会土壤不经彻底改良，顶凶卖命不可能完全消失。

结语

顶凶卖命只是清代司法乱象之一面，回首这段历史，不仅使我们有儆于旧中国的黑暗和腐朽，更会唤起我们内心深处对司法工作的敬畏。正如纪晓岚的父亲纪容舒所言："甚哉治狱之难也，而命案尤难。有顶凶者，甘为人代死……讼情万变，何所不有！司刑者可据理率断哉？"（《阅微草堂笔记》卷五）

光绪年间的陈惟彦也曾郑重提醒道:"余历任府州县,所讯顶凶案频有之……余为此惧,故不愿久任地方,特书之以戒子弟,切勿轻任法官,万一任之,断不可掉以轻心也。"(《宦游偶记》卷上)

提利昂的审判为何能打动人心？

美国魔幻题材电视剧集《权力的游戏》(*Game of Thrones*，下称《权》剧）打破了一项又一项记录，在全球范围内取得了巨大的商业成功。这种成功的取得自然要归因于整个主创团队的专业能力和制作匠心，而优秀的剧本无疑是必要的前提。在笔者看来，该剧剧本和作为剧本来源的小说《冰与火之歌》相较于同类型作品的高明之处，不在于恢宏壮伟的叙事、离奇夸诞的情节和天马行空的想象力，而在于能将魔幻和历史现实做有机的结合，从而使得观众尤其是熟悉西方历史文化的观众在观赏该剧时，一方面惊叹于画面之唯美和特效之震撼，另一方面则油然而生一种历史的穿越感，其观影体验颇类于武侠小说迷阅读金庸的武侠小说。

"小恶魔"的审判

提利昂·兰尼斯特无疑是《权》剧中一个光芒四射的角色，尽管以侏儒的形象出现，私生活放荡不羁，却具备大智大勇，堪称维斯特洛大陆上数一数二的英杰。更有热心的剧粉指认，提利昂的历史原型就是西欧历史上鼎鼎有名的政治人物"矮子"丕平。由于天生的缺陷，在剧集的大部分时间里，提利昂都生活在人们的误解和歧视中，背负着"小恶魔"的污名，甚至为亲人所不容，他们必欲除之而后快。在国王的婚宴上，奥莲娜和"小指头"培提尔联手毒死了国王乔佛里，众人把怀疑的矛头指向了提利昂。然而，由于没有直接的证据能够证明此事乃提利昂所为，此时的提利昂仅是一名犯罪嫌疑人。瑟曦（提利昂的姐姐、乔佛里之母）等人要想给提利昂定一个"弑君"的罪名，他们需要一场审判。可见，在这片虚拟的大陆上，尽管兵荒马乱不断，阴谋篡弑频仍，而基本的法治秩序尚在。这场审判也集中地折射出欧洲中世纪的司法传统，承载着丰富的历史文化信息，值得观众细心品味。

审判在铁王座大厅举行。新任国王托曼以年幼识浅，"主动"将审判权托付于御前首相泰温·兰尼斯特（提利昂的父亲），实际上，整场审判完全是由泰温组织和操控的。这位老谋深算的政治家为了达成其个人的政治目的，不惜牺牲自己的侏儒儿子，这也是令提利昂倍感郁闷的地方。然而，审判毕竟是以国王的名义进行的，因为在世间，只有国王才是正义（justice，又译"司法"）的最终守护者。同时，国王还"指派"了另外两名贵族作为泰温的助手，他们是高庭公爵梅斯·提利尔和多恩亲王奥伯伦·马泰尔。这一临时法庭从其性质及结构形式来看，与中世纪英国的王座法庭（Court of King's Bench）多有相似之处，只不过三位法官均非专业人士，这也反映出七大王国时代司法建制的简陋。另一方面，整个法庭庄严肃穆，秩序井然，设施齐全，从法官席、被告席、证人席到旁听席，甚至还有御林铁卫担任法警，如果说有什么美中不足的话，那就是只缺一个陪审团了。因而若是不考虑背景和服装的因素，实在是非常的现代派的。

从审判的程序上来看，既参考了欧洲中世纪的司法流程，又糅合了当代英美法系对抗制诉讼（adversary system）的一些特点，从而让剧粉产生一种既熟悉又新奇的观感。整体而言，整场审判虽然是被人为操纵，但在形式上却基本遵循了"正当程序"的要求，如经过了被告答辩、证人出庭作证、控方指证、被告最后陈述等必要环节，甚至还允许被告向证人发问。这样的一套流程包括证人作证前宣誓的细节代表的正是英美法系的司法传统。当然，必须要承认，相比于当代英美国家的法庭诉讼，剧中的审判程序显得并不是那么严格和规范，如并没有严格区分控诉人（prosecutor）和证人（witness）的角色，而是搅和在一起。还有，由于没有律师在法庭上发挥作用，向证人发问的工作主要由法官来完成，这透露出几分职权主义的色彩。不过，这样的做法与英国中世纪的实际情况应该相距不远。

剧情中并没有安排控辩双方的法庭辩论，估计在作者看来那样是多余的，或许，略显粗糙的程序才更贴近历史的真实。对此，法庭剧发烧友可能要失望了。不过，发烧友们的情绪一定会因为提利昂震撼人心的最后陈述而得到极大的弥补。原本，在兄长詹姆苦口婆心的劝说之下，提利昂已经做好了接受有罪判决的心理准备，因为泰温答应只要詹姆卸任御林铁卫、继承凯岩城公爵之位，就免去提利昂一死。然而，提利昂的情人雪伊的出庭作证彻底地打破了提利昂的心理平衡。雪伊因为误解了提利昂的好意因而由爱生恨，此时昧着良心指证提利昂害死了乔佛里。面对爱人的背叛，而且往日亲昵之私被公之于众，一直以来遭受歧视和侮辱的"小恶魔"终于爆发了，他发出了狮子般的怒吼："我的罪就是生为侏儒！""我这一生都因生为侏儒而受到审判。"提利昂的超出常人之处在此时表现得淋漓尽致，愤怒并没有湮灭他的理智，相反，他清醒地意识到自己遭受审判的真正原因不是别的，恰恰是偏见和歧视。铿锵有力的声明与其说是辩解和供述（confession），不如说是一种控诉（prosecution），控诉命运的不公，控诉人心的险诈。提利昂的放言无忌揭示了偏见和歧视与冤狱之间的内在联系，回顾过去的人类历史，不少冤狱的酿成都源于人们头脑中根深蒂固的偏见和歧视。经典电影《杀死一只知更鸟》反映的正是20世纪上半叶美国南方地区普遍存在的由种族歧视导致的司法不公和司法冤滥，这种情况即便在法治昌明的当代也无法完全避免。就此而言，这场戏的艺术震撼力其实源自对现实的穿透力。

这场审判被提利昂的愤怒推向了高潮。"我知道在这儿得不到正义，只有让天上诸神决定我的命运，我要求决斗审判！"对欧洲历史和西方法律文化不了解的观众可能会觉得这是提利昂绝望之际的破罐子破摔。其实，提利昂的这一选择固然有情绪化的成分，可是也是符合七大国的律法和习俗的。事实上，这不是提利昂第一次主张这一权利。在第一季中，提利昂被临冬城夫人凯特琳·史塔克押送到鹰巢城接受审讯，凯特琳认为行刺儿子布兰的幕后凶手正是提利昂，鹰巢城夫人莱莎·徒利也指控提利昂谋杀了自己的丈夫琼恩·艾林。面对这两项指控，机智的提利昂依据王国的律法和惯例选择了决斗审判，并且在雇佣兵波隆代理出场的情况下战胜了对方的代理骑士，成功地摆脱了指控。令剧迷们印象深刻的是，鹰巢城不仅尊重了提利昂选择决斗审判的权利，而且在输掉了决斗之后也没有为难提利昂，任由提利昂扬长而去。这一情节设计向观众们展示了乱世中可贵的法治精神，同时也可以在西方法律史上找到实际的参照。

司法决斗：从历史到艺术

决斗审判（A trial by combat），又称司法决斗，是在欧洲历史上长期盛行的一种司法审判方法。通常，决斗审判多被运用于疑罪的场合，用中国古话讲就是"虚实之证等，是非之理均"，即原告和被告都声称自己有理，而且都举出了貌似不可辩驳的证据。千百年来，这类疑难案件一直是实务部门感到棘手的司法难题，面对此类难题，不同时代和不同地区的人们往往有不同的思路和不同的方法，而古代欧洲人则选择了决斗审判。公元501年，日耳曼勃艮第国王耿多巴德鉴于当时诉讼中的伪证泛滥，明令在审判中可以通过决斗来取"证"，由此掀开了司法决斗的历史，并被日耳曼诸国普遍仿效。决斗审判的出现和被广泛适用是基于这样一种观念，即勇敢的人是胸怀坦荡的，而怯懦者则心怀鬼胎，是以，凡在决斗中勇往直前并获胜的一方，必然是清白的一方。同时，这种审判方法亦可以看作是神明裁判的一种具体形式，无论是日耳曼民族的早期宗教还是后来为欧洲人所普遍信奉的基督教，都试图让人们相信，神和上帝只会青睐和庇佑那些清白正直的人，是以决斗的结果就是神和上帝意志的体现。今天的人们可能会觉得决斗审判过于野蛮和愚昧，其实这种审判方式在当时的历史条件下有其必然性和合理性，这一点早为论者所指出。[1]在科技发达、证明手段多样的今天，按理说决斗审判早没了用武之地，然而实践中偏偏有人尝试以这种方式来解决纷争。据美国猎奇新闻网站odditycentral.com报道，美国纽约一律师因案件败诉、客户跑路，而被对方公司告上法庭。为证明自己的清白，该律师向法院申请，要求与原告来一场决斗。他的理据是，决斗审判作为英国普通法上的一项权利从来不曾被纽约州的法律或是任何美国法否认，而依照宪法第九修正案的精神，它应该被看作是人民的保留权利。诸如此类的案例反映出的正是西方传统法律文化对于当代司法实践的一种影响。

提利昂不止一次地被人误解和诬陷，这凸显了这个人物的悲剧色彩。而角色之能够打动人心，端在于他不甘屈从于命运的捉弄，他要反击，他要抗争。他对虚伪的世间律法已经彻底失望，为了自证清白，唯一的出路只有诉诸更高层级的法，这个上位法我们可以称之为"神法"。"神法"借由决斗审判这一具体形式在《权》剧中的多次展现，揭示了冰与火的时代律法和正义的多层次性。而提利昂的选择虽然惊世骇俗，却符合人物性格，也符合故事所依托的西方历史文化传统。

还有一点值得注意，提利昂两次选择决斗审判，均有人代

---

[1]. 参见李昌盛《英国决斗式审判的"理性"和"正义"》，《人民法院报》2010年7月16日第07版。

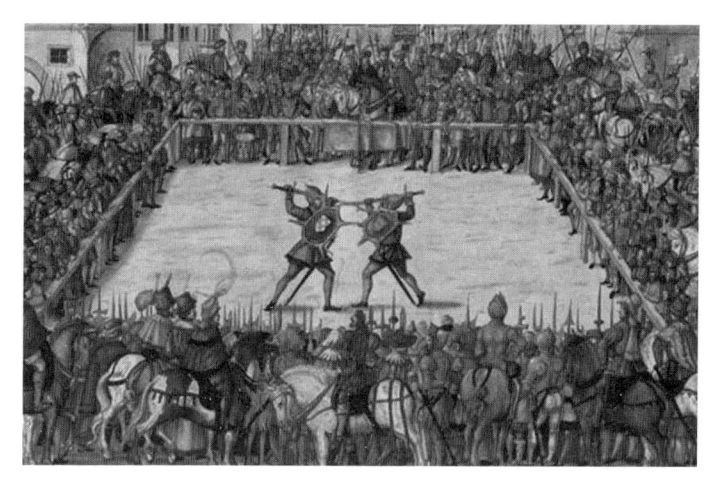

欧洲中世纪油画，表现1409年在奥格斯堡进行的一场司法决斗

为出场，第一次是波隆，第二次是奥伯伦。这一做法很明显为七大国的律法所允许，实际上也能在欧洲的法律史上找到依据。据史料记载，决斗审判在司法实践中的应用受到了一系列规则的限制，如强调决斗双方能力和装备的对等，以保证决斗的公平，这一要求无疑体现了决斗审判的"理性"倾向。基于此，妇女、残疾人等先天能力有所不足的人或是特殊身份的人士可以雇请代理骑士来迎战，这也是剧中提利昂和瑟曦可以找人代替决斗的缘故。同时，代理骑士的介入在客观上又增强了决斗审判的观赏性，正如剧中提利昂的代理骑士奥伯伦和瑟曦的代理骑士魔山强强相撞，一场恶斗打得惊心动魄，成为全剧的又一处亮点。

综上，透过针对提利昂的两次审判尤其是后一次审判，七大国的律法秩序和律法观念得到集中的呈现，从中人们也可以触摸到欧洲中世纪司法的历史脉络，同时，审判还能够引发人们对于"何为正义"这样一些基本法律问题的思考。在这个意义上，《权》剧注定要成为影视经典，成为人们不断讨论和阐释的样本。

肆

在古代，庸医会是什么下场？

小说《西游记》第六十八回"朱紫国唐僧论前世　孙行者施为三折肱"中，唐僧师徒四人途经朱紫国，适逢国王张榜求医，孙悟空毛遂自荐，揭皇榜欲为国王治病，却引来唐僧的埋怨，悟空回道："就是医死了，也只问得个庸医杀人罪名，也不该死。"这一句活灵活现地刻画出行者不拘细谨、大大咧咧的混不吝形象，同时似乎也能够说明这泼猴并非莽撞无脑之人，饶是他艺高人胆大，也要搬出律条为自己的行为辩解。按照他的说法，庸医杀人，罪不至死。

那么，孙悟空的这一说法是确有其据，还是信口开河？

唐、明两代针对庸医的律法

我们知道，唐僧取经的故事背景是唐代，那么，就让我们回到唐代，看看当时的法律是怎么规定的。《唐律》中至少有两处条款与庸医行医和医疗事故有关。《唐律·诈伪》有"医违方诈疗病"条："诸医违方诈疗病，而取财物者，以盗论。""违方"指违背本方。此条主要是对借医行骗行为的处罚性规定。《唐律·杂律》还有"医合药不如方"条："诸医为人合药及题疏、针刺，误不如本方，杀人者，徒二年半。其故不如本方，杀伤人者，以故杀伤论；虽不伤人，杖六十。"所谓"不如本方"是指医师为人合和汤药（包括题疏药名或针刺），不符合古今药方和本草。"不如本方"的原因则不外乎两种：过失和故意。结合这两个条款，我们可以概括出唐代法律对庸医行医的基本立场和处置措施：医生如果是乱开药方，借治病骗取钱财，以盗罪论处（违法所得巨大的，顶格的刑罚是加役流）。医生如果是学艺不精或疏忽大意，为人合药出现失误，导致患者死亡，要被处以徒二年半的刑罚。如果合药不如本方是出于故意，那么性质就不同了，以故意杀伤人的罪名论处（严重的要被判死刑）。即便是没有伤人，也要处以杖六十。可见，排除故意开错药方的极端个案，在一般情况下，医生诊疗失误致病人死亡，并不需要"偿命"，即便有骗钱的动机也罪不至死。就此而言，孙悟空的说法并非胡扯，而是有实证法的依据的。

当然，众所周知，《西游记》是明代的作品，小说中的诸般情节安排与其说是反映了唐代的史实，不如说是明代社会制度和世俗生活的折射，所以，考察明代的相关法律制度可能才是研究"文学中的法律"的正确姿势。在制裁庸医这个问题上，明代的律法继承了唐代律法的精神并有所发展。具体来看，《明律·刑律二》中有"庸医杀伤人"条之设置，其条如下：

> 凡庸医为人用药、针、刺，误不依本方，因而致死者，责令别医，辨验药饵穴道，如无故害之情者，以过失杀人论，不许行医。若故违本方，诈疗疾病，而取财物者，计赃准窃盗论，因而致死，及因事故用药杀人者，斩。

细细体会，《明律》的这一条规定实际上是将《唐律》中"医违方诈疗病"条和"医合药不如方"条合二为一，但基本精神是一致的，即医生疗病失误，如果不是出于故意，那么，只有在造成患者死亡的情况下，方才承担责任，而且，也仅是按照过失杀人的情形处理，同时吊销其行医资格。那么，过失杀人如何处置呢？依律文后的纂注"依律收赎，给付死者之家"，主要体现为金钱赔偿。这样的规定一方面体现了对业务生疏、粗枝大叶之医者的惩戒，另一方面也是对苦主之家的经济抚慰。

由此可知，非故意情形下的庸医害人无论在唐代还是明代的确都够不上死罪，这也是孙悟空有恃无恐的重要原因。从中，我们分明可以感受到中国古代法律对庸医和医疗事故的宽容态度，但这在深层次意义上折射出中国古人在这个问题上的基本认知。顾炎武说："古之上医，不能无失。"（《日知录》卷五）曾国藩也说过："药能活人，亦能害人。良医则活人者十之七，害人者十之三；庸医则害人者十之七，活人者十之三。"（《曾国藩家书》咸丰十年十二月二十四日《谕纪泽》）换言之，医生不是神仙，做不到万无一失，特别是考虑到古代医学的落后和医者医术的局限，就必须要理解和接受医疗事故的"必然性"。因此，社会舆论也好，政法制度也好，对于医者不能过于苛责，这样才能为医者提供一个相对有利的执业环境，进而保障全体社会公众的健康利益。

御医的法律风险

基于医疗事故的"必然性"，"庸医（过失）杀人，罪不至死"成为中国古代一项悠久的律法传统，暨至晚清，吴趼人尚借小说人物之口道出："你就认个'庸医杀人'，也不过是个'杖罪'，好象还有'罚锾赎罪'的例，化几两银子就是了，不要紧的。"（《二十年目睹之怪现状》第一百五回）不过，这说的是一般情况，如果医治对象为天潢贵胄，则律法上的规定远为苛刻。一方面，无论是《唐律》还是《明律》，均把"合和御药有误"列入"大不敬"，属于"十恶"重罪之一，体现出在古代，庸医会是什么下场？

帝制时代律法制度的核心关切。另一方面，《唐律》和《明律》在刑责上的规定出入很大，《唐律·职制》规定："诸合和御药，误不如本方及封题误者，医绞。"《明律》对此的规定则是"医人杖一百"。量刑如此悬殊，一个合理的解释应该就是，唐代以降的统治者在长期的立法和司法实践中，逐渐认识到《唐律》中此项规定过于苛酷，以至于抑制了医者为皇家服务的积极性，是以有意识地做出制度上的调整。

当然，更值得注意的事实是，无论在《唐律》还是《明律》中，"合和御药有误"均属于行为犯，即不要求伤亡结果的发生。进而言之，如果造成了帝王或特殊医治对象的伤亡，医者恐怕只有引颈待戮的份儿了。至少，在唐代，依据"举轻明重"原则，等待医者的刑罚不会轻于绞刑。有意思的是，针对这种情况，《唐律》和《明律》中均找不到相应的法律规定，这一立法"空白"颇耐人寻味。那么，现实生活中一旦发生这种情况，又该如何处置？明代中期的两个案例可以为我们提供这个问题的答案。

弘治十八年（1505）四月，明孝宗在祷雨斋戒时偶感风寒，主管太医院的太监张瑜和太医院院判刘文泰没有遵循既定的诊治程序，并且存在严重的用药不当。孝宗崩后，御史言官交章弹劾用药失误的医官，"以为庸医杀人、律科过失特为常人设耳，若上误人主，失宗庙生灵之望，是为天下大害，罪在不赦"。(《明史文苑传笺证》卷二）臣僚们的逻辑是，庸医

291

杀人罪不至死，那是针对凡人，若受害的是圣天子，岂能与凡人同等对待？参与会审的大理卿杨守随甚至对参与会审的诸臣说："君父之事，误与故同，例以《春秋》许世子之律，不宜轻宥。"（《池北偶谈》卷九）很显然，这是汉魏以来《春秋》决狱的遗风，可是却有"违法"的嫌疑。《明律》中并没有明确区分"合和御药不如本方"的故意和过失，可是《唐律》中是有的。《唐律》在"大不敬"条下有疏议，指出包括"合和御药有误"在内的几类行为"皆为因误得罪……如其故为，即从'谋反'科罪"。这样说来，如果一定要将医官的失误与故意等同视之，未免有失公允，也不合于律典的精神。

退一步来讲，即便如此处置，恐怕仍然不能平息臣子们天崩地坼般的悲恸心情。明世宗朱厚熜为求长生，长期服用方士王金等人炼就的"仙丹"，导致慢性中毒。世宗驾崩后，新皇帝将王金等人统统下狱。法司承办官员初拟以庸医故用药杀人罪定斩，刑部尚书黄光昇则别有主张："此方士，非医也。古者方士诬称采药求仙，欺罔无实，尚皆伏诛。金等妄进药物，致损圣躬，岂采药求仙诬罔者比？"（《国榷》卷六五）"弑君无律，杀父有条，宜比子弑父律，坐以极刑。"最后，皇帝下旨："监候处决。"（《明通鉴》卷六三）本案的处理具有一定的样本意义，司法官员是在承认"法无正条"的情况下通过比附的方法来实现对被告的重判，其致思路径倒是的确符合中华古典司法的正轨。

以上两案，被施以重刑的被告未免心有不甘，可是历史上还有比他们更惨的。唐咸通十年（869），唐懿宗长女同昌公主薨，懿宗痛悼不已，怒火无处发泄，遂杀医官韩宗绍、康仲殷等二十余人，收其亲族三百余人系狱。依据史书记载，这桩医案很可能是一桩冤案，然而在帝制时代，伴君如伴虎，既然选择了当御医，就要做好最坏的心理准备。

当然，实践中也并非没有轻判的例子。南宋淳熙十四年（1187），太上皇赵构吃了一碗馄饨之后胸闷咳嗽，太医王泾以蠲毒丸进，"既投而不支，遂以大渐"。（《桯史》卷九）宋孝宗震怒之下，便要处死王泾，后在太后吴氏苦谏之下，王泾得以免去死刑，减为黥流，杖脊朝天门。元世祖时，伯撒王妃得了眼病，医者为王妃施以针灸，结果竟导致王妃失明。世祖大怒，扬言要杀掉医者，御医许国祯进言道："罪固当死，然原其情乃恐怖失次所致。即诛之，后谁敢复进？"世祖方才作罢。（《元史》卷一六八）总而言之，"合和御药有误"因为触及最高统治者的切身利益，一旦产生实际的损害后果，如何处罚将直接取决于帝王的意志，而由于人主意志的无常，御医所要面对的法律风险具有很大的不可控性。

回到孙悟空朱紫国治病这一案，患者乃一国之君，虽不比大唐天子，也是千金之躯，怎容江湖庸医乱施岐黄？设若因此而不治，以朱紫国之律法，恐怕唐僧师徒也是难逃严刑。如此讲来，悟空的卸责之辞又不尽然了。

"伤人最少"的侠义之道有什么问题?

在中国古代法家的视野中,"侠以武犯禁"(《韩非子·五蠹》),侠者仗剑孤行,快意恩仇,目无王法,与律法的精神似乎截然相左。然而武学伦理、侠客之道与世间法理并非全然冲突,二者之间未尝不可以互相发明。

"伤人最少"的侠义之道

金庸武侠小说《笑傲江湖》尾章中,武林正教各派为防日月教洗劫恒山派,预先在恒山上埋下了两万斤炸药,只待日月教大举攻山之时,便点燃引线,将任我行等日月教众统统炸死。此举自然不够光明正大,令狐冲想到义兄向问天和爱人任盈盈亦在劫难逃,不禁于心不忍。

方证大师双手合十,说道:"阿弥陀佛!我佛慈悲,为救众生，却也须辟邪降魔。杀一独夫而救千人万人，正是大慈大悲的行径。"他说这几句话时神色庄严，一众老僧老道都站起身来，合十低眉，齐声道："方丈大师说得甚是。"

令狐冲也知方证所言极合正理，日月教要将恒山派杀得鸡犬不留，正教各派设计将任我行炸死，那是天经地义之事，无人能说一句不是。但要杀死任我行，他心中已颇为不愿，要杀向问天，更是宁可自己先死；至于盈盈的生死，反而不在顾虑之中，总之两人生死与共，倒不必多所操心。眼见众人的目光都射向自己，微一沉吟，说道："事已至此，日月教逼得咱们无路可走，冲虚道长这条计策，恐怕是伤人最少的了。"

冲虚道："令狐兄弟说得不错。'伤人最少'四字，正是我辈所求。"

以方证大师、冲虚道长和令狐冲为首的正教人士最终在炸药御敌一事上达成了共识，因为他们深信，只有如此方才符合"伤人最少"的武学宗旨。那么，"伤人最少"四字怎的竟成为这些刀口上讨生活的武林人士的人生信条？其中又蕴含着怎样的正理？

一个再明显也不过的事实是，像令狐冲这些以侠义自任的正教人士过的虽是刀口上舔血的日子，然而他们并不嗜血。作为武林人士，他们中没人能保证自己没杀过人或不会杀人，但是他们绝不滥杀。如果必须要杀人，那一定是形势所迫，而且经过了慎重的考虑和理性的权衡。方证大师所言"杀一独夫而救千人万人"正是这种利害权衡的最好诠释。

趋利避害是人之本性，属于不教而能、不学而知的范畴。就此而言，只要是精神正常的人，其行为无不具有趋利避害的特点，武林人士自然也不例外。然而，在不同的武林人士身上，此种"人性"表现得颇有不同。在一般的江湖豪客那里，此种利害权衡不过是一己之私的算计，一切围绕个人利益最大化展开。在鱼与熊掌不可得兼的情况下，他们的"理性"选择是舍弃较小利益，获取较大利益。令狐冲的师傅"君子剑"岳不群为了练成辟邪剑法，不惜挥剑自宫，虽为常人所不能为，于岳不群却是深思熟虑的取舍。而在真正的侠义之士那里，利害权衡则由为一人一家谋上升为为国家、民族和社会谋。郭靖教导杨过说，为国为民乃侠之大者。其实，大侠也好，小侠也罢，既然名之为"侠"，则表明其立身行事已突破了一己之私的藩篱，具有了鲜明的公共属性。心怀天下、情系苍生是侠客的本色，为天下国家求大利、去大害是其行为的归宿。为了抵御魔教的肆虐、止息江湖的腥风血雨而炸死任我行，所谓两害相权取其轻，在侠义之士看来自然是理所应当。为了使宋、辽百姓免受兵革之祸，萧峰毅然捐出性命，更是彰显了此种利害权衡的人性所能包容的伟岸格局。

"伤人最少"背后的功利主义

利害权衡乃人性使然,顺应此种人性以谋求社会问题的解决方为人间正道,功利主义法学思想正体现了这样一种努力。在西方法律思想史上,由英国学者杰里米·边沁开创的功利主义法学思想对近代以来的法制发展产生了巨大的影响,而其核

边沁(Jeremy Bentham)画像

心思想理念与中华武学"伤人最少"的宗旨有着高度的暗合。

在功利主义的视野中，理想的法律应该是一种基于功利考量的制度安排，目的是实现最大多数人的最大幸福。何谓功利？边沁说："功利是指任何客体的这么一种性质：由此，它倾向于给利益有关者带来实惠、好处、快乐、利益或幸福，或者倾向于防止利益有关者遭受损害、痛苦、祸患或不幸。"[1]功利主义就是要全面权衡某种行为或制度可能导致的利益和不利益，以此作为行为的指针或政策的依据。在边沁看来，幸福是一种可以量化和比较的东西，快乐的增多可以带来幸福的增长，痛苦的减少同样意味着幸福的增长。人的一生始终处于追逐快乐、逃避痛苦的努力之中，人类社会的演进亦是一个谋求集体的快乐、排除集体的痛苦的历史过程，在这个意义上，"政府的业务在于通过赏罚来促进社会幸福"[2]。现实地看，这一过程主要表现为各种政府法令的制定和实施。

平心而论，功利主义的巨大价值倒不在于该学说思想所展现出的精致的"科学精神"，而在于它为人们评价历史上和现实中的（法律）制度的优劣提供了一件称手的工具，同时也为立法工作提供了明确的指引。按照功利原则，只要惩罚所排除

1.［英］边沁：《道德与立法原理导论》，时殷弘译，商务印书馆，2000年，第58页。
2.［英］边沁：《道德与立法原理导论》，时殷弘译，商务印书馆，2000年，第122页。

的恶大于惩罚本身的痛苦,惩罚就是善的。以此为基点,刑法(刑罚)的正当性得以确立。同时,功利原则也必然要求刑罚的施用以必要性和谦抑性为原则。比如,当死刑的过度适用对社会造成的痛苦大于犯罪本身给社会带来的痛苦时,死刑的正当性就值得怀疑了。在当代法律体系中,具体的法律制度体现功利原则者比比皆是,刑法上的正当防卫和紧急避险就是最鲜明的例子。按照我国现行《刑法》的表述,正当防卫是指为了使国家、公共利益、本人或者他人的人身、财产和其他权利免受正在进行的不法侵害,而对不法侵害者实施的制止其不法侵害且未明显超过必要限度的行为。诸如此类的行为,客观上造成了对不法侵害者的损害,似乎应该入罪;然而考虑到该行为是制止不法侵害所必须,而且没有超过必要限度,所以可以阻却其违法性即不作为犯罪处理。

进而言之,这样一种"两害相权取其轻"的致思路径不仅是中外法律的共性,也是古今律法的通义。如自唐迄清的历代律典中均有"夜无故入人家"条,其文曰:"诸夜无故入人家者,笞四十。主人登时杀者,勿论。"(《唐律·贼盗》)入夜之后无故闯入别人家里,首先是对夜禁制度的违反,同时,闯入者还破坏了他人住宅的安宁。考虑到现实生活中该行为很可能是实施更严重的侵害行为,比如杀人、强奸、强盗、窃盗等的前奏,故针对此种行为,主人得行使无限防卫权,即便杀死闯入者也不承担法律责任。

深入考察中国历史，功利主义的影响广泛而持久。"以功覆过""杀一利百"之类的观念和论说都是典型的功利分析。唐代安史之乱中，睢阳守臣张巡杀人充粮，其行为在当时和后世引发了巨大的争议，然而主流观念仍然认其为忠臣义士，主要的理据还在于"损数百之众，以全天下"（李翱《进张巡中丞传表》）的利害权衡。冲虚道长等正教人士以炸弹杀敌为天经地义，甚至不惜伤及无辜，方证大师所言"杀一独夫而救千人万人，正是大慈大悲的行径"，虽有宗教教义的加持，仍掩不住功利主义的底色。

按照功利主义的逻辑，杀人固然是不对的，然而在为了保全更大法益的情况下，杀人也可以具备一定的正当性，因为，"当一项行动增大共同体幸福的倾向大于它减小这一幸福的倾向时，它就可以说是符合功利原理，或简言之，符合功利"[1]。依此标准，正教人士在恒山上的苦心安排未尝不可以看作是正教对邪教的一次正当防卫。小说中，令狐冲说："事已至此，日月教逼得咱们无路可走。"说明这是制敌获胜、保全正派力量的唯一方案，此外别无良策。同时，防卫虽然可能造成大量的人员伤亡，然而相较于日月教得逞带来的无尽灾难，此种牺牲又显得无足道了。是以，这计策毒是毒了些，却不存在防卫

---

1. [英] 边沁：《道德与立法原理导论》，时殷弘译，商务印书馆，2000年，第59页。

过当的问题。

一言以蔽之,"伤人最少"四字所展现出的实践理性既是古典武侠精神的精炼概况,也是功利主义法理学的形象表达,用诗人的语言道出则是:"苟能制侵陵,岂在多杀伤。"(杜甫《前出塞》)对此,杨过的体会是:"文武虽然不同,道理却是一般的。"(《神雕侠侣》第二十一回)司马迁则从哲学高度做过总结:"天下一致而百虑,同归而殊途。"(《史记·太史公自序》)

"伤人最少"法理的反思

然则,"伤人最少"的诉求及其背后所隐含的功利主义逻辑并非世间极则,作为一种理念也有可以商榷之处。从技术层面看,功利主义者致力于把各种痛苦和快乐、利益和损害一一量化并予以比较,这一点恐怕究属理论家的臆想,而在实际上很难做到。如果一定要这样做,有时难免产生荒谬的结果。丐帮帮众知道了他们的帮主乔峰原来是契丹人,怀疑乔峰杀死了副帮主马大元,并且将不利于丐帮,于是群起发难,将乔峰逐出丐帮,一桩武林冤案就此铸成。嗣后,当真凶浮出水面,丐帮却不愿还乔峰一个清白,归根结底,全是出于冠冕堂皇的利害权衡。这借传功长老之口道出:

"是丐帮的声名要紧呢？还是乔峰的声名要紧？"众人都道："当然是丐帮的声名要紧！"吕章道："照啊！大事为重，私事为轻。要讲大义，不讲小义。大宋的兴衰存亡是国家大事，丐帮的声名荣辱关涉数万兄弟，也是大事。至于弟兄之间的义气交情，比较起来只能算小事了。"（世纪新修版《天龙八部》第二十四回）

此种利害权衡，已异化为混淆是非、颠倒黑白，当事人乔峰因此心灰意冷，远走塞外，此事折射出功利主义路线的实践流弊。无独有偶，红花会总舵主陈家洛在"国事为重，私情为轻"的考量之下，将心上人喀丝丽拱手让给乾隆皇帝，以换取后者对反清复明大业的支持，结果两头落空，凄然豹隐，更不啻是对功利主义的绝妙反讽。广而言之，古今多少人间悲剧的背后，或许都可捕捉到功利主义或明或暗的身影。

《神雕侠侣》中，蒙古大军攻打襄阳，久攻不下，遂使出了驱赶宋朝百姓作为先锋的毒辣法子，襄阳守将下令向百姓放箭，似乎也是迫于无奈，其宣之于口的理由是"守城要紧"，"如此危急，便是好人，也只得错杀了。"然而，在助守襄阳的郭靖看来，"好人怎能错杀？"（第二十一回）该不该放箭是个问题，其背后是两种理念的冲突。功利主义鼓励为了多数人的利益牺牲少数人的利益，同时也就等于承认只要目的正当就可以不择手段。伦理绝对主义却排斥功利算计，坚守"一定之规"。如按照康德的"绝对命令"说,"不得损人利己""不得杀人"都可以视为"绝对命令"的体现。这也就意味着,为了多数人的利益而牺牲少数人的利益并不具有天然的正当性,同理,无论出于什么目的,杀害无辜总之是不对的。

历史地来看,古典儒家的观念和主张似乎更偏向于伦理绝对主义。如当季康子问政于孔子:"如杀无道,以就有道,何如?"孔子对曰:"子为政,焉用杀?"(《论语·颜渊》)孟子也说:"行一不义,杀一不辜,而得天下,皆不为也。"(《孟子·公孙丑上》)可见,在孔孟那里,铁律是不可以触碰的,有些事不能做就是不能做,没有商量的余地。同时期的杨朱学派执着于"为我"之旨,认为:"拔一毛而利天下,不为也。"(《孟子·尽心上》)两家的出发点固然不同,然而在坚持规则的绝对性这一点上可算殊途同归。

令狐冲心底不赞同正教人士的处置和安排,更多是出于淳良的本性和直觉,他尚不具备对抗功利主义的理论自觉。曾几何时,他也为自己的行为辩解过:"对付卑鄙无耻之徒,说不得,只好用点卑鄙无耻的手段。"(《笑傲江湖》第十回)就此而言,令狐冲其实属于赵敦华所说的"直觉主义者"[1]。而且,"直觉主义关于正义的概念只是一个残缺的概念"(罗尔斯语),

---

1. 赵敦华:《劳斯的〈正义论〉解说》,(香港)三联书店,1988年,第11—12页。

这也就决定了令狐冲不可能旗帜鲜明地提出自己的异议。尽管如此,令狐冲内心深处,一定是也认同这样一个信条:

目的再高尚,也不能掩饰手段的卑劣。

冤案的逻辑是什么？

冤案是如何形成的？说起来，冤案的形成原因多种多样，不一而足，很难一言以蔽之。然而，值得注意的是，在从古至今的各类冤案中，为数不少的冤案都是人为"制造"出来的，典型的如清代雍正年间麻城涂如松案、光绪年间河南王树汶案。

现实世界的司法乱象折射到文学创作上，就形成了冤狱文学，关汉卿的《窦娥冤》、大仲马的《基督山伯爵》以及蒲松龄《聊斋志异》中的《冤狱》短篇均堪称冤狱文学的经典。金庸武侠小说虽不是典型的冤狱文学，但是在引领读者笑傲江湖、快意恩仇的同时也讲述了不少令人印象深刻的冤案故事。这些冤案大都具有鲜明的"制造"的印迹，因而值得拿来做一番讨论。

明孟称舜编《新镌古今名剧酹江集》中插图"感天动地窦娥冤"

指鹿为马,移花接木

  武侠小说中主人公衔冤负屈的经历对于推动故事情节的展开意义重大,而且总是特别能够引起读者的情感共鸣。

  天下第一帮丐帮副帮主马大元死于非命,其遗孀马夫人以受害者家属的身份对丐帮帮主乔峰提出了指控。据马夫人举证，支撑乔峰杀害马大元的证据有二：其一，马大元藏有一份能证明乔峰是契丹人的信函，乔峰为掩盖自己的身世秘密，有杀人灭口的动机；其二，马大元被害前晚，马家失窃，现场遗落的一柄折扇，正是乔峰之物。一下子，乔峰从万人敬仰的江湖领袖变成杀害帮中兄弟的凶案嫌疑人，加之其身世真相的曝光，中原武林虽大，却已容不下他。乔峰只得退出丐帮，飘然远引。时过境迁，真相浮出水面，原来马大元是被其夫人联手奸夫（丐帮执法长老白世镜）害死，并栽赃给乔峰，而嫁祸之肇因，竟然是当年洛阳百花会上乔峰没有对马夫人正眼瞧上一眼。祸机之起颇不寻常，然而现实生活中亦非全无可能。从影响上看，该案不仅改写了乔峰的人生，也在很大程度上改变了当时中原武林的格局和走向，因而堪称北宋元祐年间武林第一号冤案。

世间没有无缘无故的爱，也没有无缘无故的恨。"制造"冤案往往出于栽赃和诬陷的目的，而背后的动因，或者基于仇嫌，或者缘于利益冲突。《倚天屠龙记》中，谢逊为逼仇人成昆现身，到处杀人放火，犯下累累罪案，而每做一件案子，便在现场留下"杀人者混元霹雳手成昆也"的血字。不得不说，谢逊嫁祸成昆虽情有可原，不过于成昆而言，这却是不折不扣的冤案。同样是在《倚天屠龙记》中，周芷若于荒岛之上迷昏众人，窃走倚天剑和屠龙刀，划伤殷离，并栽赃给情敌赵敏，手法堪称高明，以致张无忌深信不疑，发誓要向赵敏寻仇。

《飞狐外传》中，佛山恶霸凤天南看中了小民钟阿四的地皮，压价购买不成，便一纸状子递到巡检衙门，诬陷钟阿四的儿子偷鹅，被逼无奈之下，钟四嫂当众剖开儿子的肚皮以证清白。

金庸小说中还有很多冤案故事，这些冤案有些事后得到了纠正和澄清，有些蒙冤者始终未获平反。冤案的不断"产出"暴露出弱肉强食、尔虞我诈的丛林真相，严重动摇了江湖的正义体系。

欲加之罪，何患无辞？

《鹿鼎记》是金庸多部作品中最不像武侠小说的一部武侠小说，它讲述了出身于扬州烟花之地的小痞子韦小宝误打误撞，机缘巧合，游走于庙堂与江湖之间，折冲樽俎，快意恩仇，最后急流勇退的传奇故事。

通观全书，韦小宝的"成功"在很大程度上要归功于其性格中的痞子基因，即胆大妄为、灵活机变。然而，这一性格又决定了他目无法纪和胡作非为。已身为抚远大将军、一等鹿鼎公的韦小宝恼怒于郑克塽和冯锡范害死师父陈近南，对归顺朝廷后的郑、冯二人肆意报复，借"讨债"之名隔三差五讹诈郑克塽，影射郑克塽图谋不轨，真正是鸡蛋里挑骨头。冯锡范说他"假公济私，冤枉好人"，那是半点也不错的。冯要到皇帝面前告御状，其理由亦堂堂正正："我们又没犯了王法，韦大人要抄我们的家,是奉了圣旨呢,还是有刑部大堂的文书?"
(《鹿鼎记》第四十九回)

因其强项,后来韦小宝找了个由头把冯锡范抓了起来,不仅痛打一顿,还把他当作替罪羊导演了一出法场换囚的好戏。为平息冯家人的上控,韦小宝又以"踏勘"为名,移尸于冯府,并嫁祸于冯家逃走的马夫和小妾。陪同查案的顺天知府满脑子只想着自己的乌纱帽,全未觉察到现场的诸般疑点。只有捕快头目心中犯疑,他见尸身断颈处分得整齐,似是快刀所断,不像是用切草料的铡刀切的,又见藏尸和藏头处的泥土甚为新鲜,显是刚才翻动过的,不是已埋了十多天的模样。但韦公爷给他破了一件大案,上头犒赏丰厚,冯府又给了他不少银子,要他尽快结案,他便有天大的疑心,又怎敢吐露半句?只是自个儿寻思:"在冯府查案之时,韦公爷的亲兵把守各处,谁也不许走动,他们要移尸栽证,那是容易之极。别说要在地下埋一具尸首,就是埋上百儿八十的,那也不是难事。"

少不更事时读到《鹿鼎记》这一段,只觉酣畅淋漓,大呼痛快,那是一种角色代入后的报复的快感,代表了一种生物的本能。近来重读这一回,感到的只是心惊肉跳和不寒而栗。当权者颠倒黑白、指鹿为马、恃强凌弱、玩弄司法,竟至如斯!

冯锡范面对韦小宝的欺凌讹诈,仍据理力争,坚持自己的正当权利,面对众侍卫的拘拿而不加反抗,那是认定了皇帝英明睿断,能为其主持公道。然而,他低估了韦小宝的手段,更高估了王法的权威,最终落了个身首异处。康熙明知冯锡范是韦小宝所杀,却不予深究,这折射出帝国法制的尴尬和虚伪。

匹夫无罪,怀璧其罪

《连城诀》的故事基调是灰暗的,全然不同于《鹿鼎记》的轻松戏谑,因为整个故事就是围绕着主人公含冤入狱、受尽各种非人折磨、最后觉醒复仇的线索而展开。据说,金庸创作《连城诀》时受到了大仲马《基督山伯爵》的启发,因而二书在故事结构上颇多相似之处。

乡下少年狄云随师父到荆州拜寿,在万府遭人设计,被诬盗窃和强奸,既有被害人指认,又有从他床底下、被褥底下搜出来的金银首饰等"贼赃",他真是百口莫辩。

> 在知县的大堂之上,他曾断断续续的诉说经过,但万震山的小妾桃红一力指证,意图强奸的是他而不是别人。万家八个弟子和许多家人都证实,亲眼看到他抱住了桃红,看到那些贼赃。(《连城诀》第二回)

事情的真相是万家的公子垂涎于狄云师妹的貌美,所以要以"合法"的手段除掉狄云这个情敌。要我说,狄云遭陷害的情形与其说和《基督山伯爵》中的爱德蒙·邓蒂斯相近,不如说更像八十万禁军教头林冲。《水浒传》中，林妻的美貌引起了高衙内的觊觎，为此，高太尉设计将林冲赚入白虎节堂，要问他一个擅闯军机重地、刺杀长官之罪。幸有正直的开封府尹的回护，要林冲招认"不合腰悬利刃，误入节堂"，最终判他脊杖二十，刺配远恶军州。正应了那句话："匹夫无罪，怀璧其罪"。

入狱之初，心地朴实的狄云还存了还我清白的念想。他想知县大老爷一时听信人言，冤枉了好人，但终究会查得出来。他哪里会想到，知县早已被仇人买通，自己的冤屈实是权钱交易的结果。

文学是现实的折射，武侠小说虽以奇谲诡诞为宗，但在某种程度上也是脱胎于现实。如果滤去怪力乱神的成分，武侠小说中的纯故事未尝不可作稗官野史或报告文学看。其实，金庸在《连城诀》的后记中特意讲述了海宁老家长工和生的早年悲惨经历，读者不难发现其与狄云蒙冤故事之间的联系。

冤案何以能被"制造"？

冤案之所以为冤案，就在于它远离了事实真相，同时又缺乏有力的证据支撑，又或者用于支撑案件法律事实的证据不是即时自然生成的，而是事后"人造的"（man-made）。后一种情况无疑体现了人类的与生俱来的"理性"，即自私自利的本

311

性，为了满足自己的欲求，不择手段，哪怕是戕害同类。就此而言，"理性"越发达，冤案被"制造"的可能性越大，案件越是无懈可击。

以上两案本质上都是社会上的强者对弱者的陷害。与自然状态下强者对弱者赤裸裸地凌虐不同，此种陷害要显得更为"精致"和"文明"，因为即便是强者也要照顾到社会的基本规范，至少要做到表面上尊重而不能公然违背。然而，陷害并不因此就变得不易发生。实际的情况可能是，道高一尺魔高一丈。在真正的法治制度建立之前，人性中恶的成分不可能得到有效的遏制。

这提醒我们，要注意"理性"在冤案形成机制中的作用，提防"理性"的兴风作浪。更加重要的是，应筑牢制度的篱笆，谨防社会中的强者利用其手中所掌握的权力或财富，在制度的缝隙间钻来钻去。

韦小宝和狄云，一个是冤案的制造者，一个是冤案的受害者，命运和际遇自不可同日而语。然而，由于他们同处于法制形同虚设的社会之中，因而他们的命运差异只具有偶然的意义。其实，韦小宝本人何尝不是冤案的受害者。康熙皇帝处心积虑，为了迫使韦小宝和天地会一刀两断，在对外发布的圣旨中叙说其功劳，特意指出韦小宝"擒斩天地会逆首陈近南、风际中等"，遂令不明真相之人视韦小宝为卖师卖友、卑鄙无耻的汉奸，这又是一桩强权制造的冤案。

金庸说:"我写武侠小说,只是塑造一些人物,描写他们在特定的武侠环境(中国古代的、没有法治的、以武力来解决争端的不合理社会)中的遭遇。"[1]说到底,在法制不健全的情况下,冤案一定会被不断地制造出来;在权力不受约束的社会,没有任何一个人是安全的。

冤案平反为什么这么难?

萧峰身为契丹人的身世秘密为人揭破,丐帮中人怀疑副帮主马大元和本帮耆硕徐长老之死均是萧峰所为,担心他将不利于丐帮,于是群起发难,将萧峰逐出丐帮。丐帮自毁长城,令人惋惜。英雄无辜蒙冤,尤令人扼腕。深究冤案之铸成,固然有人为设计的成分,然而在根源上要归因于民族偏见和民族仇恨。宋、辽互为死敌,萧峰如果不是契丹人,即便受人陷害,也不难洗刷冤屈。萧峰胸前的狼头刺青便是他的原罪,至少在丐帮帮众眼中确是如此。

随着故事情节的推进,后来丐帮帮众得知马大元和徐长老之死与萧峰没有关系,真正的凶手是帮中的执法长老白世镜。照理说,丐帮应当启动罪案平反程序,即便不能迎回萧峰重做

---

[1]. 金庸:《"金庸作品集"新序》,《书剑恩仇录》上册,广州出版社,2013年,第3页。

帮主，至少对外该有一个正式的说法，还萧峰一个清白。可是丐帮却不愿纠正之前的错误，理由似乎也很充分：其一，萧峰是契丹人，是坏人，冤枉他没什么了不起；其二，给萧峰平反就意味着丐帮要自曝家丑，这个人丢不起。前者反映出的是一种机械的认识论和粗糙的伦理观，它表现为将好人和坏人做简单的二元划分，好坏之间泾渭分明，绝不混同。进而言之，好人才需要保护，坏人则不需要保护；好人受冤枉是无辜蒙难，坏人受冤枉就是罪有应得。这在政治挂帅的年代叫作"爱憎分明"，其实质是评价标准不统一的问题。后者折射出的是一种自私自利的心理状态。在这种心理状态的支配下，一个人或一个组织维护自身的形象和名誉的行为近于病态，以致泯灭良知，文过饰非，在错误的道路上越走越远。偏偏这样的人或组织还要为其行为寻找冠冕堂皇的理由，恰如传功长老吕章所言："大事为重，私事为轻。要讲大义，不讲小义。"这属于典型的功利主义逻辑，虽有其合理之处，却不可被认作放诸四海皆准的真理。

透过萧峰蒙冤难雪这一典型案例，我们至少可以得出如下两点启示。

首先，人的基本权利应该得到一体的尊重。好人、坏人的区分属于典型的道德判断，法律却不能作如是观。在法律的视野中，全体社会成员都是一样的"人"，因而理应享有同样的权利，承担同样的义务。换句话说，好人的权利值得保护，坏人的权利同样值得保护，甚至可以说，正是对坏人权利的尊重和保护决定了法治和非法治的分野以及人类文明的发达程度。美国色情杂志《风月女郎》的创办人拉里·弗林特曾说："如果法律连我这样的人渣都保护的话，它肯定也会保护你们这些好人。"当然，我们似乎不该奢望一千年前的草莽社会就提前启蒙，认同现代社会已成为主流意识形态的法治理念，不过，传统儒家推己及人的仁恕之道如果得到奉行，则庶几近之矣。

法律不该对好人和坏人区别对待，还有一个不可忽视的技术上的原因，那就是如何认定好人和坏人，由谁来认定好人和坏人。除了像段延庆、南海鳄神那样的"大恶人"自认恶人而不讳，天下有几人会自认为是坏人呢？况且即便是"四大恶人"，其本性中亦有善的因子。宋人呼辽人为"辽狗"，辽人呼宋人为"宋猪"，好人、坏人之辩很难有客观的标准，只能是一笔糊涂账。

其次，应突破狭隘的部门利益的束缚，构建以人为本的冤案平反机制。一直以来，我们的刑事司法文化中以人为本的理念落实得不够到位，或者说在理解上就存在偏差，表现为重视打击和惩治犯罪，却忽视对犯罪嫌疑人和被告人权益的保护。由此也就决定了，服务于罪案平反的一系列制度无法发挥应有的效用，平反阻力重重，动力则严重不足。实践中，公检法机关即便发现自己所经手的案件属于冤假错案，也很少主动纠正，说穿了，还是部门利益作祟，纠正错案就意味着自我否定。由于缺乏有效的利益隔断机制（从另外一方面看也是利益驱动机制），司法部门陷身于部门利益的纠缠而不能自拔。2003年浙江杭州发生张氏叔侄奸杀冤案，两年后真凶因再次犯案而落网，服刑中的张氏叔侄也不断申诉，然而平反程序却迟迟无法启动，一直到2013年才由浙江高院再审宣告张氏叔侄无罪。

丐帮无视是非黑白，不顾江湖道义，明知冤枉了萧峰而不为其平反，使得英雄心寒，远走塞外，教训是深刻的。虽然后来又主动修好，似乎前嫌尽释，可是又怎能抚平萧峰心头的创伤？"迟到的正义不是正义。"武侠小说虽不是现实主义作品，但仔细体味故事中蕴含的道理，未必无补于治道也。

反杀凶徒何罪之有？

高分古装剧《大宋提刑官》讲述了南宋著名刑官宋慈屡破疑案、惩恶扬善的传奇故事。当然，史传中宋慈的事迹记载不详，所以剧中的一系列疑案奇案都是参考宋慈的著作《洗冤集录》和其他的古代案例，再融入创作者的文学想象、艺术加工得来。正由于电视剧"非实录"的性质，因此剧中案件的不少情节存在明显的漏洞和瑕疵，若结合相关历史背景，更显出其荒诞不经，毛竹坞无名案即为一例。

恶迹斑斑的匪首王鹏侥幸逃过官府的抓捕，趁着夜色窜入毛竹坞村大善人何老二家中，欲行盗抢，却不料被何老二用一把篾刀完美反杀，结束了其卑鄙而罪恶的一生。何老二一贯本分，杀人凭的是自卫的本能和一腔血勇，移尸村外竹林后，何老二却患上了杀人后恐惧症："我杀了人了，犯了王法了，这可怎么办？"（此处模拟何老二心理活动）

寝食难安的何老二解不开思想上的疙瘩，在散尽家财之后，打算上吊自杀，总算天不绝人，宋提刑如神兵天降，将其解救下来。此时的宋慈，虽有几分怀疑，但尚不能确定何老二就是杀人凶手，何况他需要说服的不仅是自己，还有众多村民。

于是第二天，宋提刑将村民们召集于一处，当众演示了令人拍案叫绝的办案手法——苍蝇辨刀（此方法并非凭空杜撰，而有其文献依据，有兴趣的读者可查阅《洗冤集录》），从而将何老二的"凶手"身份锁定。（宋慈对案件事实的证明、推

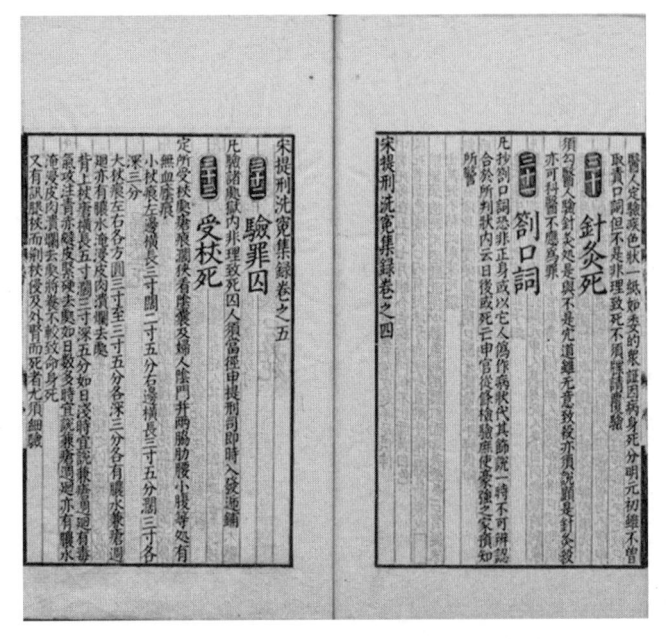

清嘉庆十二年兰陵孙星衍覆元椠本《宋提刑洗冤集录》书影

测和还原入情入理，颇具说服力，但还没有达到现代刑事诉讼法所要求的"排除合理怀疑"的程度，这就是所谓"历史局限性"吧。）接下来，当何老二像一个溺水之人即将溺毙之际，宋提刑又抛出了他的救命绳索，并顺带宣讲了大宋律法的精义：

> 你是在王鹏入室行盗、本能自卫的情况下，意外将王鹏砍死的，若不是床沿挡住了刀锋，被砍死的就不是匪首王鹏，而是你善人何老二。大宋律法，惩的是恶，扬的是善。你不但杀人无罪，而且杀贼有功！

宋提刑此言一出，在场村民无不拍手称快，作为嫌疑人的何老二也是如释重负、如获新生。在这一刻，司法逻辑和民众心理实现了高度的契合。宋提刑坦言，这是他办案多年办得最痛快的一件案子，相信观众看得也一定很过瘾。

不过，外行看热闹，内行看门道，本案其实有一个很大的败笔，笔者不能不予指出。宋提刑的当众释法，依据的主要是现代刑法上正当防卫的法理，却忽略了古代社会的法律常识。实际上，何老二也好，其他关切的村民也好，根本无须宋提刑的慷慨陈词，也能确定无疑地知道何老二是否有罪，因为宋朝的法律对类似本案这种情况有白纸黑字的规定。《宋刑统·贼盗律》规定：

> 诸夜无故入人家者，笞四十。主人登时杀者，勿论。若知非侵犯而杀伤者，减斗杀伤二等。其已就拘执而杀伤者，各以斗杀伤论，至死者加役流。

这一条款实际上包含了对两种行为的法律定性。其一，深更半夜，无缘无故，闯入别人家中，构成轻罪（今可定名为"非法侵入住宅罪"），对应的刑罚是笞四十；其二，被闯入一方当场杀死闯入者的，不须承担刑事责任（不过有两种例外情形）。中国古人虽无"私宅神圣"的观念，但本条保护私人住宅安宁的立法用意一目了然，同时也可视为对特定时空条件下正当防卫权的具体确认。以何老二反杀王鹏案的情形来看，完全符合《宋刑统》"夜无故入人家"条的规定，何老二于法自然是应当"勿论"的。

有人可能会说，法律虽是明文，但是何老二等人均为乡野草民，对大宋律法知之甚少，不清楚其行为的性质也在情理之中。这说法貌似有理，实则不然。须知，宋律中的"夜无故入人家"条远绍秦汉旧律，近承隋唐新统，后来又为元明清诸代法律所因袭，是中国古代知名度非常高的法律条款和法律制度之一，说其家喻户晓恐怕也不为过。

北宋的华镇，一位学者型官员，曾在一篇讨论复仇的文章中提到"夜无故入人家"律，并阐明了自己的理解：

若律曰:"夜无故入人家,主人登时杀者,勿论。"是杀人者,法不必皆死也。夫夜无故入人家者,未必皆侵害于人;主人可以登时杀之者,有侵害于人之理也。有侵害于人之理者,杀之无罪。(《云溪居士集》卷二〇)

另外一个宋朝官员叫张湍(一作张端)的,曾任河南府司录。府里为了祭祀典礼专门买了一只猪,谁料中途猪挣脱控制,窜入张湍家中,张湍毫不含糊,三下五除二就把猪宰杀了。知府管张湍要猪,张湍答道:"律云:'猪无故夜入人家,主人登时杀之,勿论。'"事情的结局是"尹大笑,为别市猪"。(《宋稗类钞》卷六)故事里,张湍借谐音抖了个机灵,当然,这一定是建立在对"夜无故入人家"律熟稔无比的基础上的。

宋代法治文明的发达不仅体现在少数封建士大夫和政府官员的法律素养上,更体现在社会一般民众的法律素养上。北宋前期知袁州(巧的是,历史上的宋慈曾任江西提点刑狱,袁州正属其管辖,而该地多竹,如毛竹坞村那般的山村应该不在少数)的杨侃如此评价治下百姓:"今袁之民,既皆知法,是易治也,非难治也。"(《全宋文》卷二一一《新建郡小厅记》)为何百姓"皆知法"?固然是因为繁荣的商品经济助长了民众的权利意识,同时与官方的持续努力也是分不开的。宋政府重视法律宣教,除法学教育、明法考试、法律条文的公布与宣传之外，更开辟多种社会化的宣传渠道，将警治安全禁卫知识向全社会进行多种多样的宣传教育。[1]在这样的背景下，即便是乡野小民，对"夜无故入人家"律也应该有较高程度的认知。

正是因为当时全社会对"夜无故入人家"的律法有着较为充分的了解，一来二去，才形成了关于"夜无故入人家"的一系列约定俗成的说法和谚语。这些说法和谚语大多记载于中国古代的文学作品中，如元代乔吉《李太白匹配金钱记》："（王府尹）这厮说也说不过，夤夜入人家，非奸即盗，必定是个贼。"明代西湖渔隐主人《欢喜冤家》第六回："律有明条，夜深无故入人家，非奸即盗，登时打死勿论。"晚明孟称舜《桃花记》："又道夤夜无故入人家，登时打死不论。"清代曹去晶《姑妄言》："你夤夜直入我内室，非奸即盗。"清代佚名《施公案》："夤夜入院，非奸即盗。"佚名《于公案》："夤夜入宅，非奸即盗。"清末苏同《无耻奴》："你可晓得无故入人家，是有罪名的么？"还有人将之入诗："有甚指挥离海峤，凭何文引到天涯。更有一端违法处，夜深无故入人家。"（《三元记》第二十七出）清代学者包世臣更是直言："谚言夜无故入人家，非奸即盗。"（《齐民四术》卷七上）可见这一观念深入人心。

综上可知，私宅之主杀死夜间闯入者，罪与非罪，律有明文，对中国古人而言似乎并不存在认识上的模糊地带。至少，

---

1. 参见陈鸿彝《宋代的法治宣教》，《中国法治文化》2016年第7期。

元杂剧《西厢记》第三本第三折，张生越墙会莺莺，被红娘假意斥责："谁着你黉夜入人家，非奸做贼拿。"正为"深夜入人家，非奸即盗"做了最好的注脚。图为明仇英绘《西厢记图》（局部）

在宋慈所身处的南宋中后期，实施长达数百年的"夜无故入人家，主人登时杀者，勿论"之律令不仅代表了国家法的鲜明立场，而且必定成为当时全社会普遍认同的法律常识，深植于各阶层人民的内心。在这种情况下，反杀凶徒的何老二在事件发生后完全可以在第一时间申明官府、自证清白，而不必移尸竹林，担惊受怕，也免去了宋提刑一番辛苦调查，节省不少司法资源呢。正所谓"天下本无事，编剧自扰之"，可笑可叹！

世间有天生犯罪人吗？

世间有天生犯罪人吗？不同的人可能会有不同的答案。日本电影《第三度嫌疑人》以冷峻的色调触碰了这个富有争议性的话题。男主角的父亲、一位退休的法官坚持认为："杀人的人和不杀人的人之间有一条很深的鸿沟，是否能跨越它，出生的时候就决定了。"而作为律师的男主角则认为这种看法过于傲慢，他也正是基于这种对于人性的宽容立场积极地为被告人辩护。

近些年来，低龄未成年人恶性犯罪事件频发，一遍又一遍地摧残、折磨着国人疲惫不堪的神经。人们既震惊于未成年犯罪人犯罪手段之残忍，又不满于现行法律对此类犯罪案件的"软弱无力"。一部分国人基于"血债血偿"的朴素正义观，强烈要求惩罚那些犯下恶行却未达入罪年龄门槛的未成年人，还被害人以公道，还社会以安宁；还有一部分更为理性的国人则呼吁修订现行刑法的规定，降低刑事责任年龄，以预防类似窘境的发生。两类主张看似不同，实际上共享着同一个理论预设——大恶人也好，小恶人也罢，都是恶人，而恶人是不可能改恶向善的。正如笔者的一位朋友在朋友圈针对大连男童杀人案所发表的评论："有些人天生就是坏种。"

由此，我们不得不面对这样一个严肃的命题——世间真的有人天生就是坏种吗？如果答案是肯定的，出于社会防卫的需要，不仅降低刑事责任年龄顺理成章，便是法外追责也未尝不可以考虑。反之，则需要谨守刑法的谦抑性，同时强化刑罚的教育和改造功能，而不是简单的一关了之、一杀了之。对这一问题的回答实际上涉及对人性的认识。

通说认为，孔子是性善论者，他讲："性相近也，习相远也。"(《论语·阳货》)其实，从这样一句话固然看不出孔子认为人性本恶，但若因此就认定孔子是性善论者，似乎也比较牵强。孔子的原意只不过是说，人生来本是差不多的，可是后来却走上不同的道路，有的为善有的为恶，那是后天习得的，或者可以看作是环境的作用。不过，孔子还说过一句比较有名的话"唯上智与下愚不移"(《论语·阳货》)。所谓"不移"就是与生俱来、不能改变的意思。在这里，孔子重在强调人的智力的差别及特点，似乎不及于人性。然而也有学者认为，孔子的这种说法也包含了对人性的判断。

对这个问题做出更为明确的阐述的是西汉大儒董仲舒，他基于其"天人感应"的宇宙图式，提出了"性三品"说。在董氏看来，无论是人的形体还是性情，均是化天数而成，天分阴阳二气，人有善恶之别。具体来说，由于阴阳二气的化聚不同，人性可分为三种类型：圣人之性、中民之性、斗筲之性。圣人之性得天独厚，秉性纯良，不待教而成；中民之性气质驳杂，可以为善可以为恶，需要教化的引导；斗筲之性全是浊气所钟，属于冥顽不灵之徒，无法教化，只能运用刑罚来制裁。

无独有偶，董仲舒之后两千年，意大利犯罪学家龙勃罗梭基于病理解剖的实证研究，提出了"天生犯罪人"（born criminal）理论。龙氏认为，有相当比例的犯罪人之所以实施犯罪，不是因为别的，而是由遗传和基因决定的。在精神层面，这些犯罪人通常表现得冷酷残忍、麻木不仁、缺乏怜悯心。在龙氏看来，天生犯罪人生理、心理、体质上的异常特征其实是一种返祖现象，他们是一群出生在文明时代的野蛮人。就此而言，这些人的犯罪具有不可避免性，而且是无法改造的。这也就为刑罚尤其是生命刑和监禁刑的适用提供了某种正当性依据。值得注意的是，龙勃罗梭还专门针对未成年人展开观察和研究，他发现在未成年人和野蛮人之间共享着许多显著的特征，说明"未成年人再现了人类发展最初阶段的雏型"，[1]这似乎也印证了人们关于未成年人更容易实施犯罪的经

---

1. ［意］加罗法洛：《犯罪学》，中国大百科全书出版社，耿伟、王新译，1996年，第105页。

龙勃罗梭（Cesare Lombroso），意大利犯罪学家、精神病学家，刑事人类学派的创始人

验判断。

　　古往今来，中外思想史上有不少暗合现象。董仲舒的"性三品"说和龙勃罗梭的"天生犯罪人"理论虽然各自的学理依据不同，却有其共通之处，即它们都认为，至少一部分人的犯罪具有必然性，这无疑是一个令人沮丧的结论。

　　董仲舒的"性三品"说在中国思想史上的影响无疑是深

远的。后来的思想家虽然也有人发出"习善而为善,习恶而为恶"(王充《论衡·本性》)、"近朱者赤,近墨者黑"(傅玄《太子少傅箴》)的声音,却始终没能撼动"性三品"说的正统地位。时至今日,"有的人天生就是坏种"的观点仍有其市场,可见观念的历史连续性。

与"性三品"说在中国的命运不同,"天生犯罪人"理论在西方思想界则是毁誉参半。一方面,"天生犯罪人"理论带来人们观念上的革新,促使人们重新思考人性和犯罪。一些学者进一步发挥了龙氏的观点,甚至倡言:"所有罪犯都是天生犯罪人。驱使他们去犯罪的是他们的机体组织,就像艺术家的机体组织驱使他们去研究美一样。"[1]另一方面,"天生犯罪人"理论也遭到了严厉的批评。当看到龙勃罗梭搜集的那些相貌不对称和有特征的罪犯画像时,法国人类学家保罗·托皮纳德尖刻地挖苦说:"这些肖像看起来与龙氏朋友们的肖像一模一样。"[2]英国犯罪学家查尔斯·巴克曼·格林基于其长期的实证观察和研究指出:"事实上,无论是在测量方面还是在犯罪人中是否存在身体异常方面,我们的统计都表现出与那些对守法者的类似统计有惊人的一致。我们的必然结论是,不存在犯

---

1. [意]加罗法洛:《犯罪学》,中国大百科全书出版社,耿伟、王新译,1996年,第113页脚注。
2. [美]理查德·昆尼等:《新犯罪学》,陈兴良等译,中国国际广播出版社,1988年,第52页。

罪人身体类型这种事情。"[1]在科学验证的事实之上,格林断言,犯罪不是由遗传而来的。

正是由于这些批评,龙勃罗梭在后期的著作中也修正了自己的观点,从只注重犯罪的遗传等先天因素,到把犯罪原因扩大到地理环境、社会环境等后天因素,并降低了天生犯罪人在罪犯总数中的比例(在1893年出版的《犯罪:原因和救治》一书中,天生犯罪人占33%)。

尽管如此,由于与"人人生而平等"的理念相悖,又无法得到现代自然科学的支持,"天生犯罪人"理论在近代以来的思想市场中始终显得怪异而寂寞,可谓生不逢时。不过,这似乎并不妨碍人们成为这一理论的拥趸,尤其是当人们将目光聚焦于那些怙恶不悛的犯罪人,这种内心确信就特别容易被强化,甚而成为舆论场上得到热烈响应的一种声音。

总而言之,现代自然科学和社会科学的研究似乎越来越倾向于证明,犯罪是社会的产物,受到经济、政治、地理、气候、教育、家庭等诸多因素的影响,与人的生理条件关系不大。金庸先生在小说《天龙八部》中塑造了"四大恶人"的鲜活形象,其穷凶极恶的面目背后有"善之端"隐约可见,写出了人性的复杂。这一笔法不仅远绍孔孟以来的思想传统,而且契合了当代社会的人性观和审美观,因而成就了经典的武侠

---

1. 吴宗宪:《西方犯罪学史》,警官教育出版社,1997年,第289页。

形象。《哪吒之魔童降世》之所以不断刷新国产动画电影票房纪录，不仅因为故事讲出了新意，还在于故事本身寄寓了对人性的深层思考。灵珠和魔丸，不妨看作是"圣人之性"和"斗筲之性"的魔幻表达。然而，从敖丙和哪吒后来的实际作为来看，善与恶的界限并非泾渭分明，从善还是从恶只在一念之间。哪吒虽"生而为魔"却"逆天而行斗到底"，从这个意义上来看，影片不啻是对自由意志的高调礼赞，也是对"天生坏种"观念的绝妙反讽。爱尔兰影片《教授与疯子》中，负责关押精神病犯人的布罗德摩尔医院院长说："即使最不堪的灵魂，我们也该对之抱有希望。"此种拯救精神的背后应该是西方悠久的宗教文化在起作用。大连男童杀人案发生后，有论者指出："青少年即使能够有意识地犯罪，但仍充满可塑性。"以现代刑事科学的尺子去丈量，这自然是一种政治正确的表达。问题在于，像在其他许多问题上一样，当前的中国社会对于犯罪的原因和人性的认识并不统一，董仲舒和龙勃罗梭还活在一些人的心中，这无疑为今后公共政策的制定带来了一定的不确定性。

回到发生在大连的这桩案件，我们能够理解受害人家属的丧亲之痛，也能够理解这样一起案件引发的社会恐慌情绪。可是，任何建立于情感之上的诉求和表达在罪刑法定的铁律面前都是经不起推敲的，而某些特殊情况下个案的"不正义"可能亦是法治运行的必要成本。不过，这样一个问题终究绕不过去——这世上真的有"坏种"吗？如果真的有"坏种"，"坏种"如何来认定？由谁来认定？如果没有一套科学的令人信服的制度和办法，"坏种"会不会标签化、工具化，成为多数人迫害少数人的借口？

分歧终端机具有何种隐喻？

人类薪火相传的文化背后，是永无休止的分歧。当分歧无法解决时，悲剧就发生了。我梦想有一天有一样东西，能将世界上所有的争端都化为无形。我梦想有一天有一个方法，能解决人类所有的分歧。(《非诚勿扰》台词)

十多年前，一部名叫《非诚勿扰》的电影曾引起不小的观影热潮，甚至创生了一个文化品牌。该电影戏谑却不乏真诚，荒腔走板之中夹杂着严肃的人生思考。虽有用力过猛之嫌，但对于一般的观众而言，应该算是喜闻乐见的。作为一名法律人，我从该片中则看到了一层若隐若现的法律隐喻。

这层隐喻来自影片一开场葛优和范伟精彩的对手戏。"三无伪海归"(剧中语)兼"发明家"秦奋(葛优饰)将其所谓划时代产品"分歧终端机"煞有介事地推荐给天使投资人范先生(范伟饰)，并声称该产品可以广泛应用于生活的各个领域，而范先生居然深以为然并愿意高价购买其专利时（让人不禁怀疑这位专业投资人的IQ指数），相信每一个观众都会忍俊不禁，为此喷饭的。这出戏的情节设计虽然荒诞不经，却有深意存焉。编剧或许是无心插柳，但是不妨碍我们从后现代的视角出发思考一些严肃的法学命题。

其实，所谓"分歧终端机"就是一个简单的道具，其基本的功能无非就是减少人们在玩猜拳游戏时作弊的可能。其功能并无高妙之处，更无丝毫科技含量，所以当秦奋把它作为一项专利以200万英镑的价格转让给范先生时，此事的喜剧效果也就达到了顶点。因为，只有傻子才会相信单凭这样一件小小的道具就可以解决世界上各式各样的争端，可偏偏就有人信了。观众们在将道具的发明者视为骗子、将投资者视为二百五的同时，其实是基于这样一种常识性的判断，即世上的分歧和冲突林林总总、复杂万端，岂是这样一件简陋的"玩具"能够解决得了的！

事实果真如此吗？

如果我们有机会坐着时空机器回到人类生活的早期阶段，亲身体验我们祖先的生存状况，就会发现盛行于当时的那些解决分歧和冲突的方式都是一些简单得不能再简单的法子。今天的人们管这些法子叫"神明裁判"。而西方人和东方人求助于神灵的方式却不太一样。西方人喜欢把人扔到水里，看这个人在水中载沉载浮，以此判断他（多是她）的清白与否；而东方

333

汉魏画像石《皋陶治狱图》

人则往往牵来一只独角兽（古书上说叫獬豸），往当事人中间一放，然后看它扑向哪一方，那一方就该败诉。

以今人的眼光来看，以这样的方式来裁断纠纷实在是莫名其妙的，在很多情况下也并不能查明事实的真相和实现公正。就像有学者评价西方历史上的司法决斗一样，"以现时的眼光来看，司法决斗似乎是一种迷信、幼稚、粗俗、不成熟、不理性、不通情达理、藐视文明和法制、依赖运气和偶然性，甚至荒谬、怪诞、病态、愚不可及的纠纷解决机制"[1]。

在此，让我重申西方一位大哲的训导，"存在即合理"。貌

---

1. 徐昕：《司法决斗与现代诉讼制度》，载《法学家茶座》第二十辑，山东人民出版社，2008年。

似不合理的一种制度或做法之所以长期存在必有其内在的合理性，我们之所以认为它不合理可能只不过是因为我们头脑中充塞了太多的"前见"，戴上了今人的有色眼镜（被知识所蒙蔽是也）。后之视今，犹今之视昔，"觉今是而昨非"可能只是一种"浅薄狂妄的进化观"（钱穆语）。我们的祖先之所以在很长一段时间内都在使用这样一种"野蛮落后"的纠纷解决机制，仅仅是因为没有更好的可以替代的解决问题的方式。

杨树达先生从训诂学的角度肯定了上古之人用獬豸（独角兽）触不直者以决讼的做法确有其事：

> 夫解廌之所触不必为不直，而不直者或竟不为解廌所触，此在今日，夫人知之。其在初民，未必竟知，即一二贤智知之，亦不必人人悉喻也。当两曹争执之会，物征人征之制不立，无已而假无知之物以为断，使颛愚之民有所慑服而无辞，固古代人事之所宜有也。[1]

杨先生的话说得已经十分透彻明白，他认为神明裁判之所以成立，一是由于当时的人们智识未开，容易受蒙蔽；二是由于没有现代人证物证技术可供利用。一言以蔽之，神明裁判这

---

1. 杨树达：《积微居小学金石论丛》（增订本），中华书局，1983年，第82页。

样一种简陋的纠纷裁断机制是与当时的经济和社会发展条件以及人类认知水平相适应的,是不可选择的历史必然。

现代法治环境中,人们早已抛弃了原始的神明裁判方式,而代之以更文明、更理性、更成熟的定纷止争机制。如以陪审团为代表的现代审判机制,自其诞生以来,常被市井平民和专业人士视为伟大的创造而津津乐道。他们无论如何也不愿将陪审团审判和神明裁判相提并论,因为一旦与这种时过境迁的审判方式扯上关系,人们担心这会令现代法治蒙羞。

令人讶异的是,一位勇敢的外国学者在他的著作中写道:"陪审团审判与神裁审判似乎很难说有什么不同,像一块硬币的两面,它们分享了同一个中心。"[1]陪审团审判和神明裁判所共同分享的那一个中心到底是什么?恕笔者愚钝,至今未得其解。不过,陪审团和神明裁判这二者之间倒的确有许多共通之处。

第一,它们都有严格复杂的程序和仪式。现代陪审团的运作形式的复杂烦琐固不待言了,神明裁判的运作其实也远没有我们想象中那么简单。如曾流行于欧洲中世纪的十字架神裁法是这样的:被控有罪的人在宣誓他是清白的之后,求助于十字架以便得到对他有利的判决。他被带入教堂,站在圣坛前。牧

---

1. [美]博西格诺:《法律之门》,邓子滨译,华夏出版社,2002年,第497页。

师事先准备好两根一模一样的棍子,其中一根刻有一幅十字架图案,两根都用大量的细羊毛小心翼翼地并经许多仪式把它们裹好,放在圣坛或是圣人的遗物上,然后向上帝进行一次庄严的祈祷。根据圣坛上的十字架的裁决,人们会发现上帝给出的答案。一个牧师走向圣坛,取下一根棍子,用手虔诚地剥开羊毛,如果棍子刻有十字架,被告人则是清白的;如果没刻有,那么他就是有罪的。[1]

第二,二者都充满了说不清道不明的神秘色彩。神裁法说不清道不明,也许正是这种神秘性使其能够在很长一段时间内流行。陪审团审判的过程不也是充满着神秘的因素吗?当陪审员们从评议室中鱼贯而出宣布裁决的时候,谁能断言在那间小小的密室内究竟发生了什么?

神裁会出错,陪审团审判也会出错。人们接受这两种方式不是因为这两种方式百分之百地正确,而只是因为人们需要一种"说法"而已。神裁和陪审团无疑都会给出他们各自的"说法",这种"说法"经由烦琐、严格的程序和仪式的包装以及神秘性的渲染,也在不同程度上满足了人们对于信仰的心理需求。

杨先生的文字中还透漏了这样一条信息:神明裁判在当时

---

1. [英]查尔斯·麦凯:《人类愚昧疯狂趣史》,朱品凡等译,漓江出版社,2000年,第294页。

成为一种主流的纠纷解决机制，在很大程度上是由于人们对神明裁判的信服。然则这种信服何来呢？即来自对于神明的畏惧和对于神裁法运行机理的不明就里。

人们对于神秘的东西总是容易产生某种信仰或崇拜，而对于熟悉得不能再熟悉的事物则无法建立起信仰或崇拜。由此言之，古代神明裁判所体现出的神秘主义司法模式毋宁可以看作早期人类建立法制信仰的一种努力。因而，要让人们都心甘情愿地接受某一项裁判，一个最基本的条件，不在于这种裁判方法本身是公正的，而在于一定要使人们相信这种裁决方法是公正的。

中外古代社会普遍存在的神明裁判的现象，基本可以用"信则灵不信则不灵"的俗语予以解释。人们对此只要深信不疑，坚持这种方法能够查明真相、实现公正，制度运作也就有了社会文化和心理意识基础。与之相类似的一种话语表达就是，信仰是现代法治的必备要件。

人们在对分歧终端机哂笑不已的时候可能并没有想清楚这样一个问题：为什么这样一架分歧终端机就解决不了人世间的所有纷争呢？理由何在？（给出理由很重要，就像秦奋在解释原始猜拳游戏的弊端时还列出了两点理由。）须知，今天的人们创造出来用以解决纷争的各种规则和制度设计未必就比猜拳和分歧终端机更加高明和富于"理性"。而分歧终端机未必就不可以用于解决今日之分歧，关键只在于人们是否愿意一致接受这种方式以及这种方式的背后有没有强制力的保证。也许在人类历史发展早期的某个时候，人们还真的用猜拳这种方式解决过一些重大的社会问题，而时至今日，只有懵懂人事的小孩在做游戏的时候还在郑重其事地沿用着这种古老的纠纷解决仪式。

笔者以为，分歧终端机之所以无法运用于今日之争端的解决，其缘故似乎可以归结为两点：一方面其设备的简陋导致其运作机理足以被明眼人一眼看穿，没有任何神秘性可言，缺乏信仰可以寄身的空间；而另一方面就在于在这种机制运作的背后，缺乏一种强制服从的力量。即当博弈一方不愿意接受通过分歧终端机得出的结果时，又该如何？

历史证明，一种简陋的甚至是荒唐的方法，只要获得普遍的信仰，并辅之以强制性的力量，一样可以止息争讼。也许信仰本身就是一种强制性的力量。而神明裁判和司法决斗，正是由于满足了这样的条件，所以在人类历史上的很长一段时间内，都广泛地被用于解决争讼。

今日人们孜孜于追求"看得见的正义"，殊不知铅华洗尽，正义的真容也许不如想象中那么动人。其实，古往今来在社会纠纷解决中多是"看不见的正义"在发挥作用，如时下之民间调解的背靠背模式。瞩目于"看不见的正义"，不是要重返那种"刑不可知，则威不可测"的时代，只是要提醒生活在当代的人们，神秘性或许也是此时代之法治的不可或缺之元素。笔者甚至有一个悲观的预感,当除魅的进程继续下去,当一切都暴露于阳光之下,正义也许将不复存在。

在这个世界上,纷争的存在固然是不争的现实,消弭争端也的确是古今中外仁人志士们的不懈追求,而分歧终端机的发明毋宁可以看作为实现这一目标而做的异想天开的思想尝试,或者是一个无伤大雅的法律隐喻。

古墓派为何如此另类？

曾几何时，金庸小说所体现出的大男子主义招致了女权主义者的不满，她们指责金庸在小说中总把女性置于从属地位。这种批评自然不是空穴来风，可是却有以偏概全的问题，因为女权主义在金庸小说中同样有浓墨重彩的演绎。古墓派的存在就是一个鲜明的例证。

神秘的古墓派

说到古墓派，武侠迷绝对不陌生，它是金庸先生在《神雕侠侣》中横空创造的一个武林门派，是神雕故事得以展开的重要背景依托。与少林派、武当派这样的武林门派不同，古墓派完全是一个虚拟的门派，因为历史上从来不存在这样一个门派，由此，古墓派自其"诞生"之日起就具有浓郁的神秘色彩。即便在金庸的武侠世界中，古墓派也是异常低调的，甚至连门派的名字也是外人给取的。杨过拜小龙女为师时,小龙女对杨过说:"自祖师婆婆入居这活死人墓以来,从来不跟武林人物打交道,咱们这一派也没甚么名字。后来李师姊出去行走江湖,旁人说她是'古墓派'弟子,咱们就叫'古墓派'罢!"(《神雕侠侣》第五回《活死人墓》)

所谓无心插柳柳成荫,作为创派祖师的林朝英本无意开宗立派,只是为情所伤,遂遁入古墓,隔绝红尘,哪承想竟由此开创了一个卓绝不凡的门派,影响中原武林达百年以上。林朝英本人的实力自不待言,文武全才,超逸绝伦,便是武功号称"天下第一"的王重阳对她也要逊让三分,可惜她英年早逝,是以其名不彰。林朝英的门人弟子虽屈指可数,却均是出类拔萃的人物。其亲传弟子(也是林朝英的贴身侍女)一生谨守门规,未踏出古墓半步,是以江湖上未闻其名。再传弟子李莫愁和小龙女,一个辣手无忌,江湖谈之色变,一个冰清玉洁,武林尊为玉女,一时间,古墓派在江湖上已有了不小的名头。待到小龙女的弟子兼丈夫杨过,身兼古墓派、全真教、西域白驼山、丐帮、桃花岛、剑魔独孤求败数派功夫之长,以一柄玄铁重剑力挫中原、西域众多高手,后以一人一雕行走江湖,扶危济困,赢得"神雕侠"的美誉,再后来,参加第三次"华山论剑",跻身"天下五绝"。至此,"古墓派"已是一块金光闪闪的金字招牌。

话虽如此,可是,在一般的武林人士心目中,古墓派始终是一个散发着怪异气息的亦正亦邪的存在，不能算作真正的名门正派。那么，古墓派到底怪在哪里呢？综合全书线索，笔者得出了一个初步的结论——古墓派表面上以江湖帮派面目示人，实际上是一个女权主义团体。

作为女权团体的古墓派

说古墓派是女权主义团体，并非因为古墓派的成员主要是女子，当然，成员的性别构成也是一个不可忽视的因素，毕竟早期的女权主义者多是女子。不过，女性未见得一定是女权主义者，所以，我们自然不能因为峨眉派都是女子就想当然地认定峨眉派也是女权主义组织。关键是要透过现象看本质，听其言，观其行，挖掘其深层次立场，再来与女权主义的实质标准进行一番比较。

女权主义（Feminism）是一套主旨鲜明的思想学说和理论，其核心旨在为妇女争取权益，以实现两性在社会、政治和经济方面的权利的平等。在很多人的头脑中，女权主义是西方的舶来品，与中国传统风马牛不相及。这一判断可能是不够全面的。作为一种政治运动或社会运动的女权主义无疑是在西方最先出现的，可是，作为理念或观念的女权主义未必就绝迹于中国漫长的思想历史。东晋谢安的夫人不许谢安娶妾，安之侄、甥以《关雎》《螽斯》诗有不忌之德相讽劝，夫人问谁撰此诗？答云周公。夫人乃曰："周公是男子，相为尔；若使周姥撰诗，当无此也。"（《世说新语笺疏》卷下之上）读者若细心，当可在中国古代为数众多的妒妇故事中捕捉到更多女权主义思想的闪现。同理，在包罗万象的武侠世界中自然也有女权主义的存身空间。

古墓派之所以得名，是因为上至掌门下至门人弟子均隐迹于终南山的古墓之中，常年不与世俗来往。这种刻板、低调、封闭的生活方式比起少林、武当、峨眉这些武林帮派来尤有过之，在武林中恐怕是独此一家。不仅如此，古墓中设施极为简陋，小龙女的闺房中空空洞洞：一块长条青石作床，床上铺了张草席，一幅白布当作薄被，此外更无别物。杨过入古墓后，小龙女干脆把石床让给了杨过，自己则以绳为床，简直到了不食人间烟火的程度。前已述及，这种生活方式的形成与创派祖师林朝英的感情经历有关，然而无意中却与女权主义的理念暗合。17世纪英国女权主义的先驱玛丽·阿斯特尔在其第一本著作《对女士们的严肃提议》中描述了自己的理想：建立一座世俗女隐修道院，女人能在那里共同生活，遁出尘世，保持快乐和好学的纯真。[1]古墓派自林朝英以降，师徒隐匿于古墓之中，所以能够不受外界干扰，同时，抛弃一切世俗的物质享受，回

1.［英］玛格丽特·沃特斯：《女权主义简史》，朱刚、麻晓蓉译，外语教学与研究出版社，2008年，第190—191页。

归至简,这样,就可以心无旁骛,一意修习玉女心经等神功。是以,日子过得无忧无虑,功力也是与日俱增。这不正是女权主义者梦寐以求的生活方式吗?

女权主义是以性别这一自然事实(也有人认为性别的区分不是自然形成,而是文化赋予的)作为其理论基点的,因而女权主义的许多要素都与其对待异性的态度有关(需要说明的是,女权主义流派众多,各流派的思想观点不尽一致)。早期的典型的女权主义者在对待异性这个问题上的立场和观点大体上可以概括为两点。其一,否认性别差异。女权主义自诞生之日起就致力于探寻性别不平等和性别压迫的根源,有相当一部分女权主义者认为,正是假定的两性自然差异,使得女性长期以来社会地位低下。[1] 其二,仇视男性。早期的女权主义对男性抱持一种敌意的态度,"她们希望能从把男性描述成敌人、把女性描述成受害者中得到很多东西"[2]。这种诉求以《红色长袜宣言》第三条为代表:

> 我们认为压迫我们的力量来自男性。男性至上主义是统治的最古老、最基本的形式。所有其他形式的剥削和压

---

1. [英]简·弗里德曼:《女权主义》,雷艳红译,吉林人民出版社,2007年,第12页。
2. [美]贝尔·胡克斯:《女权主义理论:从边缘到中心》,晓征、平林译,江苏人民出版社,2001年,第91页。

迫（种族主义、资本主义、帝国主义等）都是男性至上主义的延伸：男人统治女人，少数男人统治其他的男人。整个历史中的所有权力地位都是男性统治和男性导向的。男性控制了整个的政治、经济和文化制度并且用身体力量来维持这样的控制。他们用他们的权力使妇女一直处于较低的地位。所有的男性都从男性至上主义中获得了经济、性和心理上的利益。所有的男性都压迫过妇女。

有意思的是，以上两点特征均能在古墓派那里找到。

首先，林朝英心高气傲，不肯向意中人低头，争强好胜，比武一定要胜过王重阳才甘心，潜意识中否认男女之间的自然差异。一个不容否认的事实是，基于自然身体条件的差别，男性在力量、速度、爆发力等方面通常要强过女性，因而至少在武术竞技这一项上，男运动员相较于女运动员占据着明显的优势。王重阳和林朝英均是不世出的人杰，可以说分别代表了男性武术家和女性武术家的最高水准，考虑到性别因素，林朝英打不过王重阳几乎就是注定了的。然而，对这样一个再明显不过的事实，林朝英却不愿意承认，这恐怕不能简单以性格使然来解释。

其次，古墓派中人对男性多充满敌意，至少是不够友好的。杨过初入古墓派，行拜师仪式时，小龙女要他向王重阳的画像吐唾沫，据说这是古墓派门规之一，因而具有重要的文化象征意义。且看杨、龙的对话：

> 杨过问道："咱们祖师婆婆好恨王重阳么？"小龙女道："不错。"杨过道："我也恨他，干么不把他的画像毁了，却留在这里？"小龙女道："我也不知道，只听师父与孙婆婆说，天下男子就没一个好人。"她突然声音严厉，喝道："日后你年纪大了，做了坏事出来，瞧我饶不饶你？"（第五回《活死人墓》）

古墓派视天下男子都是坏人，这样一种全称判断自然是非常偏激的，不过却与早期女权主义者的立场不谋而合。要知道，在20世纪60年代之前，人们通常管那些女权主义者叫"恨男婆"（英文为man-hater）。说到这儿，热心的读者可能要问，这样一个视男子若仇雠的门派怎么会容忍杨过这样的异性加入？这的确是一个必须要解释清楚的问题。熟悉《神雕》故事的读者都知道，杨过拜入古墓派的过程并不顺利。小龙女生性冷峻，兼之门规不许男子进入古墓，若不是孙婆婆临死前的恳求，小龙女是万万不肯收留杨过的。当然，在笔者看来，孙婆婆临终托孤只是表面原因，杨过之所以能够加入古墓派，根本原因乃在于杨过本身就是一个女权主义者。杨过生性偏激，一生行事多离经叛道。在威权至上的男权社会，这样一种气质应该说是偏于阴柔的，所以杨过最后得了个"西狂"的

347

绰号（西方的属性即是阴柔）。如果说这些还不够明显，我们再来看他的所言所行。在绝情谷中，杨过曾对小龙女说："旁人重男轻女，我杨过却是重女轻男……"（第三十一回《半枚灵丹》）。这已不啻是女权主义的宣言了。正是因为重女轻男，所以杨过的女人缘特别好，而且在仗剑江湖的过程中，做了不少维护妇女权益的事情，可算是功德无量。（见第三十二回《风陵夜话》）

女权主义者敌视男性，自然而然地就发展出隔离主义的立场。早期的女权主义者中有一派主张女性应与男性隔离，认为妇女可以通过不与男性接触来反抗性别歧视。以此观之，古墓派隐居古墓之中，而且严禁男子进入，其用意绝不仅仅是修习武功那么简单，这本身就是一种反抗的形式，因而成为以男性为主导的武林社会中的一支异己力量。

与此相关的是女权主义对待性爱的态度。早期激进的女权主义者认为，异性爱与妇女解放、与真正的性享受并不相容，因为"异性爱的精髓、定义和本质就是男人优先"，基于此，她们甚至认为真正的女权主义者首先必须是女同性恋者。具有代表性的利兹女权革命团体就宣称，异性配偶是男性至上的基础，任何与男人睡觉的女人等于是在与敌人合作。[1] 古墓派对

1.［英］简·弗里德曼：《女权主义》，雷艳红译，吉林人民出版社，2007年，第78—79页。

性的态度与此相近,其第一代、第二代、第三代掌门均是处子之身,起初虽是出于无奈,到后来守身如玉竟成了门规。小龙女的师父甚至为两个弟子点下守宫砂,其用意更为明显。古墓派修习玉女心经,讲求"十二少、十二多",其要旨乃在摒除喜怒哀乐之情,以此言之,断绝性爱和男女之情实为修习古墓派功夫的不二法门。

当然,林朝英所立门规中并非绝无回旋的余地。想当年,林女侠伤心之余,立下门规,凡是得她衣钵真传之人,必须发誓一世居于古墓,终身不下终南山,但若有一个男子心甘情愿地为她而死,这誓言就算破了。小龙女能够走出古墓,其中关键也正在此。从这一规定我们可以看出后期的女权主义的主张。随着女权运动的深入开展,女权主义者们逐渐认识到:"既然男性是维护和支持性别歧视和性压迫的主要动因,那么只有让男性承担起改变他们和整个社会的意识的责任才能成功地消除性别歧视和性压迫。"[1]就此一点而言,古墓派的门规既有原则性,又有灵活性,充分考虑到了两性和解的可能,体现出后期女权主义的成熟和理性。

1.[美]贝尔·胡克斯:《女权主义理论:从边缘到中心》,晓征、平林译,江苏人民出版社,2001年,第97页。

小龙女的着装

以上列举了古墓派与女权主义的诸多暗合之处，相信有助于我们对于古墓派的了解。最后，有必要谈一谈古墓派的着装，这个问题看似细小，却并非无关紧要。

古墓派中最有代表性的人物就是小龙女了，其着装风格也是最为显著的。小龙女一生爱穿白衣，加之容貌绝美，因而每一次出场均让人惊若天人，当真如风拂玉树，雪裹琼苞，以致全真教丘处机道长也要以一阙《无俗念》词表达由衷的赞誉。杨过初见小龙女时，眼中所见是这样的：

> 那少女披着一袭轻纱般的白衣，犹似身在烟中雾里，看来约莫十六七岁年纪，除了一头黑发之外，全身雪白……（第五回《活死人墓》）

小龙女的全白装扮以今日的眼光看来，自然是美妙绝伦，仙气四溢，然而放在中国古代（如南宋）却殊不寻常。虽然，从南北朝以迄宋代的各类文献中，"白衣人"的形象并不鲜见。然而，这些白衣人的身份或为神仙，或为精灵鬼魅，总之，在记录者的心目中,他们均非常人。[1]想来,金庸对小龙女形象的刻画应该是受到了这一书写传统的影响,不过,作为世俗人士的小龙女如此着装,固然能够衬托其超凡脱俗的气质,可是多少显得有些怪异。

中国古人对于服色有着近乎执拗的情结。《礼记》云:"为人子者,父母存,冠衣不纯素。(注:为其有丧象也)"(《礼记注疏》卷一)意思是说,如果父母活着,子女便不能穿白衣戴白帽。可见,在古人心目中,白色是一种不吉利的颜色。然而,由于种种因素的作用,进入宋朝后,世俗社会对于服色的观念发生了很大的变化,清新质朴的白色唤起了人们的审美冲动。北宋仁宗天圣三年(1025),朝廷下令禁止妇女用白色、褐色毛段及淡褐色匹帛制造衣服,这一禁令恰从反面说明当时民间妇女服白色者大有人在。南宋孝宗时,士大夫多以一种白色的凉衫作为便服,朝廷为此专门下了一道诏旨,指出凉衫"纯素可憎,有似凶服",因而禁止日常穿着,"自后凉衫只用为凶服矣"。(《宋会要辑稿·舆服四》)可是,尽管朝廷三令五申,民间好像仍然我行我素,可见爱美之心不因政治的强力而改变。不过,现实生活中,极少有人会穿着整套全白的衣裳。当时那些性爱雅素的女子,着装时多以白色为主色,搭配

---

1. 见姚崇新《白衣观音与送子观音——观音信仰本土化演进的个案观察》,载《唐研究》第十八卷,北京大学出版社,2012年。

宋代佚名画家绘《花石仕女图》（局部），现藏于台北故宫博物院

以其他颜色。这一点，我们从传世的宋画中可以得到非常直观的认识。

以此来看，小龙女以全身素白的形象出镜，无疑是需要很大勇气的。那么，小龙女为何不顾世俗眼光，一生以白装示人呢？如果单纯从性格或审美的角度来解释就显得浅薄了，实际

宋代佚名画家绘《杂剧人物图》，现藏于北京故宫博物院

上这里面还有与女权主义相通的符号意义。

女权主义者在宣传女权理念、推动社会变革的过程中非常重视对服色的运用。白色、紫色和绿色这三种颜色因为得到了女权主义者的偏爱而被称为"妇女参政者色"（the suffragette colours），又被称作"WSPU色"（WSPU是"Women's Social and Political Union"的简称）。其中，白色是主色，代表纯洁，女权主义者通过身着白色服装来表达女性的觉醒和反抗精神。1978年，当妇女们在华盛顿街头支持平等权利修宪案时，大部

分游行示威者都身穿白色服装。

时至今日,白色仍然是最能代表女权理念和精神的颜色。2016年美国总统大选,美国历史上首位女性总统候选人希拉里·克林顿在接受民主党总统提名和第三次电视辩论时均身着由拉夫·劳伦设计的一套白色套装,气场十足,寓意深刻,代表着"纯粹",寄托了"帮助所有女性圆一个世纪梦"的政治内涵。正因如此,希拉里的着装引起了美国社会各界的高度关注,社交媒体上甚至掀起了一场草根运动,名为"穿白色去投票"(Wear White to Vote),目的是敦促女性穿白色衣服去投票,声援美国女权主义者。她们把白色作为标志,以实现自己的目标:选举出美国历史上第一个女总统。

遗憾的是,中原武林人士可以接受一个女子做"天下武林盟主",而美国民众似乎还没有做好接受一个女总统的心理准

1913年美国华盛顿特区的妇女选举权游行,图片来自网站www.bygonely.com

2016年7月28日，美国费城，身着白色套装的希拉里·克林顿宣布接受民主党总统候选人提名，图片来自网站www.heraldnet.com

备。就此一点而言，八百年前的中国南宋时代可要比今天的美国在男女平权方面更为前卫了。

正义为何令人困惑?

何为正义?如何实现正义?这是一个古老而又时髦的话题。从茹毛饮血的洪荒年代中走出的人类祖先们通过"以眼还眼、以牙还牙"的方式体验着关于正义的原始实践。公元前500年前后,"轴心时代"的东西方先贤们不约而同地开始了关于正义的原初性思考。时至今日,围绕正义的争论仍然未有穷期。早几年,哈佛大学迈克尔·桑德尔教授一门名为"正义:该如何做是好?"的政治哲学课程借助网络的力量走出校园,风靡全球,让人们再一次见识了这一话题的深邃迷人和富有争议。

影像中的正义

在2018年日本电影《检察方的罪人》中,一对老夫妇于家中遇害,通过对被害人社会关系的排查,东京地方检察厅刑事部将侦查方向指向了与被害人曾有经济往来的几个嫌疑人。其中，猥琐还有点变态的中年男子松仓重生勾起了刑事部案件负责人最上毅检察官的沉痛回忆。23年前，正是这个松仓重生涉嫌杀害16岁的女高中生，却因证据不足而未能被定罪。彼时，与被害少女久住由季相知甚笃的最上毅还是市谷大学法学部的一名大学生。多年过去，由季被害而凶嫌逍遥法外始终是最上毅的一块心病，尽管在法律上该案已过了追诉时效。为了使松仓不再逃脱法律的制裁，更为了恢复当年被破坏的正义，在明知已掌握的证据并不充分的情况下，最上毅选择了伪造证据的方法，利用职权的便利营造出松仓行凶杀人的假象。与最上毅不同的是，刚刚入职不久的助理检察官冲野并不曾经历那段痛苦的往事，他基于客观中立的司法精神，坚持有一分证据说一分话，对事不对人。在意识到上司最上毅已经陷入偏执的自我正义的情况下，冲野毅然决然地选择辞去检察官的职务，以律师的身份为被告人松仓辩护。最终，松仓再次被无罪释放。具有讽刺意味的是，在松仓及其支持者庆祝冤案得雪的当晚，得意扬扬的松仓被一辆"操作失误"的轿车当场撞死。松仓虽然摆脱了法律的指控，却未能逃脱最上毅精心设计的报复，这让坚守司法正义初心的冲野再次陷入了纠结和沉思。

按照一般的看法，正义是人类关于自身社会应当如何运转的一种理念设计和政制安排。它不仅仅是一种理念，随着社会的发展，其制度属性越来越明显。20世纪美国自由主义思想大家罗尔斯曾指出："正义是社会制度的首要价值。"[1]这一判断在今天基本上已成为全球性的共识，世界各国基于自身情况所做出的道路选择和制度设计尽管各有不同，却无不承载着各国人民对正义的不懈追求。在这个意义上，正义已成为一种公共产品，成为衡量政府合法性的重要标准之一。司法作为政制安排的国家正义的关键组成部分，对于实现社会正义、保障社会的有序和谐发挥着举足轻重的作用。然而，司法体系的规定性和司法程序的普适性导致了国家正义与社会正义的疏离，从而挑战着人们心中对于正义的朴素认知，让现实生活中的人们一次次地陷入正义的困局，彷徨，苦闷，不得其门而出。《检察方的罪人》以艺术的手法展现了正义的困局可能带给人的迷惘、困惑和精神撕裂，由此引发观众关于正义内涵的哲学思考。

自然正义与司法正义

司法正义作为人类正义的高级形式，自其登上历史的舞台，就以冷静、客观、中立的姿态呈现在世人面前。它源自人类理性，更标志着一种新的理性形式即国家理性的出现。通过国家机器输出的正义在提高正义的整体和一般水平的同时，作

---

1. [美]约翰·罗尔斯：《正义论》，何怀宏、何包钢、廖申白译，中国社会科学出版社，1988年，第1页。

为代价，它要求人们克服"以眼还眼、以牙还牙"的自然冲动，放弃曾经拥有的自然权利。自然状态下，"父之仇，弗与共戴天"（《礼记·曲礼上》），而且"君子报仇，十年不晚"。齐襄公复九世之仇，《春秋》甚至进一步肯定道："（为国复仇）虽百世可也。"（《公羊传·庄公四年》）转换为科幻语言则是："在宇宙的时空尺度上，君子报仇，万年不晚。"（刘慈欣语）可见，当国家正义不在场的情况下，自然正义的实现不受时空条件的限制，尽管其实现具有极大的不确定性。然而，现代国家为了获得正义的最大公约数，确保正义输出的稳定性，在实现正义的道路上却不能如此恣意和任性，司法权力的运用要受到各种制度性因素的约束，具体就体现为实体法和程序法上的一系列原则、制度和要求，如无罪推定原则、时效制度、辩护制度、非法证据排除规则等。

相较于自然正义，司法正义以其更为规范和专业的形象较好地回应了复杂社会条件下人们对于正义的需求，然而却不能保证自然正义在所有的案件中都得到充分的实现。有时，为了维护整个司法体系的权威性和司法程序的持续运转，甚至不得不牺牲个案的公正，这也是现代司法体制最受人诟病的地方。

出于限制国家刑罚权、鼓励犯罪分子改过自新和节约司法资源等考量，现代各国于刑事实体法或程序法上大都有追诉时效制度的设置。追诉时效是对犯罪人追究刑事责任的法定有效期限。如我国《刑法》针对危害程度不同的四类犯罪，分别规定了5年、10年、15年、20年的追诉时效期限。《刑事诉讼法》第16条也规定，对于犯罪已过追诉时效期限的，不再追究犯罪分子的刑事责任；已经追究的，应当撤销案件，或者不予起诉，或者终止审理，或者宣告无罪。追诉时效制度本质上是司法正义的自我克制，体现了一种难得的反省精神。需要辨明的是，当一桩刑事案件的追诉时效期限已满，国家明确放弃求刑权的时候，以恶制恶、恢复正义的权力是不是自然回归于被害者？正是在这样一个问题上，最上毅和冲野的认识产生了分歧，并由此做出了不同的选择。

在社会契约论的叙事框架中，人类是作为一个整体毫无保留地向国家让渡了其自然权利，从而赋予国家包括主持司法在内的各项权能。此种赋权不可以被轻易地撤销，除非国家一方出现"重大违约"。以此标准衡量，司法的偶尔"不公正"是司法体系运转的必要代价，自然不构成"重大违约"，人们不能以此为借口折返自然状态。然而，理论上的妥洽无法折服现实中的人心。在自然本能的驱使下，人们总会时不时地对身边的不公正施以条件反射式的报复，尤其是在司法体系"失灵"的时候。一些人可能会争辩说自己并未亲自参与社会契约的签订，因而无须受到契约的约束，当然，还有为数更多的人对社会契约论压根闻之未闻。不过，作为职业司法官员的最上毅背离多年程序正义的规训而诉诸私力救济，无疑更值得注意，可见自然正义惯性的强大。现代司法体制通过回避制度将利害关系方排除在案件程序之外,可以看作是对自然正义可能干扰司法正义的未雨绸缪。

电影中,冲野笃定地说:"好检察官的定义只有一条,那就是相信正义。"以这个标准去衡量,最上毅和冲野毫无疑问都是好检察官,区别只在于二人对于正义的理解不同。执着于自我正义的最上毅最终沦为检察方的罪人。揭开表层的职业伦理问题,本质上反映的是正义的非唯一性。正义从来不是铁板一块,凭借人类理性走出正义的困局,前方的路还很长。

后记

对于这本不够成熟的小书来说，后记似乎是可有可无的东西，不过既然要写，就允许我交待一下这本小书的由来吧。

想当年，怀揣着文学梦想的我走进政法院校的大门，大学四年读下来，却始终有一种游离感。那是因为，与贝卡利亚的《论犯罪与刑罚》和沈宗灵的《法理学》比起来，唐诗宋词和俞平伯的《红楼梦》研究似乎更能引发我的兴趣。图书馆去得倒是挺勤，可是我的借书单上大都是些文学类书籍，尤其以武侠小说为主。

后来，稀里糊涂地读了研究生，而且选择了自认为与文学最接近的专业——法律史学，这种疏离感仍然没有完全消除。直到有一天，我在无聊中读着金庸武侠小说《笑傲江湖》，由其中的剑宗、气宗之争突然联想到刑法学说中主观主义和客观主义的分庭抗礼，不禁有豁然贯通之感，我的第一篇具有法律与文学研究色彩的短文《剑宗与气宗》由此诞生了。

这篇文章在网络论坛上甫一发表便收获了不错的评价，或许是因为同样类型的文章在当时尚不多见，或许正印证了法律与文学研究的独特魅力。今天回头来看，二十年前的这篇游戏文字并没有太强的学术性，思考也较为浅薄。当时的我尚未得窥学术之堂奥，对法律与文学研究也没有充分的学术自觉，不过是跟着感觉走，单纯追求好玩而已。

抛开学术成色，这种自娱自乐式的游戏文字并不符合现行的学术评价标准，在很多人看来明显是无用的东西。不过我始终以"不为无益之事，何以遣有涯之生"的古训来安慰自己，我行我素，自得其乐。近年来，在漫无目的的读书、观影过程中，偶有心得体会，我还是忍不住要形诸文字，于是有了《当庸医遇上中国古代法》、《帮主与帮规》、《提利昂的审判》、《公主之死》、《〈长安十二时辰〉：出卖杀死一人以救几十万人，他的选择正当吗？》（以下简称《选择》）、《不平则鸣：宋代的登闻鼓制度及实践》等一系列短文的问世。幸运的是，蒙《人民法院报》《南方周末》和"女史"公众号等媒体不弃，这些短文得以发表并引发了积极的反响，《选择》一文的网络阅读量更是达到了10W+。那些来自熟人或陌生读者的积极肯定和热情回应，不仅使作为作者的我获得极大的心理满足，而且为我继续写作增添了无穷的动力。

由于是随性阅读的结果，这些短文题目较为分散，彼此之间并不存在明显的内容关联，但大体上都可以归入法律与文学的交叉研究，而以法律史和法律文化为学术底色。后来总结这些短文受到欢迎的原因，我觉得其中最重要的一点应该就是对学术性和趣味性的兼顾。如《当庸医遇上中国古代法》从《西游记》中朱紫国悟空行医的情节切入，探讨中国古代法制针对庸医的法律责任问题，在解读文学经典的同时更普及了中国传统法律文化。而《选择》一文则结合热播剧《长安十二时辰》，将法理学上经典的"电车难题"置于中国的历史文化语境下予以讨论，让读者感觉既生动又亲切。

让学术走出象牙塔是很多学者的共识和追求，才疏学浅如我虽不具备这种觉悟，但误打误撞似乎也走上了这样一条路。我的博士师妹、四川大学法学院的景风华副教授长期以来对我的非主流写作给予了慷慨的鼓励和无私的帮助，她更独具慧眼地发起"趣味法律史"系列丛书写作计划并邀请我加入。在这一"小目标"的激励之下，我鼓起余勇，绞尽脑汁，在修改、整理原有短篇的基础上又增写了若干篇短文，由此凑成眼前的这本小书。

小书虽小，成书却也颇为不易，其间既有"孕育"的喜悦，也有"分娩"的痛苦，而它的"呱呱坠地"自然少不了"助产士"的助力。感谢广西师范大学出版社社科分社刘隆进社长对"趣味法律史"丛书的偏爱和支持，感谢责任编辑蔡楠女士对书稿耐心细致的审定和专业精到的把关。《人民法院报》编辑部的林淼女士和《南方周末》评论部的陈斌先生对书中部分篇章也曾提出宝贵的修改意见，在此一并致谢。

混迹学林多年，我时常为自己的疏懒和不求上进而感到羞愧不安。时至今日，我仍然拿不出一本（篇）够分量的专著或代表作，以证明自己的学术贡献。眼见着圈内认识或不认识的学术同行硕果累累、喜报频传，在无比艳羡的同时不免又增加几分惶恐。这本小书的出版自然不足以彰显作者的学者身份，但是假如它能得到读者的认可和喜爱，对于作者而言仍是无比安慰的。

2023年12月21日夜半于寓所